经济学的谋略

李树平　编著

中国青年出版社

图书在版编目（CIP）数据

经济学的谋略 / 李树平编著． -- 北京 ： 中国青年出版社，
2024.9
ISBN 978-7-5153-7217-4

Ⅰ．①经… Ⅱ．①李… Ⅲ．①经济学－通俗读物 Ⅳ．①F0-49

中国国家版本馆 CIP 数据核字（2024）第 009990 号

书　　名：经济学的谋略
作　　者：李树平

责任编辑：赵凯　　肖尧
书籍设计：煦合设计
出版发行：中国青年出版社
社　　址：北京市东城区东四十二条 21 号
网　　址：www.cyp.com.cn
编辑中心：010-57350405
营销中心：010-57350370
经　　销：新华书店
印　　刷：济宁华兴印务有限责任公司
规　　格：880mm×1230mm 1/32
印　　张：10
字　　数：220 千字
版　　次：2024 年 9 月北京第 1 版
印　　次：2024 年 9 月山东第 1 次印刷
印　　数：1—10000 册
定　　价：59.80 元

如有印装质量问题，请凭购书发票与质检部联系调换。
联系电话：010-57350337

前言

　　某粮店开张，但顾客并没有老板预想的多。满街的商店降价促销的吆喝声不绝于耳，打折出售的招牌随处可见，看到这些红红火火、顾客盈门的场面，老板心想"薄利多销"是很有道理的。于是，老板将贴在外面的价目表改了一下，在原来的"1.8元1斤"上用红笔画去了"1.8"换成了"1.7"，即"1.7元1斤"。价格便宜了1角，但是并没有多吸引多少顾客。老板想，可能是因为降价的幅度不大，于是将"1.7"改为了"1.5"，变成了"1.5元1斤"，这是非常便宜的价格了。但老板发现，吸引的顾客还是不多。等到晚上算账的时候，销售收入几乎没有增加。这使粮店老板十分纳闷：为什么销售收入没有增加？这时，来了一个经济学家买面，老板愁眉苦脸地和经济学家说了这件事，这位经济学家对这位老板说："很简单，明天你再挂一块牌子，在上面写上：今天面条每斤又涨了5分钱。"数天之后，经济学家再到这家粮店，粮店排起了长龙。为什么粮价便宜无人问津，而涨价却供不应求了？在商业活动中，对于需求富有价格弹性的商品可以实行低定价或采用降价策略，这就是薄利多销。"薄利"是价格低，每一单位产品利润少，但销量大，总利润也就不少。因此，降价策略适用于这类物品。但是对于需求缺乏弹性的商品不能实行低定价，也不能降价出售。降价反而使利润减少，所以现实中很少有米面、食盐之类的商品降价促销。这位粮店老板因为不懂经济学中的这些"道道儿"，做出不明智之举，结果事与愿违，费力不讨好。那么，经济学家写上涨 5 分钱的道理又何在呢？这就是对消费者心理预期的把握，人们通常买涨不买落。当粮店打出要涨 5 分钱时，就从心理上对消费者起到了某种暗示作用，面条涨价了。消费者预想"再不买还要涨"，于是就一窝蜂地拥到粮店了。反过来，站在消费者的立场上看，经济学家的伎俩之所以得逞，同样是因为普通老百姓也和粮店老板当初一样，对经济学中的一些"道道儿"浑然不知，被蒙在了鼓里，做了冤大头还以为占了大便宜。

为了让大家看清经济学中形形色色的谋略，同时又对我们的工作、学习和生活带来有益和必要的帮助，我们特组织专家学者编写了本书，分别介绍了消费、生产、职场、理财等方面与经济活动相关的内容，既新颖有趣，又能启发读者思考，引人入胜。我们力求让读者从容看清商家使用的招数，以及经济学到底在我们身边布下了什么迷阵，到底生活中都隐藏了哪些秘密，到底工作中又有哪些不为人知的故事，同时通过日常生活中的常见例子，来介绍经济学的基本知识，并且让读者把经济学的智慧运用到生活和工作中去，让你既能在精神上得到知识的愉悦，在陷阱和谎言背后轻松读懂经济学，更能在工作和生活中以经济学家特有的"法眼"识破一切机关，从而避开陷阱，有效地保护自身的利益。这是一本颠覆你的传统印象而又妙趣横生的书，书中幽默的故事、有趣的案例和我们对案例的精彩点评，避免了传统经济学著作空洞的理论、抽象的概念和公式、让人一头雾水的数字和符号。所以你大可不必担心看不明白，完全可以放下负担，抹去经济学带给你的枯燥感，现在就跟随本书去拨开生活的迷雾，寻找破解一切的秘密！学习经济学的谋略并不是教给你欺诈，而是要让你少走弯路；并不是要把你变成经济学怪才，而是让你在生活的陷阱中从容周旋。如果你不懂得这些经济学的谋略，你就会少些理性，多些冲动；少些智慧，多些愚笨。正如诺贝尔经济学奖获得者、美国著名经济学家约翰·凯恩斯所说："经济学不是一种教条，而是一种方法、一种心灵的器官、一种思维的技巧，能帮助拥有它的人得出正确的结论。"我们学习经济学是为了利用经济学指导生活，而不是盲从于经济理论。

目录

第二篇 爆米花竞争：生产中的经济学

第三篇　你能不能赚大钱：理财中的经济学

第四篇　努力与回报：薪水中的经济学

第五篇　森林遇险怎么办：博弈论中的经济学

千万不要和经济学家过招

◎ **为什么象牙威胁到大象的生存，而牛肉却保证了黄牛的繁衍**

在非洲一些国家，偷猎者们为了取得象牙而大肆捕杀大象，大象到了濒临灭绝的境地。为什么象牙的商业价值会威胁到大象的生存，而牛肉的商业价值却保证了黄牛的繁衍呢？

对付偷猎，部分国家，如肯尼亚、坦桑尼亚和乌干达，已经把猎杀大象并出售象牙作为违法的行为。但这些法律一直很难得到执行，偷猎行为仍在发生，大象种群在继续减少。

另一些国家，如博茨瓦纳、南非、纳米比亚和津巴布韦，则采取另外的方式。他们通过法律，允许人们捕杀大象，但只能捕杀作为自己财产的大象。这样一来，大象便成了私人物品，人们有了保护自己土地上大象的意识。结果在这些国家，大象的数量开始增加，在南非甚至出现了大象猛增的情况。

非洲国家制定的不同法律，其根源在于对经济学的掌握程度。大象之所以被猎杀，是因为象牙具有一定的商业价值，但并不是所有具有商业价值的动物都面临着这种威胁。比如黄牛，作为有价值的食物来源，没有人会担心黄牛灭绝。这是因为对牛肉的大量需求，促使人们大量饲养黄牛，从而保证了这种动物的繁衍延续。

经济学帮我们找到了答案。因为大象是公共资源，而黄牛却是私人产品。大象遍布在非洲的热带草原中，不属于任何人，每个偷猎者都会尽可能多地猎杀它们，以获得更多的利益。偷猎者人数众多，每个偷猎者都想获得别人没有的利益，大象就会被疯狂地猎杀。而黄牛是私人放养的，每个养牛人为了赚钱，都会维持自己牛群的数量。正是基于这样的认识，非洲越来越多的国家开始实行南非等国的法律制度——将大象变为私人所有。在这样的制度保护下，大象的灭绝得到了有效控制。

鸡虽然被宰杀，而且数量极大，但鸡从来没被当过濒危物种。这就引出了另一个问题：为什么有的物种濒临灭绝，有的却没有？

2007 年，环保组织"海洋守护者协会"用已故澳大利亚"鳄鱼猎手"史蒂夫·欧文的名字重新命名它的一艘反捕鲸船。这艘长 53 米的船只，原以绿色和平组织创始人之一、加拿大人罗伯特·亨特命名，誓言采取一切必要手段阻止日本的年度捕鲸活动。一旦日本被起诉到国际法院，按照国际法院的临时禁令，日本应当在听证会开始前立即停止所有捕鲸行动。

2009 年 12 月 11 日，澳大利亚总理陆克文这样警告日本：如果日本不立即停止以科研名义从事的捕鲸活动，将对日本提起国际诉讼。陆克文当天接受澳大利亚媒体采访时说："我们不接受日本所谓捕鲸是出于科研目的之类的说辞，我之前说过，如果这事无法通过外交途径解决，我们就把日本告上国际法庭，我是认真的。"

日本以研究之名进行的南极捕鲸作业，2009 年预计要捕杀 935 头小须鲸和 50 头长须鲸。虽然 1986 年国际法院已经禁止商业捕鲸，但在科学研究的名义下，捕鲸还是被允许的。

在日本，鲸鱼肉在市场上广为销售。日本人捕鲸的真正目的就是用来销售鲸鱼肉以牟利。日本外务大臣冈田克则表示：日本不打算停止在南极海域捕鲸活动。冈田克只字不提捕鲸是出于科研目的，辩称从事捕鲸是因为食用鲸肉是日本文化的一部分，"我认为饮食是一国文化中的重要元素，因此有必要相互尊重并认同彼此的文化"。

日本商业捕鲸有 400 多年的历史，是目前世界上最大的捕鲸、食鲸国。1986 年，国际《禁止捕鲸公约》生效，世界各国宣布放弃商业捕鲸，包括日本。但日本从 1987 年开始，打着"科学研究"的旗号，绕过国际公约，重新开始大规模捕鲸。因为日本的捕鲸活动，鲸的数量已经急剧减少，濒临灭绝。

其实不仅仅是澳大利亚政府谴责日本捕鲸，几乎每年环保主义者都会上街游行，谴责国际捕鱼业对许多大型海洋哺乳生物的生存造成了威胁。可从来没有人上街抗议，号召大家拯救小鸡。这是为什么呢？

鲸鱼的数量锐减，是因为鲸鱼不属于任何人。它们在公海里巡游，而好几个国家拒绝遵守保护鲸鱼的国际条约。日本捕鲸人绝对理解自己目前的做法会威胁到鲸鱼的生存，进而损害自身的生计。可每个捕鲸人也都知道，由于鲸没有主人，自己捕不着的鲸鱼，最终会被别人捕获，这样，捕鲸人无法从自我限制中获益。

反过来看，世界上大多数的鸡都是有主人的。如果你今天杀掉了自己的一只鸡，明天你就会少了一只鸡。如果养鸡是你的谋生手段，那么，你必然有着强烈的动机，要使送去市场卖的鸡和新养的鸡在数量上保持平衡。

鸡和鲸鱼都有经济价值，人们对鸡能享有可靠的所有权，但对鲸鱼却不能。这一事实解释了前者繁衍不息、后者濒于灭绝的原因。

在产权明确的前提下，社会和法律会为物主提供产权保护，即使鸡本身很弱小也不要紧。有了产权的保护，社会的经济秩序就可以建立起来。虽然宰杀的牛和鸡比猎杀的大象和鲸鱼要多得多，但是，市场仍然能够保证牛肉和鸡肉的供应。我们永远不会担心牛和鸡会灭种，牛群、鸡群将永远繁衍下去。而大象、鲸鱼的命运可能就比较惨了点——濒临灭绝。

◎ 为什么美国人愿意搬家，而中国人却要买房

曾经有一个故事，说在中国一个老太太要存一辈子的钱等老了才能住上房子，而美国老太太住了一辈子的房子到老才付清贷款。但实际上在美国，并不是所有人都像我们熟悉的故事中"美国老太太"一样贷款买私房，也有不少人像"中国老太太"一样攒钱买房，甚至攒了钱也不买房而是租房。至于住房面积，发达和中等发达国家城市普通百姓也不追求宽敞，韩国城市里面积小于59平方米的小型住宅达到40%；日本普通人家的住房面积，大多是六七十平方米；而德国前总理施罗德，为了省租金，租住两室的公寓，女儿来了就加一张床，一间房睡3个人。

在南京"对话中国"高层论坛上，外交名嘴龙永图，与戴着

丝方巾的美国前贸易代表巴尔舍夫斯基女士为中国百姓住房问题的"偏头痛""把脉听诊"："最主要的症结在于，老百姓没有改变观念，每个人都想买房，其实这种观念是非常错误的。"

龙永图在拿美国人人均占有住房作比较时说："美国三成人群买房，六成人群租房，实际拥有住房的人并不多。"他认为："大部分中国人应该在相当长的时间内解决租房问题，百姓的目标是'有房子住'，而不是总将注意力一股脑儿扑在'高房价'上。"

比尔结婚 13 年来一共搬了 6 次家。当比尔的妻子杰西在迈阿密找了一份导游的工作时，杰西举家迁到了迈阿密，这是他们的第 5 次搬家。美国人热爱家庭，人到了哪里，家就必须迁到哪里，房子可以换，家可以搬，就是夫妻不能分居。

他们刚从美国西海岸的旧金山搬到这里。比尔的妻子就辞去了迈阿密导游的工作，而同时比尔在洛杉矶找了一份不错的工作。不到两年时间，杰西从美国西海岸搬到东海岸，又从东海岸搬回西海岸。这位老兄真是够能折腾的了。

很多美国人都有像比尔这样因工作而搬家的经历。很多美国企业诸如微软、可口可乐都会为从外地搬来的员工支付搬家费。美国人一生平均要搬十几次家。优美的环境、清新的空气、当地税收少、生活成本低、更换了工作，甚至哪个地方的餐馆多、味道好，都会成为美国人搬家的理由。

美国人搬家不怕麻烦，甚至乐此不疲。美国人刚参加工作时收入不高，一般是租住小房子，工作几年收入高了点，就立刻换租大一些的房子，等有钱付首付款了就贷款买房，收入再增加了，就毫不犹豫地把小房子卖掉再买大房子。如果再发达了，进入中产阶级的行列，就搬到条件更好的地方去住。

在美国搬家没有任何限制，没有户口制度，搬家不必经过任何人的批准，甚至也不需要到警察局去报告一声。搬家也很方便，有专门的搬家公司，有的专管本市搬家，有的则经营往外地的搬迁。搬家时，人们几乎100%地都用汽车作搬运工具，人们可以利用专门的搬家汽车。家具一般是不搬的，多半就地卖掉。搬完之后，再按房间的大小、色调和风格重新购置。

搬家之所以方便，主要是因为美国有住房市场。在住房市场条件下，通过房租水平的升降，供应和需求永远是平衡的。换句话说，在美国，你只可能感到房租贵，而不会租不到房子住。相比中国，租房更容易。同时西方发达国家有明确的法律法规保护租客的利益，严防出租方滥涨价，所以在伦敦、纽约，有些房屋的租金甚至还是20世纪四五十年代的水平。

◎ 为什么小孩会说真话，而专家却有可能欺骗我们

一位奢侈的国王每天只顾着穿衣服，不管其他任何事，最后竟然还受骗，穿着……不，是什么都没穿去游行！没有人去揭穿谎言，甚至还夸耀，最后一个孩子天真的一句话才结束了这场闹剧。为什么周围的大臣、贵族不说出皇帝没有穿衣服，小孩却说出了真话。

专家通常指对某一事物精通，或者说有独到见解的人。

一项针对美国无家可归者的研究就是一个很好的例子。20世纪80年代早期，一位名叫米奇·斯尼戴尔（Mitch Snyder）的人开始为美国无家可归者奔走，他宣称美国当时至少有大约300万

人无家可归。至少有超过美国人口总数 1% 的人无家可归。这听起来确实有些太离谱了，可既然这是专家的统计数据，那应该是不会错的。于是这个话题立刻引起了全美公众的关注。斯尼戴尔甚至跑到国会力陈此事的严重性。据说他还曾经在大学演讲的时候告诉听众，每秒会有 45 名无家可归的人死去，也就是说，美国每年都会有 14 亿无家可归的人死亡（当时的美国人口总数为 2.25亿）。假设斯尼戴尔口误或者可能是记者引用错误，假设他的意思是，每 45 秒就有一个无家可归的人死亡，那么每年死亡的人数仍旧可以达到 70.1 万——几乎是美国每年死亡总人数的 1/3。最后，当有人质问斯尼戴尔该统计数据的真实性时，他终于承认自己是在捏造，因为当时记者们一直追问他具体的数据，他不想让他们失望。

利斯特防腐液（Listerine）发明于 19 世纪，最初被当成一种效果奇强的外科抗菌剂，后来被一些商家进行提炼，当作地板清洁剂和淋病药物出售。直到 20 世纪 20 年代，当它被标榜为治疗"慢性口臭"（当时被认为是一种健康不良的标志）特效药的时候，这种药物才最终取得成功。在利斯特防腐液的新广告中，有一对神情沮丧、郁郁寡欢的男女，他们一方面很想结婚，另一方面却又为对方的口臭而苦恼不已。"我能忍受他的口臭吗？"广告中的女性自言自语道。在此之前，人们一直没有把口臭当成一个严重的问题，可利斯特防腐液的出现改变了这一切。就好像广告学者詹姆士·特维切尔（James Twitchell）所写到的那样："利斯特防腐液让人们感觉口臭甚至比淋病还要严重。"就这样，在短短 7 年的时间里，生产利斯特防腐液的公司的收入从 11.5 万美元上升到

800 万美元。

像斯尼戴尔、特维切尔这样的专家居然会为了自己的利益去欺骗别人，这听起来不仅让人有些难过，甚至让人感到意外。其实进行欺骗的并不仅仅是斯尼戴尔、特维切尔这几个人。

2008 年 12 月 11 日 8 点 30 分，美国伯纳德·麦道夫投资证券公司董事长、与"股神"巴菲特比肩的投资大师、犹太"基金教父"、纳斯达克前主席——伯纳德·麦道夫，因遭举报，涉嫌进行一项规模达 500 亿美元的"庞氏骗局"，在他曼哈顿的豪华寓所中，被美国联邦调查局（FBI）执法人员带走……

与此同时，由伯纳德·麦道夫执掌的、纳斯达克最大做市商（marketmaker）、纳斯达克五大经纪公司之一、纽约证交所第三大经纪公司——伯纳德·麦道夫投资证券公司被查封……

伯纳德·麦道夫被他的投资人亲切地称呼为"伯尼"。胖胖的、笑起来很可爱的犹太人"伯尼"，在很多人看来，几乎是一个无懈可击的人，是大家的好朋友，也是家族基金的可靠委托人。在佛罗里达以及纽约的犹太社区里，麦道夫被很多人视为投资方面的"上帝"。麦道夫的基金，被圈子里的人简称为"犹太人基金"。

1990 年，麦道夫借用自己作为成功的股票上市经纪人的身份成立了一家资产管理公司。麦道夫通过自己的社会网络为这个基金公司进行筹资，他在透过棕榈滩乡村俱乐部或其他慈善团体的场合，广交朋友，并利用一些已落入他陷阱的投资客做介绍人，介绍更多客户给他。那些介绍人可以收取回佣，自然乐于做中间人。这样就有了"滚雪球效应"。有报道说，正是在这个俱乐部中，麦道夫找到了一个后来给他吸引其他成员加入的投资者。

在表面看来，麦道夫的基金是一项风险很低的投资行为。他庞大的基金有着稳定的利润返还率。一个月中达到一到两个百分点的增长率。增长背后的原因是该基金不断地做着购买大盘增长基金和定额认股权等生意。这种综合性的投资组合一直被人们认为可以产生稳定的投资收益。

根据美国证监会的说法，2005 年，麦道夫的投资基金生意逐渐变成了一个新的"庞式骗局"，所有返还给投资者的收益都是来自越来越多新加入的投资者。美国证监会早些时候的数据显示，直到 2008 年 1 月，麦道夫的基金一共管理着 171 亿美元的资金。虽然 2008 年的形势不断地恶化，但麦道夫依然在向投资者报告说他的基金仍然在稳健地增长当中，这一增长数字直到去年 11 月依然高达每月 5.6%，跟标普相比平均增长 37.7%。

2008 年 12 月 9 日，麦道夫突然宣布伯纳德·麦道夫投资证券公司将提早发放红利。而按常规，公司的红利都是在第二年的 2 月发放。对此异常举动，麦道夫的儿子十分不解。

12 月 10 日，麦道夫的两个儿子准备在麦道夫的办公室和他讨论这个问题。没有意识到公司已濒临破产边缘的两个儿子，质问麦道夫："如果不能支付投资者，公司又怎能发红包呢？"麦道夫示意回家后再谈。

当天晚上，麦道夫的儿子来到他的寓所，见到麦道夫的脸上出现了罕见的沮丧。麦道夫向儿子透露，由于一拨客户要求赎回的投资达到 70 亿美元，令公司出现了严重的资金周转问题。

事态发展到这一步，麦道夫才向儿子摊牌："一切都是谎言。"

他不得不承认，麦道夫公司的投资管理业务"基本上是一个巨大的'庞氏骗局'"。

在"庞氏骗局"中，诸多知名机构被击中。西班牙金融业巨头桑坦德银行，在此次诈骗案中的风险敞口高达 31 亿美元，此外还有法国巴黎银行、欧洲银行巨头汇丰银行、日本野村证券等。

……

2009 年 6 月 29 日，被纽约南区联邦法院判处 150 年监禁、罚款 1700 亿美金、现年 71 岁的麦道夫将在监狱里度过他的余生。

这长达 20 年、高达 500 亿美元的投资骗局是对华尔街监管者的极大讽刺。到处都是经济学家的华尔街怎么没能拆穿麦道夫的骗局，使他愚弄了华尔街的诸多投资家，欺骗了一大批具有丰富专业经验的投资者？

自 2009 年 9 月中旬金融危机爆发以来，目睹一个个金融巨头倒下，华尔街投资者们的心理承受能力照说是经历了足够的锻炼。但是，当传奇人物、纳斯达克股票市场公司前董事会主席伯纳德·麦道夫 11 日被戴上手铐带走，并由此引出一个可能长达 20 年、高达 500 亿美元的投资骗局之后，华尔街还是被震动了。

一个拥有近半个世纪"白璧无瑕式"从业记录的投资专家，一种并不新鲜的欺骗手段（用高额回报引诱投资者，同时用后来投资者的资金偿付前期投资者），一大批具有丰富专业经验的受害者，完美地欺骗了我们。

近年来，一些专家常常为了吸引眼球，言论往往过于标新立异，或出于个人目的而歪曲以往的定论，使我们觉得莫名其妙。

如："中国是否应健全福利与社会保障制度？我建议取消所谓

的养老保险、失业保险、工伤保险等福利，目的是保持大家的工作热情和能力。"

"经济学家就是为利益集团服务的。"

"我把堵车看成一个城市繁荣的标志，是一件值得欣喜的事情。如果一个城市没有堵车，那么它的经济也可能凋零衰败。1998 年特大水灾刺激了需求，拉动了增长，单水毁房屋就几百万间，所以水灾拉动中国经济增长了 1.5%。"

"在公有制下，官员索取剩余可能是一个帕累托改进（以意大利经济学家帕累托的名字命名的，就是一项政策能够至少有利于一个人，而不会对其他任何人造成损害）。因为它有利于降低监督成本，调动官员的积极性。私人产品腐败的存在，对社会经济发展来说即使不是最好的，也是次优的、第二好的。反腐败力度的把握要非常适度，如果力度把握不适当，间接带来的负效应也非常大。"

国内一些知名度甚高的经济学家一再发表完全悖于常理，也脱离经济学、社会学和政治学的基本准则。

所以我们不能迷信专家的谎言，我们应该有着自己清醒的认识，我们需要用自己学到的知识和方法去判断社会中的经济现象。如果一味做经济学家的应声虫，最终受到伤害的还是我们自己。

◎ 为什么八个经济学家换不掉一个坏灯泡

有这样一个关于经济学家的段子：

问：要多少个经济学家才能把一个坏灯泡换掉？

答：8个。一个人负责把灯泡换上，剩下的7个人负责保持所有其他条件不变。

问：要多少个芝加哥学派的经济学家才能把一个坏灯泡换掉？

答：一个也不用。要是灯泡坏了，万能的自由市场机制自然会把它更换，如果市场没有更换，那就说明没有换灯泡的需求，那就不必去更换。

问：要多少个新古典学派的经济学家才能把一个坏灯泡换掉？

答：那就要看当时的工资水平和物价指数如何了。

问：要多少个凯恩斯学派的经济学家才能把一个坏灯泡换掉？

答：越多越好。因为这样便可增加就业，刺激消费，经济就这样发展起来了。

问：如果我们派1000个经济学家去换灯泡，他们多久能换好？

答：永远也换不好。这1000个经济学家会先分成10个派别，每个派别会分别拥戴一个自己的精神领袖，然后众多派别开始口水大战，纷纷寻找对自己有利而对他人不利的证据，然后报纸、杂志和电视台也陆续加入助战，最后还是没人去换灯泡。

这就是每天都在经济学理论的思维指导下追求资源最优化配置的经济学家。然而，如果生活中的大小琐事都做得如此较真，未免又会让人觉得太过于小题大做，让人觉得迂腐和不可理喻。

上则笑话里面提到，芝加哥学派的经济学家认为市场机制自然会把灯泡换掉，这当然是过分夸张的说法。芝加哥学派的经济学家相信市场机制跟自由竞争，反对任何形式的干预，也反对计划经济和凯恩斯主义。

当然，市场机制不会自己把坏掉的灯泡换掉，但自由竞争是芝加哥学派的信仰。有好事者就说，既然市场只要自由竞争就好，还要经济学家做什么呢？

从20世纪起，经济学家就成为一个十分引人关注的职业，经济学家有着耀眼的光环。有人曾预言："骑士时代已经过去，来临的是经济学家的时代。"颇有影响的英国《经济学家》杂志曾在早些时候说："将来的经济学家，会赋予有限责任制度的无名的发明者像与瓦特、斯蒂芬森以及工业革命的其他先驱并驾齐驱的地位。"有的经济学家甚至认为这个社会离不开的、最重要的就是他们——经济学家。

外科医生、经济学家、工程师等人争论这个话题时，外科医生和工程师并不同意这种说法。外科医生首先表示反对，他站出来举例说明："在创世纪的时候，上帝取下了亚当的一根肋骨造就了夏娃，这件事情如此古老，而且只有外科医生可以做到，所以，外科医生才是最古老的职业。"而工程师也同样提出了反对，他说："上帝创作世界之前，陆地和海洋就已经分开了，除了我们工程师，谁还能做到呢？"

这时，经济学家才站出来，慢悠悠地说："不要着急，上帝创造世界之前，地球可是一片混沌，你们认为谁该对此负责呢？"

这个故事无非是想说明制造了世界混沌的是经济学家，并探讨了他们的社会价值。经济学家在如今变得越来越重要，人们需要他们为市场打开混沌的局面，制造均衡市场。但事实上，他们并不是万能的。

两位大国首脑在会谈的间歇闲聊。其中一个人说："你知道吗，我遇到了一个麻烦。我有100个卫兵，但其中一个是叛徒，而我却无法确认是谁。"听罢，另外一国的首脑说："这算不了什么。令我苦恼的是，我有 100 个经济学家，而他们当中只有一个人讲的是事实，可每次都不是同一个人。"

这则讽刺经济学家的笑话意在揶揄经济学的华而不实。实际上，经济学之所以成为一门科学，必有其可取之处。放眼当今世界，随着信息技术的发展、各国间合作与竞争的加强、社会分工的进一步明确，人们正越来越切身地感受到掌握经济学知识的必要性和重要性。

我国改革开放 40 多年来，市场经济逐步发展，人们对经济学也从陌生走向熟悉。蓦然回首之时，才发现经济学原来就在我们身边。经济学概念已经不再为经济学家所垄断，CPI、成本、股票等生活中的经济学词汇，人们已经耳熟能详。可以说，生活在当下，如果不懂一点经济学，你就会觉得自己仿佛置身于世外，简直是寸步难行。

有心者也许会发现，我们的一举一动几乎都与经济学有着千丝万缕的联系。例如，商品价格起伏涨跌，口袋里的钞票价值增减，是买房还是炒股……每一件小事背后其实都有一定的经济规律和法则可循，我们的生活已经离不开经济学。

有这样一个故事：一个经济学家、一个医生和一个牧师约好某天去打高尔夫球。这天，玩兴正浓时，他们发现有一个人老是在球场上漫无目的地乱跑，这严重影响了他们的兴致，于是他们决定去向球场交涉。球场的管理人员向他们解释："球场为了向全社会的残疾人献爱心，星期一下午向盲人免费开放。今天是星期一，那个到处乱跑的人是盲人。如果他的行为影响了你们，我向你们道歉。"3人听后，有3种不同的反应。牧师听后大为感动，遂决定抽出一定时间，免费为残疾人祈祷，祈求上苍保佑，为残疾人带来福音。医生听后，马上决定，向球场学习，并准备在他的诊所里，留出一定的时间免费为残疾人提供医疗服务。经济学家却不以为然地说："我有些不明白，你们球场为什么不把向盲人开放的时间从白天改到晚上？"

从经济学的理性视角来看，白天与黑夜对于盲人没有区别，把对盲人开放的时间从白天改到晚上，一点都不损害盲人的利益。如果盲人在白天和正常的游人一起共享高尔夫球场，盲人的利益虽然能得到保证，但显然，正常游客的利益就会受到损害。这就是说，盲人的利益是建立在一般游客利益牺牲的基础上，如果这样，球场资源的配置是缺乏效率的。

经济学家从资源配置的角度来看待问题，不能不说其具有一定的合理性。当然在现实生活中，人不可能处处都以经济学理性的视角观察世界。毕竟，世界上还有除了经济之外的一些东西，比如亲情、友情、同情心，如果一味把经济学的方法论运用到一切生活准则中，生活将不可避免地有点变味。

经济学越来越贴近人们的生活，以经济学理性的视角看待问题，已经成为人们的习惯。有经济学知识或具有经济学思维的人做决策或经营会更理智，事业一般会更成功。这也正是大多数人都愿意学经济学的主要原因。

经济人的理性思维，就是每个人都知道自己的利益所在，都会用最好的办法来实现自己的利益。当然，这里的"理性"指的是有限理性。因为人不是全知全能的上帝，人的行为受到各种因素的制约，如占有信息的多少、理智和聪明的程度以及外部条件的复杂多变使人难以驾驭等。但尽管如此，每个人还是会尽力做出最有利于自己的决策。趋利避害既是每个人的本能，也是他的理性使然。

经济学是建立在理性经济人的人性假设基础上，超脱和排除了其他的价值判断，即不去判断一件事是好还是坏，对社会有无精神价值，而仅仅从资源优化配置的角度思考问题。在社会生活中，必须培养起自己的经济学视角，比如机会成本意识、成本收益观念等，以理性人的视角面对生活，这样会使我们的生活变得更加丰富多彩。

◎ 为什么海盗想过渔民的生活，而毒品贩子还要和妈妈住在一起

1991年索马里内战的爆发，令亚丁湾一带海盗活动更趋频繁，曾多次发生劫持、暴力伤害船员事件。

纳吉彼是一名海盗，现年30岁，他看上去很沧桑。纳吉彼的家，在当地新建的一片富人区，房子很漂亮，但周围环境很差。

在成为海盗前，纳吉彼是海滨小镇埃勒的一个渔民，虽然国内政局不稳，但渔民在当地是一群富有的人：渔民们经常能够捕捉到鲨鱼，而每公斤鲨鱼鱼翅在当地能卖到150美元。当时，纳吉彼每个月能有1万美元的收入——这足够他在世界上任何一个国家过上幸福的生活。

但当大量外国渔船涌入索马里海域开始捕捞之后，纳吉彼能捕到的鱼就越来越少。"他们的机械化捕捞船布满了海域，各自占

据一块地盘，那都是鱼最多的地方。"到最后，他发现，自己几乎捞不到鱼，生活也无法维持下去。

两年前，纳吉彼开始知道埃勒成为海盗据点的消息，而且那些海盗中不少人以前都是自己的朋友、同行，而现在他们都有着巨额的收入。纳吉彼决定，卖掉房子和土地，并用这笔钱购买武器。

索马里当地有大量的武器可以自由出售，摩加迪沙最多，邦特兰也不少。在邦特兰，一支AK47现在的价格大约700美元，一颗子弹为1美元左右。纳吉彼的钱，买几十支枪绰绰有余。买到武器之后，纳吉彼很快拉上了20多个和自己情况类似的朋友，武装了起来。

对纳吉彼来说，把埃勒作为抢劫海域是当然之选。纳吉彼说，埃勒是一个地势险峻的地方，易守难攻，而且背靠印度洋，打不过时，还可以乘快艇从海上逃走。

纳吉彼是一个有头脑的人。建立起自己的武装后，他并没有马上开始"工作"，而是先找到了一个中间人。纳吉彼说，索马里海盗找到的中间人，多半是一些翻译，他们往往会说两种乃至更多种的语言，可以和多个国家的人进行沟通。"他们中的大多数并不参与海盗的分赃，但他们收取高额的佣金。"

根据过来人的指引，纳吉彼选择在2007年11月的一天晚上出行。那晚，他和11个伙伴带着GPS和卫星电话，开着两艘小艇，往北进发，在近海找寻落单的渔船。

几个小时后，在哈丰角附近海域，他们找到了一个目标——一艘并不算太大的船。他们的船逐渐靠近目标，纳吉彼扔上去绳梯，开始攀爬。就在这个时候，他们被船员发现了，船上的人想把绳梯弄下来，但在纳吉彼拿着枪对天一阵狂扫之后，再没有人敢轻举妄动了。最终，纳吉彼带着 3 个人上了船："你们被我劫持了！快叫你们船长过来！"

经过一系列的讨价还价后，纳吉彼的中间人终于与渔船所在的渔业公司就赎金数额、赎金交割地点等达成了一致，双方为此耗费了几天的时间。第一次抢劫，纳吉彼一个子儿都没让：150万美元。

拿到赎金后，纳吉彼和伙伴们拿走赎金中的大部分——100万美元。因为是首领，纳吉彼拿得最多——50 万美元。其他的人从数千美元到数万美元不等。

但他很认真地说："相信我，这不是我们的错，我并不想成为一个海盗，我的生活并没有以前好。"

一个小伙子非常得意地掰开鲨鱼的嘴给我们看鲨鱼的牙齿，他说单是一条鲨鱼的鱼翅就能卖到上千美元，"以前运气好的时候，一天能捕捞到 20 条，那样的话，一年都不用工作了。我喜欢捕鱼。"

这几年，海盗问题成为一些国家包括中国头疼的问题，我们国家已经派出舰队在索马里护航，以期解决这个问题。

索马里海盗并非十恶不赦的高级犯罪团伙，相反，拿起枪的是越来越多的普通百姓，他们因为国内政治、国外渔船等一系列原因而不得不走上海盗这条道路，也正如他们自己所说的，他们的生活不是变好了而是变坏了。他们还是愿意过渔民的生活。

在一个贩毒集团里，处于顶级位置的 120 名头目每个月的开支占总收入的一半以上，但从人数上来说，他们只占贩毒集团总人数的 2.2%。除了那些顶级的头目之外，大多数毒品贩子仍然跟自己的妈妈住在一起。加索尔每年的净收入大约为 10 万美元，这显然要远远比办公室里的白领挣得多。加索尔只是整个毒品贩卖系统之中上百名领导中的一位。该犯罪团伙的 20 名顶级成员平均年薪都在 50 万美元以上。所以有些大的毒品交易商能够买得起大房子，那些"董事会"成员更可以买得起豪宅。

在加索尔的手下有 3 名副手以及大约 50 名小兵，如果按照这个规模进行类推的话，整个贩毒集团至少还有 5300 名成员，他们都在为顶级的 120 名"大哥"工作。那么这些普通成员的收入到底如何呢？下面是加索尔支付给手下的工资明细：

付给 3 位副手的总开支 2100 美元；

付给所有小弟的总开支 7400 美元；

月度薪酬总开支 9500 美元。

由此可以算出加索尔付给他手下的钱一共只有 9500 美元，比他自己的账面工资高出 1000 美元。加索尔每小时的薪水是 66 美元。相比之下，他的 3 位副手每个月只能拿回家 700 美元，也就是说，他们每小时的工资只有 7 美元，小弟们每小时的工资只有 3.3 美元，而这远远低于美国最低工资水平。

在这里我们找到了为什么还有毒品贩子跟妈妈住在一起的答案：因为他们没有挣到足够的钱去买大房子、豪宅。他们别无选择，只能跟自己的家人住在一起。

所以，铤而走险去犯罪，其所得的收入并不比普通劳动者的收入高，这些犯罪分子还顶着巨大的风险。

你喝咖啡谁赚钱：消费中的经济学

既要储蓄，也要消费

◎ 为什么过度节俭导致衰退，合理增加消费导致兴隆

20 世纪 20 年代英国经济停滞和 30 年代全世界出现了普遍的生产过剩和严重失业状况。凯恩斯对此给出了让人们信服的经济学解释。从宏观上分析，在短期中决定经济状况的是总需求而不是总供给，对商品总需求的减少是经济衰退的主要原因。总需求决定了短期中国民收入的水平。总需求增加，国民收入增加；总需求减少，国民收入减少。从微观上分析，某个家庭勤俭持家，减少浪费，增加储蓄，往往可以致富；从宏观上看，适度节俭也有利于财富的积累。但过度节俭，以至于影响了正常消费，对于经济增长却没有什么好处：社会总消费支出下降→社会商品总销量下降→厂商生产规模缩小，失业人口上升→国民收入下降、居民个人可支配收入下降→社会总消费支出下降……

引起 20 世纪 30 年代大危机的正是总需求不足，或者用凯恩斯的话来说是有效需求不足。有效需求不足迫使厂家削减产量，解雇工人，从而减少了收入，最终减少了储蓄。储蓄为个人财富积累奠定了基础，然而如果整个国家一味地加大储蓄，将使整个社会陷入萧条和贫困。

以上推理若跟我们每个人的日常生活相联系，就不难发现其

合理之处了。

一是"过分节流"看似积攒下不少财富，实则忽视了"开源"，从而失去了获取更多财富的可能性。靠精打细算、节衣缩食，只能达到小富即安的状态，并且这种安逸有时候是以牺牲生活品质为代价的；用控制欲望的方法最多只能是缩小收支缺口，而无法填平这一缺口。

二是有可能让人安于现状，没有动力去投资理财。人们常说："心有多高，天就有多高。"当满足于目前消费水平时，人们自然会想，何苦再去费力地赚更多的钱。

三是某些日常用品的重复性消费，好像每次都很节省，但加在一起却是惊人的浪费。上中学时，很多人都有一台随身听或是MP3，为了省钱大多舍不得买贵的耳机，而是用在地摊儿上花十几元买的便宜货。结果是，经常断线，过段时间就不得不更换耳机。几年下来，花在廉价耳机上的钱要比买品牌耳机的钱还多，还得忍受很多时候仅一只耳机响或是音效不好的状况。生活中类似耳机消费的事还很多。

1933 年当英国经济处于萧条时，凯恩斯曾在英国BBC电台号召家庭主妇多购物，称她们此举是在"拯救英国"。在《通论》中他甚至还开玩笑地建议，如果实在没有支出的方法，可以把钱埋入废弃的矿井中，然后让人去挖出来。

已故的北京大学经济系教授陈岱孙曾说过，凯恩斯只是用幽默的方式鼓励人们多消费，并非真的让你这样做。但增加需求支出以刺激经济则是凯恩斯本人和凯恩斯主义者的一贯思想。

我国的居民消费支出占GDP的比重不到40%，美国超过了

70%，而世界平均水平为 62%。居民消费不足，使得我国经济增长过多依靠外需。能否改变居民消费这个短板，是决定我们能不能从中国制造走向中国市场，能不能从投资主导走向消费主导，未来经济能不能可持续增长的关键。

我国经济发展的一个突出特点就是：储蓄率过高而消费率过低。居民消费需求不足，造成大量商品生产过剩，企业开工不足，失业人员增加，经济增长受到影响。在国际金融危机的背景下，为了刺激消费扩大内需，国家采取了积极的财政政策，扩大"低保"范围和提高"低保"标准等一系列措施鼓励大家消费，这些措施都是以扩大国民消费来带动经济发展。

只有消费才能拉动生产，才能让整个经济活动持续和循环起来。明白了"节俭悖论"的内涵对于我国这样一个崇尚节俭的社会具有积极的意义。我们应该根据自身的收入水平适当消费，这样对自身、对社会都具有积极作用。但是，这并不是要求我们要选择一种奢侈的生活方式。我国是一个人口众多的国家，自然资源尤其是能源非常紧缺，非常有可能成为制约我国未来经济发展的主要因素，我们要合理地增加消费，大力提倡理性消费，理直气壮地反对浪费。

◎ 为什么买高档消费品

戴一只几百元的上海手表和戴一只价值百万元的江诗丹顿手表，其使用功能是相同的，都是可以显示时间。但戴一只用 18K 金做壳，满是钻石的名牌江诗丹顿表能显示出主人与众不同的身份。

经济学家把消费这种价格极其昂贵的名牌商品称为炫耀性消费，这种消费并不仅仅是为了获得直接的物质满足与享受，而在更大程度上是为了获得一种社会心理上的满足；这种消费行为的目的不在于其实用价值，而在于炫耀自己的身份——通常也称为"显摆"。

由于消费者可能是想通过使用价格高昂、优质的产品来引人注目，具有一定的炫耀性，因而这种现象又被称为"炫耀性消费"。其实，这反映了一种消费心理——"炫耀性"心理，它是指存在于消费者身上的一种商品价格越高反而越愿意购买的消费倾向。

1894 年，美国工业发展的速度已超过其他资本主义国家，跃居世界第一位。经济的飞速发展造就了一大批暴发户，而这些暴发户的行为则成了凡勃伦关注的焦点。凡勃伦以其敏锐的洞察力，目睹了"镀金时代"的暴发户们在曼哈顿大街购豪宅，疯狂追逐时髦消费品。鉴于此，凡勃伦提出了"炫耀性消费"。

后来的经济学家们将这种炫耀性消费的商品称为"凡勃伦物品"，甚至画出了一条向上倾斜的需求曲线——价格越高，需求量越大。经济学家们发现，"凡勃伦物品"包含两种效用，一种是实际使用效用，另一种是炫耀性消费效用。而后者由价格决定，价格越高，炫耀性消费效用就越高，"凡勃伦物品"在市场上也就越受欢迎。

著名品牌LV其发展过程始终是与上流社会密切相关的。1837年，品牌创始人Louis Vuitton来到巴黎寻求生计。经过多年的磨砺，他进入了法国皇宫，开始为王室服务。法国皇后乌婕尼喜好出游，经常需要人打点行李。凭借出色的手艺，Louis Vuitton能够巧妙地将拿破仑三世皇后的衣物绑在行李箱内，而且衣物经过长时间的路途颠簸而不皱，由此得到了皇后的喜爱和信任。在跟随皇后的这段时间里，他为能更好地提供服务，还尝试着自己制作行李箱。随着经验的积累，其技术和品味有了很大的提升，并为其日后制作经久不衰的高档旅行箱提供了"技术保证"。

　　1854年，Louis Vuitton结束了在皇宫中的工作，在巴黎开了一家皮具店。其制造的皮箱因造型美观，经典实用而广受欢迎。从这一刻起，LV品牌正式创立。凭借多年为乌婕尼皇后服务的经验，Louis Vuitton还创了经典的"Trianongrey"帆布行李箱，它的面世在巴黎的上层社会引起了轰动，很快就成了巴黎贵族出行的首选行李箱。即使是现在，每当人们走进Louis Vuitton的很多销售店中，仍能看到墙上悬挂着的当年贵族们携带着LV旅行箱上火车的照片。

　　就这样，在LV发展的早期（19世纪50年代），LV靠品质赢得了第一批消费者——皇宫贵族。对于他们来说，购买Louis-Vuitton的理由很简单：方便。在那个没有大众媒体的年代，LV逐渐在上层社会中流传开来。随着法国贵族们旅行的足迹，口碑也在欧洲逐渐传遍，最初是在欧洲的宫廷之间，后来扩散到欧洲大陆的贵族们……

　　100多年来，世界经历了很多变化，人们的追求和审美观念也随之而改变，但LV不但声誉卓然，而且仍保持着巨大的魅力。人们不仅迷恋于它的时尚耐用，而且迷恋于它尊贵的历史，以及品牌背后所暗示的主人身份。虽然一件印有"LV"这一独特图案的交织字母帆布包动辄上万元，但丝毫不影响人们的购买兴趣。

对于人的消费而言，维持和延续人体基本生存的生活资料属于必需的消费品，如满足人体新陈代谢所需的食物、满足人们保暖的衣服和住房等。还有"一种超出人们生存与发展需要范围的，具有独特、稀缺、珍奇等特点的消费品"，又称为"非生活必需品"。在经济学上，"非生活必需品"指的是价值、品质的关系比值最高的产品。也是无形价值、有形价值的关系比值最高的产品。从经济意义上看，"非生活必需品"消费实质是一种高档消费行为，本身并无褒贬之分。因此，买生活必需品还是买"非生活必需品"，永远只是不同的消费选择。

高档消费对富人具有炫耀性的效果，如购买高级轿车显示地位的高贵、收集名画显示雅致的爱好等，这类商品的价格定得越高，需求者反而越愿意购买，因为只有商品的高价，才能显示出购买者的富有和地位。这种消费随着社会发展有增长的趋势。

炫耀心理其实在普通人的日常生活中也很常见。消费心理学研究表明，商品的价格具有很好的排他作用，能够很好地显示出个人收入水平。利用收入优势，通过高价消费这种方式，高价消费者常常能够有效地把自己与普通消费者分开。这也正是高价消费者出手阔绰，常有"惊人之举"的原因所在。

据说，20世纪90年代初手机刚出现时，天津街头出现过这样一个镜头：一位西装革履的年轻男士手拿一个"大哥大"，边走边大声冲它喊话。同一条路的另一侧，一位年轻女子手里也拿着一个"大哥大"，口中振振有词。因为这条路太窄，路人很快发现这一对男女分别是在跟对方通话，而二人相距只是不到10米的距离！也就是说，他们完全可以从耳边收起"大哥大"，直接用嘴聊。

有人讥讽说，这是北方人爱显摆，即使在用不上手机的情况下，他们也"坚持"掏出那玩意儿，让别人看到他是用"大哥大"的"老大"。因为那时手机刚兴起，买一部还得一两万元。

很多时候，我们购买一件东西，不仅是为了它的使用价值，还希望通过它来体现个人的品味和身份。这种情况，尤其以拥有动物皮制作的奢侈品最突出，比如鳄鱼皮手包、紫貂皮围巾、水貂皮大衣……每一件动辄都数万元起价，甚至有人讲"哪天若能拥有一件紫貂皮大衣，则此生无憾"，人类与生俱来的喜新厌旧特性又迫使人们不停地追逐更多珍稀动物的皮毛。于是，大量的财富消费在这上面。

◎ 为什么消费者更愿意去便利店，而不愿意去超市

小陈是一个爱抽烟的人，在他家附近有卖烟的小贩。小陈明明知道小贩卖烟的价钱比远处超市里的高，但小陈有时还是会在小贩那里买烟。如果要解释小陈为什么这样做，实际上就与什么叫作交易费用有关了。到小贩那里，只需走几步路；要去超市，则要坐车或骑车去。有时候，小陈不要说花车钱，就是时间也不愿搭。

在楼下小商店里买香烟，虽然贵5毛钱，但你只需要下楼就能够买到香烟。倘若去商场，你要乘车，或要多走很长时间的路，其中所消耗的时间，是你并不愿意支付的。多花5毛钱，为自己节省了大段时间和精力，对于绝大多数人来说是很合算的。

大卖场卖的商品种类很多，应有尽有，而且价格便宜，但通

常都不在家门口。便利店卖的基本都是些生活必需品，遍布居民区，而且还是 24 小时，很方便。在小陈看来，多花一点钱，节约时间和精力是值得的。也就是说，楼下小商店在定价的时候，已经将你的交易成本算进去了。

交易费用就是实现人与人之间的交易所必需的费用。如果小陈不从家走到卖烟者（小贩或超市）那里，是买不到烟的。究竟到哪儿去买烟，取决于交易费用的高低。因此，从每个人的经验来看，交易费用也是进行经济决策时所要考虑的一个重要因素。

当然，交易费用不仅指实现交易所要走的路程，还包括更多的内容，如搜寻交易对象和价格的费用、讨价还价的费用、交易中发生纠纷和解决纠纷的费用，等等。

"交易费用"的思想是科斯在 1937 年《企业的性质》一文中首次提出的，而后成为新制度经济学的最基本的概念。科斯认为，交易费用应包括度量、界定和保障产权的费用；发现交易对象和交易价格的费用；讨价还价、订立合同的费用；督促契约条款严格履行的费用。

同样地，曾经的中国还有一种很奇怪的现象：县城的一般选择去省城购物，北京选择到香港购物。元旦假日，正是省城众多商家打折促销的高峰期，不仅吸引了许多市内的市民，许多城郊、周边市县的人们也纷纷进城购物，其人数之众，成了商家不敢忽视的一个群体。

当时文女士在她的博客里这样写下了一次去省城购物的经历：几个同事相约去省城，早上 10：30 出发。一个小时就到了。就这样开始了我们的"淘宝之旅"。我们几乎逛遍了小商品城里所有的摊位，我是头晕眼花，饥肠辘辘，口干舌燥。淘到一个钱包，一块冰箱的饰布，一个榨蒜器，一双高跟鞋。再看看我同事，手里拿着各自不同的心爱之物！一抬手表，接近下午1点了。大队人马挥师南下，寻找用餐的地方！在一家地下商城的快餐店用过午餐之后来到了这家全省著名的地下超市，商城里丰富货物令我欣喜若狂。人流如织，丝毫看不出金融危机的影响。在好友给孩子买到几桶奶粉，我买了几斤糖果以后，我们就转战到了地面。因为我们实在不想浪费自己的钱包，来买家乡超市都有的东西。接着又去了一个茶叶店，买到了自己心爱的铁观音，想着茶壶"刺刺"冒出的热气，我仿佛已经美美地喝上一壶了。吃过晚饭，我们在夜色中返程了。看看手里的东西还真不少，榨蒜器、饰布、奶昔机、铁观音，还忘了一个钱包！希望在一个时间、天气都很合适的时候能再来！

在某市解放西路，许先生与妻子正带着上初中的儿子来选购衣服。他说："儿子总说澄迈那边的衣服款式不多，现在放假有时间了，就全家一起来逛逛，顺便给娘儿俩买新衣服过年。"

许多人趁着节假日带着孩子来逛街、买衣服。也有的乡亲是来买家电的。主要是因为镇上的家电商城不多，品牌少价格还贵，而省城的一些家电商场到了节假日就大幅度降价，赠品也划算，所以乡亲们都爱在节假日来省城买家电，顺便逛逛街。

很显然，这些经济学的理性人一定知道赚钱与不赚钱的道理，去省城交易费用过大的问题，但这些去省城购物的经济人正是看上了省城商品质优价廉的一些特点，张先生说，由于相比同型号的彩电，省城的价格比乡镇的至少要便宜300元，像一些价格较贵的高端机，最高可便宜到 800 元。

对于传统的购物方式来说，交易成本主要分为出行成本和搜索成本。

出行成本是消费者为了购物而出行所花费的时间、金钱等成本。对于传统的购物方式来说，这个成本是无法避免的，即便是"一站式"的超级大卖场，这个成本依然存在。但是，对于网购来说，这个成本几乎是零。

搜索成本是获取下一个报价所附加的成本，简单的理解就是消费者"货比三家"所花费的成本。传统购物方式的搜索成本占据了交易成本的大部分，消费者通常还只能获得有限的商品信息。而且消费者的搜索点是随机的，在传统的购物方式下，地理位置也限制了信息的获取。

2008 年末，金融危机席卷全球。在多数经济市场处于萎缩的情况下，网购却在国内外市场掀起一轮狂潮。知名购物网站亚马逊，2008 年圣诞期间的销售额同比 2007 年增长 44%，成为"历年来最旺的圣诞节销售"，并创下单日 280 万个订单的纪录（平均每秒 32 个订单），发往全球 217 个国家和地区。而在国内，根据淘宝网和艾瑞咨询联合发布的数据，2009 年春节期间，淘宝网交易额比 2008 年同期增长 60%，日均销售额超过 3 亿元，并创下单日销售 4.6 亿元的纪录。

年轻的小圆是个网虫，她喜欢各式各样新颖的服饰。不过，和别的女孩有所不同，小圆并不喜欢逛街。于是，上网逛网店成了她的最爱。这既节约了上街的时间成本和劳力成本，又能看到更多的服饰。对于网购，小圆是乐此不疲。

事业有成的刘先生更喜欢在网上买书和买一些家居小玩意。网上的图书折扣低，并且还能送货上门，既方便又省钱。刘先生家中的藏书，几乎都是从网上订购的。

网购之所以如此盛行，也源于人们对交易成本的把控。喜欢网购的多数是年轻人。"小资"是网购人群的重要组成部分。他们追求时尚，又懂得如何节约成本。"降低生活成本，但不降低生活品质！"是小资们的省钱之道。电子优惠券、淘宝家居用品、在实体店看好物品再网购……这些都是网购爱好者们常用的省钱窍门。

根据网购的特点，我们可以将网购的交易成本界定为消费者为了完成网络交易而付出的购置设备、知识学习、信息搜索、时间、货币以及所承担的风险等成本的总和。而交易成本的自身性质决定了消费者是否会从传统的购物方式转移到网络进行交易，取决于网购成本与收益的比较及其与传统方式交易成本的比较。

通过互联网，消费者可以利用搜索引擎，轻易让商品的所有报价尽收眼底，而且通过排序功能还能使商品进行价格排列。这样，商家便丧失了传统模式下的"地域"优势。

理性的消费者会更多地考虑交易成本的问题，网购的交易成本和出行购物的交易成本的差别是显而易见的。电子商务在经过多年的发展后，网络上的商品已经足够丰富，物流供应日趋完善，而且网络交易安全基本得以保证。于是，会有越来越多的消费者转向网购。

对于网购来说，方便与省时省力是更多人的选择理由。交易成本中，搜索成本花费的时间成本占据很大的比重。时间是一种稀缺性资源，随着社会经济的发展，时间的价值在不断提高。通过网购，消费者能够节省更多的时间成本，这是他们选择网购的重要原因。

同时，互联网最大的优势是提供了大量的信息。在我国网民中，有39％的网民上网是为了查询信息，在各类上网目的中所占比例最高。在消费行为中，消费者获得的商品信息越多，消费者在整个交易中占据的地位越有利，其交易效用也越高。与传统的商场相比，浏览网站商品可以以百万级来计算，这样消费者能掌握足够多的信息，在交易中占据有利位置。

通过网购，消费者可以避开商场里的人山人海，不用走得腰酸背痛就能买到心仪的商品。网上有着24小时永不歇业的商铺，有着琳琅满目的各式商品。作为一个时尚的理性消费者，网购是理想的选择。在无限的网络空间里，只要动动手指和鼠标，就可以买到价廉物美的商品，何乐而不为呢？

交易成本是人与人之间交易所必需的成本。对于不同的人来说，其自身的交易成本是不同的。在菜市场上可以看到不少老太太与小商贩为几毛钱的菜价而讨价还价。这是因为，老太太已经退休，她用来讨价还价的时间并不能作他用，如果能买到便宜的蔬菜，就是降低自己的生活成本了。但是如果放到年轻人身上，贵几毛钱就贵几毛钱吧，有讨价还价的时间还不如抓紧时间多挣钱。

◎ 为什么有人愿意在吉祥号码上花大价钱

一个吉祥手机号码价值多少？

一个最后7位都是"8"的手机号价格高达22万元。类似的还有天价车牌号。

……

谁为这些天价买单？

据调查，这些天价商品无非是买来送人，或是一些有钱人的个人嗜好。这些天价商品的价值在哪里呢？据介绍，买家几乎全部是生意人，他们不仅仅是出于便于记忆和对吉祥数字的崇拜，更重要的是用来"撑门面"，当然也可当作礼物送人。

正因为天价商品有市场价值，才成了收藏爱好者的宝贝。有一个收藏爱好者从事吉祥号码收藏已两三年，一共收藏了20多个吉祥号。其中多数号码都是花钱买来的，像尾数为7个"8"的号码，两年前的收购价就超过10万元。此外，尾数为5个"8"或"6"的号码，他的手头还有好几个。

"吉祥号码"又称为"个性号码"，是指由于人们的传统观念和个人喜好而产生的对某个或某组数字的崇拜。有人认为这些数字能够给自己带来好运，于是这些数字就像我们通常所说的"图腾崇拜"一样，受到人们的青睐。

对这些数字的崇拜往往是由于谐音或传统的思维习惯。就像图腾崇拜一样，不同的部落和民族，往往有各自不同的崇拜对象。不同地方的人由于有不同的观念和生活习惯，即使是对同一个号码，也会产生不同的吉祥观念。比如说，我国许多地方都有人认为"8"能给自己带来好运，主要是因为8与"发"谐音，常让人联想到"发财"。何人不希望发财呢？于是"8"就受到人们的喜爱。还有"168"作"一路发"解释，"888"是"发发发"的意思，"666"意为"六六大顺"，等等。

正是出于对"吉祥号码"的崇拜，我国普遍存在着吉祥号码拍卖的现象。吉祥日子、吉祥时辰早已成为人们迎新嫁娶、开张庆典、签约剪彩等经济活动的首选日子。许多地方也曾经在这些所谓的吉祥日子里出现了交通拥挤异常、喜庆气氛非凡等现象。相反，一些数字则被人们所厌弃，比如带有 4 的手机号码，往往可以免费赠送，有些楼盘甚至不设 13、14 层，迎合了一些住户的喜好。

在 2009 年新版的吉尼斯世界纪录中，卡塔尔电信运营商 Qtel 被认定拍出了全球最昂贵的手机号码。一个"6666666"的手机号是于 2006 年 5 月 23 日被拍卖的，最终成交价格为 1000 万卡塔尔里亚尔，根据当时汇率水平计算约合 275 万美元。吉尼斯世界纪录此前记载的最昂贵的电话号码是中国四川航空以 233 万元拍得的"88888888"的手机号。

为了吸引高端用户，中国联通于 2008 年开放了 156 号段的吉祥号码网上申请。如尾号"88888、6666、2008、6699"等号码，用户可在网上竞拍获得，不同"靓号"需预存话费，从 1200 元到 24 万元不等。

用户只要登录中国联通网址，就可以申请中意的吉祥号码。而该网站上显示，价格最贵的尾号 6 位相同数字（如尾号 AAAAAA），用户需要预存 24 万元人民币，月最低消费额 2 万元；而尾号 88888、66666 等较受欢迎的号码，则需预存 3 万元，月承诺话费 2500 元；不含 6、8、9 等号码的 2 连号尾号（如 55、77），则只需预存 1200 元和承诺每月最低 100 元话费就可以申请。这样的手机号码可谓"天价"。

但是这些号码毕竟是有限的，有限的资源不可能使每个人得到满足。因此，在资源稀缺的前提下，对于这些吉祥号码，就必须以高价才能获得。稀缺是经济物品的显著特征之一。

资源的稀缺性，有些是天生的，如金子、钻石等。有些是衍生的，如耕地，随着人口的增多，人均耕地越来越少。因为稀缺才能更显其价值，这也是人们选择天价吉祥号码的最大动因。假使每个人都能用尾号为"888"的号码，手机号码自然不会有"天价"之说。因为存在资源稀缺这一特性，才使人们在选择手机号的时候，要么多花钱选择吉祥号码，要么少花钱选择普通号码。

尽管天价吉祥号码的出现遭到了不少人的诟病，但从经济学的角度来说，选择天价吉祥号码是符合经济规律的。

◎ 为什么小城市白领的职业装比大城市要便宜

衣服是需要花钱的。因为白领是体面的身份，一两件合体的服装是必备的，衣服能给人增加自信，这点毋庸置疑。

爱荷华市，一位白领人士所"必需"的职业装，价钱只相当于曼哈顿或洛杉矶同类人士所需的一半。石家庄市一位职业人士所"必需"的职业装，价钱只相当于北京或上海同类人士所需的1/3。

要给人留下良好的第一印象，这就使得人人都有动机在衣服上多花钱。可要是人人都在衣服上多花了钱，外观的相对标准也就提高了。

人们挣的钱越多，越愿意在大多数消费品上花钱。汽车和衣服也不例外。郑州市城调队一项调查结果显示，2006年，郑州市民的可支配收入增加了13.6%，达到10977元，市民在花钱上也大方起来，其中的 7398 元都用于消费。2005 年居民家庭人均衣着类支出 844 元，比去年同期增长 30.8％。其中购买服装支出为 621 元，比去年同期增长 35.4％，购买服装占衣着类支出的 73.6％。居民购买服装的单价比去年同期高 23.9％，服装档次提高。

吉利集团董事长李书福的穿戴最为著名的是他的那双鞋。在接受中央电视台采访时，李书福曾当场把鞋脱下来展示给观众看。他坦然地说，这是浙江一家企业生产的皮鞋，物美价廉，结实耐用。"今天太忙，没来得及擦亮，擦亮是很好看的，"他很认真地说，"鞋子作为行走的工具，结实耐用就可以了，没有必要去刻意追求什么。"

让人们津津乐道的还有李书福的衣着。平常在公司的时候，李书福常常身着工作服、头戴安全帽出现在工厂车间里。有外事活动时，包括随国家领导人出访、与国外合作伙伴签约、出席"两会"等，总是那身藏青色的西装。一次，李书福在接受采访时指着自己身上的衣服，说："这是我最贵的西装，也只是和其他高管一样的工作服。"他说，我从来没穿过上千元的西装。

李书福虽然是有钱人中的一个例外，但一般来说，富人在衣服和汽车上花的钱都比穷人多。但收入并不是此类支出的唯一决定因素。比方说，假设收入和品味都类似，可律师花在衣服和汽车上的钱就比大学教授多。为什么会存在这一差异呢？

我有一个朋友，刚刚上班就买了一套很名贵的西装，我们都笑话他很奢华，他却无奈地说，没有办法，我们要长时间出去和客户打交道。在人们的眼中，人们挣钱多少和花钱多少成正比关系。人们的能力高低和他们在竞争性劳动力市场上所得到的薪水也成正比关系。合在一起，所以，我们可以根据一个人穿什么样的衣服，或者开哪种车子，粗略地猜测一个人的才能高低。而这些白领也会更加注重自己的穿衣以及出行的工具。

这种说法，用在某些职业上比另一些职业更准确。比方说，有才能的律师，需求量大，收费高；而最有才能的教授，也往往比其他能力稍差的同事收入要高些。而根据对方穿什么衣服、开什么车来判断其潜在能力的高低，用在律师身上比用在教授身上更准确。倘若客户想聘用业务纯熟的律师，必然会拒绝一个开着锈迹斑斑、车龄 10 年的雪佛兰的家伙。反之，倘若一位化学教授开着同样的车，学生毫无理由怀疑他的能力。

对潜在客户来说，律师开什么样的车，能暗示出其能力的高下，那么，律师肯定会在汽车上多花钱，充分利用这一信号的暗示含义。只要律师们在这一支出竞赛上较上了劲，从平均的角度来看，最有能力的律师还是会开着最昂贵的车。可也有不少人会因此在汽车上花掉超出预计的钱。简而言之，律师在汽车和服装上面临更大的压力，因为对他们来说，要是客户由于这些信号误会了他们的能力，代价未免太大。没能跟同事保持同等支出水平的律师，会显得比真实能力要差些，正如没能在打架时竖毛的狗，会显得比实际体格小一些。

反之，教授们最重视的专业成就，并不因为他们在衣服或汽车上花更多钱就更容易实现。教授希望自己的论文发表在顶尖学术期刊上，希望自己正在研究的课题能得到资金赞助。可负责作上述决策的人，一般并不在乎教授穿什么衣服、开什么车。

◎ 为什么吃豆沙糕而不是巧克力薄饼

阳光明媚的午后，好不容易处理完公司的财务报告，喝杯下午茶休息一下吧，来点甜点怎么样，豆沙糕还是巧克力薄饼？

"豆沙糕还是巧克力薄饼"类似于古老的"鱼还是熊掌"。被这个问题难住的人里面，你不会是第一个，也可能不会是最后一个。甚至有许多数学家都为此苦恼不已。当罗素·克劳（电影《美丽心灵》的男主角）会见约翰·纳什（纳什均衡的创立者，诺贝尔经济学奖获得者）时，纳什是花了 15 分钟的时间来决定"是喝茶还是喝咖啡"这个问题的。

决定要豆沙糕还是巧克力薄饼、茶还是咖啡、鱼还是熊掌，需要我们仔细地加以考虑。要想圆满地回答这个问题，我们先得了解一个经济学概念：机会成本。

日常生活中我们所说的成本一般是会计成本，是可以用来做加减乘除的，其特点是现实存在的、已经发生的、我们可以加以利用的，和生产和消费有直接的关联。而在经济学上，如果没有特殊说明，成本就是指机会成本。

机会成本，指除了现在的行动外的最佳选择能实现的价值。用现有资源做一件事就不能做其他事了，这些资源就是机会舍弃。就是我们说的"有得必有失"。

比如一个农民有一块土地，他可以用来种小麦、种蔬菜、养猪。假设这块地种小麦的收益是 100 元，种蔬菜的收益是 150 元，养猪的收益是 200 元。如果农民拿这块地用来种蔬菜了，相应地，他就没法去种小麦或养猪，那么他种蔬菜的成本是多少呢？是 150 元吗？不是，150 元只是会计成本，真正的成本是 200

元，即他舍弃的另外两个项目中价值最大的那一个项目的价值！

此外，机会必须是你可选择的项目。若不是你可选择的项目便不是属于你的机会。比如农民只会种小麦、种蔬菜和养猪，搞房地产就不是农民的机会；又比如你只想吃豆沙糕或者巧克力薄饼，那么油条就永远成不了你的机会。

再者，机会成本必须是指放弃的机会中收益最高的项目。放弃的机会中收益最高的项目才是机会成本，即机会成本不是放弃项目的收益总和。例如农民只能在种小麦、种蔬菜和养猪中选择一个，三者的收益关系为：养猪＞种蔬菜＞种小麦，则种小麦和种蔬菜的机会成本都是养猪，而养猪的机会成本仅为种蔬菜。

同理，经济学上的利润跟会计利润也不相同。会计利润是全部收入减去会计成本。经济利润是全部收入减去经济成本，即减去机会成本。

可见，如果农民把地用来种蔬菜或种小麦，他的经济利润是负的，只有把地用来养猪，他才能获得利润。

这里的高明之处在于，在一般人看来，干什么都可以挣钱，都对自己有好处；而在经济学家看来，在一定的时期内，只有做一件事情才有利润，做其他任何事情都亏损。

机会成本又是和时间约束这个概念紧密相关的。时间是一种珍贵的资源。但糟糕的是，时间是一种供给固定的资源。我们不能在同一时间出现在两个地方，我们的选择总会受到限制。这意味着，我们要选择能使自己最充分利用那个时刻的行动。

如果我喜欢吃豆沙糕，但我更喜欢吃巧克力薄饼。你让我在两者之间选择，我就会选择巧克力薄饼；假如巧克力薄饼恰好没了，那么来点豆沙糕也无妨。因此，接受豆沙糕的机会成本是放弃巧克力薄饼。不妨给食用这两种食物的收益设个数：吃豆沙糕的收益是5，那么吃巧克力薄饼的收益是10，因为吃豆沙糕的经济利润不高，所以我只能选择吃巧克力薄饼，而放弃豆沙糕。

当然，我选择巧克力薄饼的同时就要面对放弃享受豆沙糕这个机会成本，但我愿意这么做，因为只有这一种选择是对我有益的。机会成本是对选择行为的一个不可避免的约束，因为你总得需要决定哪一个选择是最好的，并且放弃最好的替代物。

吃豆沙糕还是巧克力薄饼？以上是经济学教给我们如何选择。可问题似乎还远没有结束，因为我们还会关心一下今天这两种食物的口味，所用的材料是不是过期了，还有医生是不是嘱咐我不能吃甜的，等等。

◎ 为什么强吃剩饭是更大的浪费

一位李姓老夫人，年近七十，体态臃肿，每次逛街买衣服都非常不易，耗去很多时间和金钱不说，还时常受到别人的"注目礼"。对此她非常苦恼，而且她由于肥胖，健康每况愈下。想想自己年轻时很苗条，怎么到老了却长出这么多的脂肪呢？

原来，李老夫人生性节俭，幼时的苦日子让她每每看到剩菜剩饭就不能安心，舍不得丢掉，结果就勉强多吃。时间长了，体形也就变了样子。这样节俭的事例在我们生活中再常见不过了，特别是上了年纪的父辈、祖辈们，他们更是忍受不了我们一丝一毫的浪费。"谁知盘中餐，粒粒皆辛苦"的思想，在他们的头脑中根深蒂固，因此才有了类似李老夫人的痛苦。

　　浪费确实可惜，但为了防止浪费而把剩余的东西"塞进"自己的肚子里，这样的思想正确与否，值得思考。尽管我们小时候也曾接受过家长的类似教育，但从经济学角度来看，未必要这样做。因为剩饭不管是吃掉还是扔掉，都不会改变其浪费的性质。可能有人会问：扔掉那是浪费，这毋庸置疑，为什么说吃掉也是一种浪费呢？

　　这是因为，一方面，强吃剩饭不会让你有吃饭的满足感，相反，却可能因强迫自己吃饭而感觉到痛苦；另一方面，强吃剩饭会给胃部消化系统等造成负担，久而久之也就容易出现李老夫人那样的情况，对身体的伤害很大。既然这样，我们就能得出一个结论：吃剩饭实在不是明智之举。吃得太多，不但没有了享受美食的感觉，更谈不上强身健体；相反，如果剩饭造成了肠胃负担，导致消化系统紊乱，那就是吃出毛病了，赔上医药费不说，还会让身体和精神双方面受损。

　　其实，选择吃还是不吃，应当根据经济学的边际效用递减和成本收益理论来衡量。在这方面，边际效用递减规律是一个普遍的规律，在经济学、生物学、物理学、心理学方面都成立，使用它能让你懂得更多的生活哲理，也能更理性地生活。成本收益在此处则是从另一个角度进行观察。倘若吃下去，你仍能觉得是顿美餐，则其边际效用还是正的，还能让你增添些满足感，吃了倒也无妨。但若是感到有些痛苦了，那它的边际效用已经成为负的了，不吃也罢。同样的道理，若你认为，吃下去能给你带来更多的收益，就可以吃，若是吃下去可能给你带来更多的身体不适，那吃下去显然就不是明智之举了。

最后，不得不承认，吃不吃在于你。但是李老夫人的经历告诉我们：扔掉剩饭是一种浪费，强吃掉剩饭又何尝不是呢？没准，它还会让你付出更多的代价！这种可能携带负的溢出效应的浪费，难道不是更大的浪费吗？很多事情都是同样的道理，但是若你从经济学的角度去看，用更理性的方式去想，就不会再犯这样的错误了。看透扔掉剩饭的浪费与吃掉剩饭的相对的浪费，就能让你清楚该如何在现实中对不同经济价值的事物进行抉择，如何进行取舍。所以，浪费抑或不浪费，换个角度，就会有不一样的答案。不要困于常理，在生活中要善于利用经济学的思维思考。

优惠券：如何理性利用消费优惠

◎ 为什么很多餐厅都为饮料提供免费续杯

一位网友在"天涯"上描述了他去麦当劳遭遇的令人非常生气的一件事情：

我是天津人，因为工作的需要去滨江道附近工作，下午两点多去买了一份麦当劳的套餐！拿到套餐后，坐在位置上打开咖啡杯的盖子，发现杯子里的咖啡比平时少了很多，然后转动杯子，看到杯子里面的咖啡离分界线足足差了1厘米多！感觉真的很无奈。就在这时候来了一位服务员，我就把事情和她说了，她给我的回答真是令人气愤！

她看了看杯子然后说："咖啡不可能给您打满的，那样容易流出来，您不是还要放奶精和糖嘛！咖啡是可以免费续杯的，喝完了您可以再续杯！如果您感觉不行的话，可以现在就要求加满！"

听完她说的我也没说什么了，感觉说了也没什么必要了！我把奶精和糖放到咖啡里，咖啡上涨了半厘米，还是没有到达那个界线！

在我走之前用手机照下了咖啡杯的照片，先前的服务员可能是看到了，然后走过来问了一句："你需要续杯吗？"我说："不用了！"

事后，这个客户还这样愤慨地说："真的作为一个老爷们儿不应该斤斤计较。我也确实不是那样的人，就是感觉麦当劳不应该这样对待客户！咖啡并不重要，重要的是对待顾客真诚的感情！"

其实可能很多顾客跟这位友人一样，不知道麦当劳的咖啡是免费续杯的，可能更多的人也不知道，而在其他国家的麦当劳，可乐也是管够的，而并不区分大杯、小杯和中杯。同样地，在很多餐厅，饮料也是提供免费续杯的。这位客户的愤怒也可能是出自他对餐厅咖啡免费续杯的不了解。

很多人必然要问一个问题，如果免费续杯，餐厅如何赚钱，或者说对消费者自己来说，真是件再好不过的事，但商家自有商家的聪明之处。从餐馆的角度来看，这种做法的存在，与完全竞争的逻辑相矛盾。

该逻辑认为，顾客会支付自己购买的任何额外商品或服务的全部成本。但竞争其实并不充分。和很多其他行业一样，在餐馆业，随着就餐顾客人数的增长，为顾客提供服务的平均成本会下降。这也就是说，餐馆提供膳食的平均成本，比一顿膳食的边际成本要高。由于餐馆为每顿膳食索取的费用，必须高于该顿膳食的边际成本，那么，只要能吸引到额外的主顾，餐馆的利润就可增加。

已故的乔治·伯恩斯（George Burns）曾讲过一位企业主的趣事，此人说，他每卖一样东西都亏不少钱，全靠量大赚回来。当然了，真靠这种做法，什么企业都维持不了长久。所以，饮料免费续杯的常见做法就成了一个谜。餐馆怎么可能提供这种服务又不亏本呢？

大多数企业都要卖不少货物。要想维持经营，企业用不着对每一件货品索取高于其成本的费用。相反，它只需要使总收入等于或超过所卖货品的总成本即可。所以，要是主菜、甜点和其他物品已经包含了足够的利润率，餐馆当然可以提供免费续杯服务，同时又不亏本。

如果所有餐馆都不提供免费续杯服务，此时有一家餐馆突发奇想开始提供免费续杯服务，情况会怎么样呢？在该餐馆享受到了免费续杯服务的就餐者，会觉得做了一笔划算交易。随着口碑流传开来，该餐馆很快会发现，自己的顾客比从前多得多。虽然续杯服务会增加一定成本，但这部分成本相当低。

虽然饮料免费了，餐馆在多卖出的膳食上所获取的利润必须超过免费续杯的成本。而由于餐馆在多卖出的膳食上的利润率极可能超过它为免费续杯所承担的成本，餐馆的整体利润就会出现增长。

看到该餐馆在免费续杯服务上获得成功，竞争餐馆肯定会争相效仿。随着这么做的餐馆越来越多，第一家餐馆就餐者的增幅会逐渐变小。如果所有餐馆都开始提供这一服务，每一家餐馆的业务量，就跟从前它们都不提供免费续杯服务时差不多了。又因为餐馆业的利润率一般都很薄，对不少餐馆来说，免费续杯似乎预示着亏损。

如果食物的价格一直保持不变，的确会给餐厅造成损失。这就会促使餐馆提高膳食的价格。等一切尘埃落定，膳食的价格应当会大致提高到足以涵盖免费续杯成本的程度。

另一个需要考虑的因素是，一杯只值几毛钱的冰茶、软性饮料加苏打水一类，餐馆一般要收 5 元。要想喝够本，一个人得添上无数次杯才行。要是有 10% 的客人因为免费续杯点了饮料，几乎可以肯定，餐馆是稳赚的。

所以，你如果在餐厅喝上了免费续杯的饮料，你一定不要暗自庆幸自己的运气好，而在这背后，你已经为免费饮料买好了单，如果可以的话你多喝几杯，你支付的价格相对要便宜一点。

◎ 为什么航空公司提供的机上餐那么难吃

一位旅客刚好在一天之内坐了 3 家航空公司的飞机，他把在东航、南航和港龙航班上坐飞机吃饭的有趣经历写了下来：

在东航的飞机上正好赶上一顿午餐。照例是从发饮料开始的。虽然穿着中式服装的空姐满脸堆笑，但提供饮料的速度却非常缓慢。原因之一是东航提供给乘客的品种太过简单了。坐在我前排的一位乘客先是要了啤酒，在被告之"不提供"后只好改要茶水，令人惊讶的是，空姐也不能立刻提供，只表示要过一会儿才能端过来。那名乘客显然非常不满："我看全世界的航空公司也没有东航这样服务的，真节省啊，连茶水都要等！"我在他身后被逗笑了，这是东航的一贯作风啊，在送水之类的"小问题"上很讲"节约"。之后的机上午饭也是乏善可陈，基本只能起到果腹的作用。如果给东航的这顿午餐评分的话，显然是不能够及格的。最关键的问题，是在东航空乘人员身上，体现不出对乘客真正的热情，即使他们的脸上也挤满了尴尬的笑容。

在南航的飞机上赶上的同样也是午餐。虽然没有十分出彩的地方，但感觉南航是真心为乘客着想，而且也比较接近国际惯例。与东航上连送水都磨磨蹭蹭相比，南航的效率显然比较出色。同样是一男一女两位乘务员，虽然脸上没有"假惺惺"的笑容，但动作却十分麻利，而且能够主动为乘客加水和饮料。与东航的"抠门"不同，南航的班机上提供啤酒，而且是出发地的"本地啤酒"，这一点也体现了南航的细心之处。不足的地方依然是饭菜的质量，虽然量不大，但乘客们对这种口味不佳的航空餐也显然没有什么胃口。南航上的这顿正餐显然评分要比东航的高不少，胜在对服务理念的把握和服务的水准。而总体分数也不会很高的原因是被正餐食物的质量拖了后腿。

乘坐港龙的航班，提供的是一顿晚餐。一上飞机，乘客就可以发现座位前有一小瓶矿泉水，可以先润润喉咙。飞机起飞后不久，空姐就会给乘客发送一包果仁，然后是提供饮料。坐在我边上的是一位老外，先要了一罐嘉士伯啤酒，几乎是一饮而尽，马上又要了一罐。就这样一直要了四罐啤酒，但空姐都面带微笑地满足了他。这让我想到东航上面那位等茶水等急了的乘客，都是"上帝"，待遇咋差那么多呢！除了啤酒，港龙的航班上还有红酒、白葡萄酒和各种饮料，这与东航寒酸的推车形成了巨大的反差。值得称道的还有机上正餐，在菜单上标明是与北京一家著名餐饮公司合作的，质量虽然不能和饭馆里的比，但已经足可以让乘客有滋有味地享用了。

虽然港龙航空的机上餐在客户的心中要比南航、东航的好一点，但毋庸置疑的是机上餐永远没有地上餐馆的饭好吃。其实不只是这一位顾客抱怨，几乎坐过飞机的人都抱怨过飞机上的东西难吃。不仅中国航空的机上餐难吃，国外航空公司的机上餐也如此。确实，要是有哪家餐馆敢卖那样的食物，肯定没几天就倒闭了。

我们似乎理所当然地觉得航班上的食物该和餐馆里的一样好吃。但这样想有道理吗？按照成本收益原则，当且仅当收益大于成本时，航班才应当改进饭菜的质量。食物更好吃的收益或许可以根据乘客的付费意愿来衡量，即更高的飞机票价。倘若美味的饭菜要增加10美分的机票钱，恐怕大多数人都愿意买单。问题在于，要在一万米高空中的狭小机舱为所有乘客及时准备这样一顿饭，成本恐怕很高。

当然，麻烦归麻烦，办还是办得到的。比方说，航空公司可以从飞机上拆掉20张座椅，安置一套设备精良的现代厨房，聘用额外的人手，在菜品上花更多钱，等等。可是，这样做的话，每名乘客额外承担的成本，恐怕就是100美元了。尽管我们所有人都对航班食品抱怨连连，可很少有人愿意承担这笔额外负担。所以，航班食物注定要继续难吃下去。

◎ 为什么酒吧里会提供免费的花生米

某大酒店开业，在电视和报纸上做了一个广告，称开业当天全天免费。几个好友当天正好闲来无事，便相约去吃这顿免费的午餐。去吃饭之前大家都兴致勃勃的，吃完饭后却一个个闷闷不乐，为什么？原来酒店所说的全天免费，并不是让你随便吃，而是根据酒店的规定，每人免费供应一份订餐，所谓的订餐，不过是一碗米饭、一个小菜、一小碗鸡蛋汤而已。

如果想要吃其他的，就得自己掏腰包。看来，这全天免费只是酒店钓鱼的诱饵而已。再看酒店里前来消费的人挤得人满为患，显然大家都是冲着这免费来的。虽然被骗了，但有火还没地方发，谁叫你来的，姜太公钓鱼——愿者上钩，人家广告上明明写着：解释权归酒店所有，虽然字很小，不太醒目。再说你也不好意思理论，为了吃人家的免费餐，还要人家管你吃个够。大庭广众之下，面子上也过不去呀。送的免费餐吃不饱，只好自己再点上些炒菜、酒水，一结账，几百块钱出去了。这顿免费餐吃得还真不便宜。

作为商家，追求的都是利润最大化，他们为什么要给你提供免费午餐呢？但现实生活中，总有一些人相信这样的事情。原因何在？因为虽然每一个人都是经济人，也追求自身利益的最大化，但是，经济人的理性是有限的，在利益尤其是能轻易获得的利益面前，人们就很容易失去理性。

我们经常看到此类广告：本店清仓大甩卖，商品一律四折！其实商品的标签早已在打折前进行了修改，不过是将现在的价格提高为原来的两倍而已。说到底，没有谁会赔钱赚吆喝。

商家的目标是赢利，所以商场也好，酒店也罢，都不可能免费为你提供商品或服务，免费的午餐是不可能存在的。

也许有人会提出反对意见，很多酒吧里的花生米是免费的。可是你注意到没有，花生米可随意索要，饮用品则贵得很，连一杯清水都要好几块钱。按常理，花生的生产成本要比水高，酒吧为什么要这么做呢？

理解这种做法的关键在于，弄明白水和花生米对这些酒吧的核心产品——酒精饮料的需求量会造成什么样的影响。花生和酒是互补的，花生吃多了，会有干渴感，要点的酒和饮料也就多了。相对于酒和饮料的利润来说，花生是极其便宜的。多吃花生米能带动酒和饮料的消费，而酒吧主要靠酒和饮料来赚取高额利润，所以，免费供应花生米只是为了提高酒吧利润而已。

反之，水和酒是不相容的。水喝得多了，要点的酒类自然少了。所以，即使水的成本很低，酒吧也会给它定个高价，减弱顾客的消费积极性。

免费的花生米实际上是引导顾客多消费酒水而已。酒吧的做法正是应了那句——世上没有免费的午餐。

去美国参观旅游过的大多数人都知道，位于华盛顿的国家美术馆是免费对游人开放的。这么说，是不是国外就有免费的午餐呢？其实不然，华盛顿的国家美术馆一楼是展览大厅，楼下是画廊，有出售画家作品的，还有出售美术期刊、画册、图书、工艺品的。最多的是出售世界名画仿制品和印刷品的，一楼每一幅展出的名画在楼下都能找到其仿制品和印刷品，两者的价格悬殊。例如，一楼展出的凡·高名画《向日葵》，其标价是几百万美元，而楼下出售的仿制品却只卖 20 美元，印刷品更是便宜，几美元就能买到。面对如此大的差价，人们对仿制品和印刷品的购买欲怎能不强烈？

试想，如果国家美术馆收门票，前来参观的人肯定会少很多，买楼下仿制品和工艺品的人也将随之减少，售出的商品也会减少，楼下的铺位对外出租的价格就会降低。如此一来，门票收入可能还抵不上铺位对外租金的减少。所以，虽然从表面上看，国家美术馆没有收门票，是赔钱的买卖，其实暗地里他们早已通过高额的铺位租金费，把比门票更多的钱赚到了口袋里。

的确，免费是个很诱人的东西，最显著的例子不是马云也不是阿里巴巴，而是马化腾和他的QQ。从1998年开始，QQ就开始提供免费的即时聊天账号和软件下载，并且在功能上不断完善自己。直到有一天，那个胖企鹅说自己要收费了，我们才恍然大悟——你已经离不开他，你身边的所有人都在用QQ。直到现在，腾讯还保持着这个传统，每个业务初期都是免费的，瞄准现在年轻人爱时尚爱攀比的心理，赚足了票子。

如此看来，作为一个消费者、一个经济人，不能只片面地追求利益最大化，面对商家免费午餐的诱惑，我们应该清醒地提醒自己"天底下没有免费的午餐"，精明的商家是不会让你轻易捡便宜的。

◎ 为什么运动鞋贵过汽车轮胎

让一位家长感叹的是，他在孩子的生日时给孩子挑了双运动鞋，付账的时候发现这一双知名品牌运动鞋要抵买四个轮胎。

运动鞋本不应该贵过四个轮胎，无论是从制造过程、原材料抑或从功能，还是从耐久性来考虑。此外，在生产设施的投资以及从技术的层面上来看，生产轮胎的要求都要比生产运动鞋的要求高得多。因为，倘若是生产出不合格的轮胎，还不知道会伤害多少条宝贵的生命。这就是品牌的原因。从需求的层面上来看，轮胎与运动鞋并无二样，只有当消费者认为其具有较高的价值时，商品才能以较高的价格"优雅"地卖到消费者手里。

无论是买一双要抵买四个轮胎的名牌运动鞋也好，还是价令人瞠目结舌的牛仔裤也罢，都要同时满足下述两个条件：

第一，消费者对其品牌认知度与忠诚度较高。形象广告时代，消费者的选择大部分基于品牌形象所提供的附加价值。这就是品牌忠诚度（Brand Loyalty）。消费者对某一商品认可或不认可，在很大程度上取决于这种商品的市场销量和品牌知名度。对消费者来说，商品品牌是自己身份、地位、个性、价值观甚至人品的体现。品质精良、把握国际流行设计风尚、不断精进的舒适性能、切实可信的"贵族气息"才能得到"非草根阶层"的垂青。

第二，通过商品差异化，赋予商品较高的稀少价值。小孩子说："要买就只买XX品牌"，虽然父母高呼商品贵得不得了，但厂家却不管这么多，只要确保10岁的小孩子们喜欢就行。在设计上花功夫，在品质上赚噱头，耐久性、伸缩性、时尚感等，让消费者在进行比较时获得优越感及满足感。尽管市场上同样商品的品种多种多样，但寻找某个品牌运动鞋或牛仔裤的消费者始终不缺。

午夜，两个窃贼偷偷摸摸进了一家商场，他们想趁此夜无人之时，大捞一笔。在他们费了老大的劲儿，终于进入一家大的专卖店后，却发现收银台里没有现金。无奈之下，两人只好对着满室的衣服大发牢骚。

突然，一个人对另一个人说："不公平，太不公平了！！！"另一个人问："为什么？"

第一个人大叫说："都说我们是抢劫犯，太冤枉了，这套衣服才是抢劫犯呢，还是光明正大地抢，你看这标签。"

另一个窃贼看了一眼衣服的标签，也傻眼了，那上面标的是：20万元人民币。

这两个窃贼产生强烈不满的那套衣服为什么有如此高的标价？原因就两个字：品牌。

在经济学中，品牌是给拥有者带来溢价、产生增值的一种无形的资产，它的载体是用以和其他竞争者的产品或劳务相区分的名称、术语、象征、记号或者设计及其组合，增值的源泉来自消费者心中形成的关于其载体的印象。

品牌的英文单词"Brand"，源出古挪威文"Brandr"，意思是"烧灼"。人们用这种方式来标记家畜等需要与其他人相区别的私有财产。到了中世纪的欧洲，手工艺匠人用这种"打烙印"的方法在自己的手工艺品上烙下标记，以便顾客识别产品的产地和生产者。这就产生了最初的商标，并以此为消费者提供担保，同时为生产者提供法律保护。16世纪早期，蒸馏威士忌酒的生产商将威士忌装入烙有生产者名字的木桶中，以防不法商人偷梁换柱。到了1835年，苏格兰的酿酒者使用了"Old Smuggler"这一品牌，以维护采用特殊蒸馏程序酿制的酒的质量声誉。

随着市场的发展，越来越多的国外品牌涌入中国市场，诸如时尚品牌——路易威登、爱马仕、阿玛尼、迪奥、香奈儿等，还有汽车品牌——奔驰、宝马、凌志、本田等，电脑品牌——IBM、苹果、戴尔、东芝等，遍及工作、生活的方方面面。很多人如数家珍，非品牌不买。哪怕同样的产品，品牌的贵很多，很多消费者也都会心甘情愿地掏钱。

2005年，耐克推出了限量版飞人乔丹13代复古低帮鞋，引得数百名消费者排起了长队。耐克pigeondunks推出，使得数十位争抢的"骨灰级"耐克迷在耐克销售店发生冲突，直到警察赶到才解决了问题。据说，该款耐克鞋全球仅有150双。

英国滑板品牌西拉斯&玛丽亚的东京店，每次只能进20名消费者，其他人则站在门外由工作人员拉起的绳子后面等待。在前一批购物者离开之后，货架上的产品会重新更换。消费者不仅不因排队而烦躁，反而乐此不疲。

名牌产品虽然价格昂贵，但仍能让消费者对其忠诚，且让消费者感到自己获得了独一无二的荣誉感。这就像消费者买电脑一样。很多人只认ThinkPad这个品牌的笔记本，说同样的产品、同样的性能，如果不是这个牌子，消费者就不愿意买账。有了品牌效果，就是不一样。

很多人在搬新家后，会选择换一套新的家具家电，这个时候他们选择的往往是一些大的名牌产品。比如最常见的电视机，在商场里，同样规格、不同品牌的液晶彩电，价格相差很大。而实际上，国内家电尤其是电视机产品的质量相差不大，用的都是进口显像管。但多数消费者往往会选择价格更高的名牌产品。

造成这种现象的原因很简单，名牌能给消费者带来更多的信赖感。所以即使在产品质量相同的情况下，人们依然会选择名牌，而不在乎价格的差异。

人们对电视机产品的质量认可，并不能通过实践得来。电视机不像普通的易耗品那样需要经常更换，购买一台电视机后通常能使用数年甚至十几年，因此消费者很难积累起感性经验。消费者的购买行为，多数是受报纸上公布的评比和调查结果影响，如哪种电视机销量最大、哪种电视机评比第一、哪种电视机寿命最长等，而在这些方面，名牌产品的投入会更大。

不仅仅局限于商品市场上，即使在高校培育上，也存在着名牌效应。经济学家斯宾塞在哈佛大学读博士的时候，就曾发现一种很有意思的现象：很多MBA的学生在进哈佛之前很普通，但经过几年哈佛的教育再出去，就比其他学校的毕业生多挣几倍甚至几十倍的钱。这就是名牌大学的作用。哈佛的名校效应，使得它的毕业生比同类大学生更具市场竞争力。

在市场经济中，人们认可名牌，是名牌潜在效益的体现。

名牌具有的潜在效益，根源在于最初建立名牌时的投入。在经济市场上，企业的产品价格主要受成本、需求和竞争等因素的影响，而名牌产品的定价还要考虑其无形资产的价值。

一个名牌就是一笔财富，具有丰富的价值内涵。

首先，是名牌的成本价值。成本价值是形成名牌效益的物质基础，培育一个名牌产品往往要付出更高的投入。企业需要聘请专业机构进行市场调研、委托专家设计产品等。而当产品投入市场之前，还需要投入更多的广告宣传费用。企业在打造名牌之前，往往还要注重产品的商标包装。比如美国的埃克森公司，就曾为自己的一个汽油商标，支付的设计、咨询、印刷等费用超过10亿美元。

其次，名牌具有的信誉价值。信誉价值是指名牌在市场上较高的知名度与美誉度，这是名牌价值的重要组成部分。知名度反映了消费者对名牌产品的了解和熟悉程度；美誉度体现了消费者对名牌的认同与偏好程度。名牌产品的信誉价值在市场上具有强大的影响力和吸引力，也成为企业的重要资源和持续发展的动力，其为企业创造的潜在效益远远高出企业研发产品时的成本投入。

说到底，名牌的生命保障其实就是产品的质量。在经济市场之中，名牌产品无一不是以优质赢得消费者的。而企业为了维持名牌产品的质量是需要付出较高代价的，如采用先进的技术、精湛的工艺、优质的原料以及独特的配方等，所有的这些投入，都只是为了享受到更多的名牌效益"产出"。

为了保持住名牌产品的质量领先地位，企业往往会为其制定一个较高的价格，这样才能弥补名牌产品的成本投入并且加大对名牌产品的科技投入和广告投入，使其成为市场上的常青树。我们经常会看到，在市场上，一件名牌服装的价格是普通服装的数倍甚至数十倍。而消费者一旦认可了名牌产品，多数都会心甘情愿地付出较高的代价。

因为投入成本的巨大，为了得到更好的回报，在市场经济中，企业会着重打造自身的品牌。品牌是消费者保证自身购买到高质量商品的最有效方法，因为品牌使消费者能够更容易判断产品的质量，也能促使企业保持自己的品牌声誉。

比如，很多日常的百货店里，不仅有可口可乐之类的饮料，还有很多不知名的饮料。不知名饮料的价格通常要低于可口可乐，这种情况下，多数人仍会选择可口可乐。因为不知名的饮料从未喝过，消费者无从知晓它的质量如何。与此对应的是，可口可乐是世界知名品牌，通过它的品牌完全可以判断其质量是有保证的。

为了安全起见，价格的差异往往会被忽视，这就是可口可乐的潜在效益作用。因为消费者认为可口可乐的品牌，能保证该公司产品的质量。如果某个顾客由于喝了可口可乐而生病，这会使可口可乐公司多年来以高昂的广告费用建立起来的声誉丧失殆尽。

相对应的是，如果消费者由于喝了某些小公司生产的劣质饮料而生病，其解决的成本就相应低很多。即使这些小公司不得不关门停业，它们的损失也不会太大。因此，可口可乐公司确保自己饮料安全性的激励更大，低质量的产品会给可口可乐公司造成巨大的损失，这就迫使可口可乐公司必须严把质量关，其产品的质量就值得消费者信赖。

◎ 为什么凡·高的画在他生前卖不出去，在他死后却价值连城

今天，所有雄伟壮丽的画馆，都以一展凡·高的杰作为荣，荷兰和法兰西都争称凡·高是她的儿子，在巴黎和阿姆斯特丹都巍然耸立着他的纪念馆。而在一百年前，凡·高却并未得到人们的承认。

凡·高，这位荷兰籍的青年一百年前来到法兰西后，等待他的是贫困和饥饿。小镇欧维尔的一间小客栈，便是他生命最后一段时间的居停所。房间很小，阴暗而潮湿，只够放置一张小床和一张破椅，根本无法在室内作画。于是，苍苍穹庐、恢恢大地便是凡·高的画室。没有钱雇模特儿，他只好对着镜子画自画像。在欧维尔，凡·高留下了他最后的杰作之一——《欧维尔教堂》。

当时，人们根本不知道凡·高，他连被人嘲笑、诟骂的资格都没有。在人生的道路上没有比被彻底忘却更痛苦的了。凡·高拿起了手枪，向心窝射了一枪。然而他没有倒下，一路流淌着鲜

血回到他的卧室，呻吟、流泪，无法说话，最后死在深爱他的弟弟德奥的怀中。神父拒绝为自杀者作弥撒，甚至教堂也不让灵车送葬，只好在附近的小镇借来一辆破旧的灵车，才将凡·高的遗体送到墓地。

凡·高的一生没卖出过一张画，弟弟德奥为了慰藉他，仅仅以几十法郎买过他的一张画。凡·在给弟弟的信中说："我相信终有一天，我有办法在一家咖啡馆办一次画展。"

一个多世纪前，当英国苏格兰艺术品经销商亚历山大·里德从法国巴黎返回家中，将新结识的画家凡·高给自己画的两幅肖像画展示给父亲看时，他怎么也没想到父亲竟会勃然大怒，并随后将这两幅"粗制滥造的油画"以每幅9美元的低价出售给了一个法国商人。

1987年3月，伦敦古画拍卖市场上，凡·高的《向日葵》被日本安田火灾海上保险公司以2250万英镑的高价买下。（按近期比价：1英镑=15.8元人民币，约合人民币35550万元，即三亿五千五百五拾万元。）另一次拍卖会上，《加歇医生像》以8250万美元成交，仍保持着世界艺术品拍卖的最高纪录，约合人民币6.8475亿元，真可谓价值连城。

凡·高生前一直不得志，直到死后才声名大噪。他的画是独一无二的，没有和他一样画风的画家。虽然印象派很多，但是用那么鲜明颜色，点汇成画的笔法的画家，当时应该只有他吧。

毫无疑问，他的画是稀缺的。所谓的稀缺，并不是绝对的数量多少，而是指相对于人们无限多样、不断上升的需求来说，用以满足这些需求的多寡，即有用的资源总是相对不足的。再也不会有第二个凡·高，这就具有极小的价格弹性，所以他留下的仅有的画作就会价值连城。

一名收藏家在 2008 年 5 月 16 日以 6600 英镑（约 13200 美元）的价格买下了威廉·托帕斯·麦戈纳格尔的一些原作。麦戈纳格尔被称为"世界上最糟糕的诗人"。

麦戈纳格尔诗作的拍卖价超过了爱丁堡居民 J.K.罗琳的一套珍贵的、签有罗琳大名的"哈利·波特"丛书。罗琳的书在此次拍卖会上的成交价为 6000 英镑。

麦戈纳格尔 1830 年出生于苏格兰爱丁堡，被认为是史上"最蹩脚诗人"，他的诗毫无章法可言。他创作的一部剧本中，毫无思想内涵，再次证实"最蹩脚诗人"的称号名副其实。他是纺织工人的儿子，而他本人有生之年也大多以纺织为业。据传他的创作灵感起源于 47 岁那年，他说一名"缪斯"造访了他的公寓，从此一发不可收拾。麦戈纳格尔曾在自传中这样描述创作热情："我的身体突然开始燃烧，顷刻间身体内部充斥着强烈的创作热情。这种愿望如此强烈，以至于我总能听到耳边响起一个声音：'写吧，写吧！'"

麦戈纳格尔的诗几乎无人赏识。他不讲究章法，甚至连每行的字数都没定规，只使最后一个字押韵，因此受到读者恶意嘲笑。但他没被冷嘲热讽击败。之后，落魄的麦戈纳格尔萌发前往美国的想法，倾尽家当远赴大洋彼岸，在那里依然碰壁。最终，他不得不靠借债回国。

麦戈纳格尔的作品，主要以妇女的选举权及阿伯丁市一个剧院的大火为创作题材。文学界认为，他的作品缺乏想象力、词汇贫乏、语句重复而且不押韵，"赐予"了他"最差诗人"的称号。他还创作了一本短篇自传，其中两册上的题词为："献给他自己，一个伟大的诗人。"

1902年，沦为乞丐的麦戈纳格尔死去，被葬在家乡的无名墓地中。他没想到的是，生前未出名，死后却名气大增。苏格兰当地的《人民日报》刊发了他的讣告，一大群"粉丝"忽然冒出，他们中有后来的喜剧明星史派克·密利根、BBC喜剧片《Monty Python的飞行马戏团》的演员，甚至《哈里·波特》的作者J.K.罗琳为纪念这位"最蹩脚诗人"，还给哈里·波特的老师起名"麦戈纳格尔"。

2002年9月29日，麦戈纳格尔逝世100周年，苏格兰人以他的名字命名了一条新铺设的河滨人行道，算是对他逝世百年的纪念。之所以用他的名字命名苏格兰邓迪市泰河河畔一条人行道，是因为他的一首诗描述了泰河一百多年前的情形。诗歌本身并不出名，但泰河却因为那首诗歌而出了名。

麦戈纳格尔在生前连一个末流的诗人都算不上，但死后却获得人们的追捧和热爱。2009年，全球乐坛最有影响力的一件事就是迈克尔·杰克逊的死，这个生前饱受"娈童案"困扰的歌手，死后却获得了多项音乐大奖。美国歌手迈克尔·杰克逊生前录制了一百多首歌曲，仍未发表，他曾表示这是"留给儿女的遗产"。这些歌曲如果公开发行，必会引发抢购热潮，有人甚至说杰克逊死后的身价反而更高。

杰克逊是全球著名的音乐人，生前就赚了大把大把的钞票，让人没有想到的是，死后的杰克逊更是收获了无数的荣誉和金钱。美国 Hit Factory 唱片公司（曾为杰克逊录制过其最畅销专辑《震颤》）负责人杰瑞·雷斯曼说："坦率地讲，他死后将会比生前更富有。仅唱片在全球的版税一项，他未来产生的收益将高达数十亿美元。"

人们对杰克逊的迷恋随着杰克逊的逝去会更加强烈，而世界上也不会再有第二个杰克逊，所以，这就是杰克逊的产品，以及杰克逊的电影会在全世界受到追捧的原因。

资源的稀缺性是现代微观经济学的基本命题，资源的稀缺性及由此决定的人们要以最少消耗取得最大经济效益的愿望，是经济学作为一门独立的科学产生和发展的原因。

◎ 为什么很多洗衣店清洗女士衬衣比男士衬衣收费高

在一座小城的一家洗衣店，干洗熨烫一件女士有领衬衫收费10 元，男士衬衫却只收 5 元。清洗女士服装总要比清洗男士服装贵一些。难道洗衣店老板都有性别歧视吗？

虽然调查显示，在珠宝、首饰、汽车等可以还价的昂贵物品上，女性往往会比男性多出钱，但洗衣服务并不属于昂贵物品消费。针对男女衣物，洗衣店通常情况下都会贴出不同的价格，而无论是女顾客还是男顾客，几乎都没有打算为此和洗衣店讨价还价。

一般来说，洗衣店是一个竞争激烈的行业。如果洗衣店在处理女士衬衣方面索取了高于成本很多的价格，那任意一家洗衣店如果业绩不好，只需打一个广告：男女衬衫清洗统一价，那么，过不了几天，就会占有当地清洗市场相当的份额。然而，现实中却并没有清洗公司这么做，我们看到的依然是，清洗男女衬衫收取不同的价格，不管这家公司是新开的还是已经运营了一段时间。对于这个问题唯一的解释只能是处理男女衬衣的成本不同。

和大多数服务行业一样，洗衣店的主要成本是人力成本。但我们很难想象，清洗女士衬衫怎么会比清洗男士衬衫需要更高的人力成本？无论是男士的衬衫还是女士的衬衫，还不都是扔进洗衣机里就完事了？再进一步分析，清洗衣物一般有两个环节：首先用水清洗，然后熨烫。既然清洗都一样，那么多出来的成本就应该是在熨烫环节了。为了提高工作效率，现在的洗衣公司一般都用标准熨衣机熨衬衫。可是，如果衬衫太小、扣子太多、细节太烦琐的话，就不能够再拿到熨衣机上熨烫了。这是因为标准熨衣机从下摆部分紧紧夹住衬衫，会在布料上留下一处特别明显的压痕。那么，那些不能用熨衣机来处理的衬衣该怎么办呢？显然，只能用手工熨烫。

这样，问题就来了，手工熨烫会很耗时，也比较费力。由于女士衬衫大多做工复杂，扣子、蝴蝶结等装饰非常多，很容易被熨衣机弄坏，不像男士衬衫在处理时那么方便简单。而且女性大多不会把衬衫塞进裤子或裙子，要是衣服下摆被熨衣机夹出一排压痕，会让对外表格外苛求的女士无法接受。反过来说，男士们会把衬衫塞进裤子里，或者哪怕不塞进裤子里，男士对衣服也没有那么高的要求，有压痕也问题不大。当然，男士衬衣熨坏的可能性也是非常小的。

另一方面来说，洗衣店洗一些高档面料的衣物往往要承担更大的风险，生产者为了生存的考虑，势必对风险进行规避，于是这部分的风险成本也被转嫁到清洗高档面料的消费者身上。女士衣物多比男士衣物的面料更高档、更讲究，这就不难理解为什么清洗女士衬衫会比男士衬衫收费高了。如果您是位女士，如果您想要穿得比男士高雅，那么，为您的高雅付更高的洗衣费吧！这也说明，女士对洗衣费的敏感性不如男士。

香烟是需求的价格弹性较小的商品。对于吸烟上瘾的人来说，价格上涨不会减少消费，对于不吸烟的人来说，香烟的价格再低他也不会消费。吸烟对本人、对社会都是不利的，因此，为限制香烟的消费，政府对香烟征收重税。但是烟厂的利润依然相当可观。因为消费者对香烟有依赖感，生产者因此可以将其税负转嫁给消费者，这样香烟的税主要是由消费者来承担。

家用电器是需求的价格弹性较大的商品，价格上涨会减少消费，价格下跌会增加消费。在当前买方市场的情况下，各个家电企业竞争非常激烈，如果税赋转嫁给消费者，就会使价格上涨，价格上涨则会减少消费，不利于提高市场占有率，因此家电产品的税赋主要由生产者负担。

由此得出，需求富有弹性则税赋主要由生产者负担，需求缺乏弹性则税赋主要由消费者负担。

为什么司机会拒绝载客

◎ 为什么乘坐同一架飞机票价却并不相同

三位乘客乘飞机从北京回大连，在飞机上闲聊，结果发现他们的机票价格各不相同。第一位乘客通过旅行社订机票去大连旅游，票价 340 元；第二位乘客提前一个月预订机票，票价 580 元，第三位乘客去大连有急事，临时买的机票，票价 740 元。

熟悉民航公司的人，对于这样的差额并不觉得惊讶。民航机票一般有两种价格标准：全价与折扣价。对周六在所到达城市住一晚的乘客收折扣价，对周六不在所到达城市住的乘客收全价。从经济学角度看，这种对同一次航班（服务完全相同）收取两种不同价格的做法，运用的是差别价格的定价方法。简单地说，差别价格是对同一种物品或劳务，在同一时间里向不同消费者收取不同的价格。

第一位乘客对机票的需求弹性最大。因为是去旅游，什么时候去、怎么去比较灵活，所以在旅行社订机票很便宜。还由于旅行社和航空公司有长期合作的关系，且购票数量大而稳定，所以会享受到很低的价格。第二位乘客弹性需求居中。提前订票会给航空公司留出时间做合理的飞行安排，所以航空公司会给出比较合适的折扣。第三位乘客需求弹性最小。因为有急事，只有乘飞机最快，属于临时订票，这类乘客无论机票有没有折扣都要走，所以不会给他优惠。

差别价格得以实行，在于消费者分为不同的集团，不同集团的消费者对同一种物品或劳务的需求弹性不同。以民航服务而言，消费者大体可分为两个群体：公务出差者和私人旅游者。前者因为公务有时间性，且由公费支出，故出差者只考虑时间的合适性，很少考虑价格变动，价格变动对这部分人坐飞机的需求量影响很小，需求缺乏弹性。而旅游者时间要求不严格，但由私人支出，要更多考虑价格因素，价格变动对这部分人坐飞机的需求量影响很大，需求富有弹性。

如果民航公司不实行打折，私人旅游者难以增加，但如果实行都打折，本来不打折需求量也不会减少的公务出差者也沾了光，对民航公司又是一种损失。实行差别价格，就能够最大限度地增加民航公司的收益。这就是说，公务出差者仍以原价购买机票，乘客不会减少（需求缺乏弹性），来自这部分乘客的收益不会减少。私人旅游者以折扣价购买机票，由于需求富有弹性，乘客增加的百分比大于机票降价的百分比，来自这部分乘客的收益增加。这样，总收益就增加了。而且，这种方法还使客源在时间分布上趋于稳定：公务出差者在工作日外出者多，而私人旅游者为了省钱会选择在休息日外出。这样就不会出现乘客过多或过少的现象，也有利于民航业的正常运行。

通常，航空公司在进行价格决策的时候，会反复思量一个问题——价格的高低。如果把价格定低了，就会少赚很多钱，弄不好还会亏损；而如果把价格定高了，又会吓跑很多支付能力不高的顾客，同样也赚不到钱。那它能不能根据不同的市场、不同的群体收取不同的价格呢？只要能将不同的顾客和市场分割开，就能够对有差异的消费群体实行差别价格，也就可能会让企业获得最高的利润。于是，价格差别就产生了。航空公司对收入较高、稳定的人群，售之以正常的价格，而对那些收入较低或有特殊困难的人群，就售之以优惠的价格。

同时，从消费者的角度看，价格是消费者购买飞机票的代价。消费者会在消费前考虑这样的价格对其承受能力的影响，再决定是否要购买。也就是说，价格能对其起到引导作用。不同的价格，能够吸引不同收入水平的消费群体来进行购买。这样，通过价格差别，卖方得到了最多的收益，既使飞行的平均成本降低，又提高了资源使用的效率。此外，卖方的行为还增加了消费者剩余和社会福利。如此看，不失为一笔多赢的买卖，何乐而不为？

不过，在销售优惠票的时候，航空公司总会设置一定的门槛，使优惠票限制在一定范围内。否则，大规模的优惠，对于航空公司来说也是个不小的负担。在这个时候，航空公司通常会找个名正言顺的理由实行优惠，例如，根据中国尊老爱幼的传统，将老幼群体单独划分出来，享受优惠价格；或者将伤残人士、荣誉军人等划分出来，享受几折的优待；等等。一般地，这样的理由都能为绝大部分旅客所接受，因为在我们的观念中，一向都认为它们是合理且正当的，是富有人情味的。

如此，航空公司才能做到，既可以实行价格差别，充分利用资源，又不会引起旅客的不满和投诉。既获得最多利润，又不损害到旅客和社会的根本福利。可见，它们设置这样的门槛是有必要和合理的。

"雷克萨斯"是目前世界范围内最成功的日系豪华车。有人将雷克萨斯在 2008 年的"差别定价"摘录如下：

中国市场：有 GS300 和 GS430 两款车型，售价 68.8 万～90.4 万元。

美国市场：有 GS350、GS430 和混合动力的 GS450h 三款动力车型，加上四驱版本的 GS350。售价 44150～54900 美元，约合人民币 33.5 万～41.7 万元。

德国市场：有 GS300、GS430 和混合动力的 GS450h 三款车型。售价 43291～59090 欧元，约合人民币 44.0 万～60.2 万元。

日本市场：有 GS350、GS430 和 GS450h 三款动力车型，另外 GS350 还有四驱版本。售价 522.0 万～772.0 万日元，约合人民币 34.9 万～51.7 万元。

中国 GS300 68.8 万元的售价，跟德国市场约合人民币 44 万元的价格相比高了 20 余万元，更是比美国的售价高出一倍的价钱。雷克萨斯 GS430，在美国市场的售价为 51500 美元；在欧洲市场的售价为 54200 欧元，折合人民币均只有 40 万元左右。而同一款汽车，在中国的售价却超过 90 万元。

价格差别的前提是市场分割。如果生产者不能分割市场，就只能实行一个价格。如果生产者能够分割市场，区别顾客，而且要分割的不同市场具有明显不同的支付能力。这样企业就可以对不同的群体实行不同的商品价格，尽最大的可能实现企业较高的商业利润。雷克萨斯就是成功分割市场，将中国市场的富豪支付能力视为最高，从而为它的"差别定价"提供了依据。

差别价格作为一种垄断价格，应该加以限制。但是，限制差别价格并非要取消一切差别价格。在具有自然垄断性的公用事业中，对于一些不能储存的劳务，采用高峰时期和非高峰时期的差别价格，将某些高峰需求调向低峰时期，可以更充分地利用其设备资源，对于社会来说，是具有积极意义的。

◎ 为什么"的哥"会拒载乘客

"去哪儿?""东四十条。""走不了，准备交班了。"

两名外地女乘客刚想拉开一辆停在眼前的出租车的车门，就被司机一句话给"噎"了回去，俩人无奈地向远处走去。

装着顶灯，安着计价器，车门上也印着出租车公司的名字，分明就是正规出租车。然而，就是这样的正规出租车在王府井大街上却明目张胆地"筛活儿"，其中新月出租公司BH的"的哥"在短短 10 分钟内就拒载了 5 次。

16 时 30 分，北京饭店东门旁，三辆出租车停在路边，司机无聊地在车前踱步。

"建国门去吗?"有位女乘客试探地问其中一名银建公司BM的司机。

"哟，走不了，现在只往南走，您赶时间的话就坐地铁吧，挺近的。""的哥"随口打发了这位女士。

不一会儿，又来了一对提着大包小包的男女。"去北京西站。"

"那儿现在不好走，弄不好就得被罚 200 大元。"这一次，"的哥"换了个借口。男乘客忍不住向女乘客抱怨："你看，我说了吧，他们现在都这样，近的地方都拒载。"

为什么"的哥"会拒载一些乘客，说白了是"的哥"的成本和收益问题。"的哥"老胡说："每天交给所在出租车服务公司的车份（还购车贷款），分别为220元（无首付）和160元（有首付），交付车份的年限为3年。现在正常载客的日收入，按白班和夜班满负荷运营，一般在400元左右，除去车份和燃料钱，两个班次的'的哥'日收入平均不足100元。你说在路上转悠半天，才拉一个挣不了多少钱的活儿，要是你，你拉吗？"

微软全球技术支持中心的部门经理刘润在去机场的路上，司机向他讲述了一系列开出租车的"窍门"，对开出租车的成本核算居然"量化"到了分钟，而对乘客的细分也精确到了从外表就能判断是否是最有价值的客户……

刘润在美罗大厦前找寻出租车。这时一辆"大众"发现了刘润，非常专业地径直停在刘润的面前。

"去哪里？……好的，机场。我在徐家汇就喜欢做美罗大厦的生意。这里我只做两个地方——美罗大厦、均瑶大厦。你知道吗？接到你之前，我已经在美罗大厦门口兜了两圈，终于被我看到你了！从写字楼里出来的，肯定去的不近。"

"哦？你很有方法嘛！"刘润附和了一下。

"做出租车司机，也要用科学的方法。"他说。刘润一愣，顿时很有些兴趣："什么科学的方法？""要懂得统计。我做过精确的计算。我说给你听啊。我每天开17个小时的车，每小时成本34.5元……"

"怎么算出来的？"刘润追问。

"你算啊，我每天要交 380 元，油费 210 元左右。一天 17 个小时，平均每小时固定成本 22 元，交给公司，加上平均每小时 12.5 元的油费，这是不是就是 34.5 元？"

"成本是不能按公里算的，只能按时间算。我做过数据分析，每次载客之间的空驶时间平均为 7 分钟。如果上来一个'起步价'——10 元，大概要开 10 分钟。也就是每一个 10 元的客人要花 17 分钟的成本，就是 9.8 元。不赚钱啊！如果说做浦东、杭州、青浦的客人是吃饭，做 10 元的客人连吃菜都算不上，只能算是撒了些味精。"

"所以千万不能被客户拉着满街跑。而是通过选择停车的地点、时间和客户，主动地决定你要去的地方。"

刘润非常惊讶，这听上去很有意思。"有人说做出租车司机是靠运气吃饭的职业。我以为不是。你要站在客户的位置上，从客户的角度去思考。"这句话听上去很专业，有点像很多商业管理培训老师说的"Put yourself into others' shoes"。

"给你举个例子，医院门口，一个拿着药的，一个拿着脸盆的，你带哪一个？"刘润想了想，说不知道。

"你要带那个拿脸盆的。一般人小病小痛的到医院看一看，拿点药，不一定会去很远的医院。拿着脸盆打车的，那是出院的。住院哪有不死人的？今天二楼的谁死了，明天三楼又死了一个。从医院出来的人通常会有一种重获新生的感觉，重新认识生命的意义，健康才最重要。那天有个说：走，去青浦。眼睛都不眨一下。你说他会打车到人民广场，再去坐青浦线吗？绝对不会！"

到了机场，刘润给他留了一张名片，在飞机上他迫不及待地记录下这堂生动的MBA课。

司机拒载乘客，是出于司机自身利益的考虑，如果长时间的没有载客，或者只载一些短途乘客，那么司机的空载率就会上升，他花时间找乘客就会多一些，这样一来他自然赚不到太多的钞票了。

这位司机的高明之处就在于他能选择合适的地点、合适的时间去拉一个长途客人，这样他既可以少干活，还可以多赚钱。

◎ 为什么飞机票比火车票便宜

武广铁路客运专线，是中国铁路"四纵四横"快速客运网中京广铁路客运专线的重要组成部分。

根据国家发改委、铁道部批复，2009年12月26日正式开通运营京广高速铁路武广段，武汉至广州高速动车组列车实行试行运价，二等车票价为490元。试行期间，武汉至广州间原有其他铁路旅客列车档次、票价均不变。武广铁路客运专线全程票价，一等车票价为780元，二等车票价为490元。与目前京广线列车车票相比，武广铁路客运专线票价比特快列车硬卧铺票价贵一倍，是硬座票价的3倍。

武广高铁的开通运营导致航空公司价格战愈演愈烈。武汉飞广州（未计燃油税和机场建设费）最低只需180元。这一价位，比武广高铁一等车票价780元、二等车票价490元都要低。

2009年12月18日，南航正式推出武汉至广州"空中快线"，同时启用电子登机牌，以应对即将开通的武广高铁。南航的武汉至广州航线，将达到每天往返14个航班，并逐步增至16～20

班。从早上8时30分至晚上9时30分，基本每小时一班，类似公交车式的穿梭飞行，旅客可随到随走。

与快线配套的还有几大专用设施。为实现快速通过，天河机场为武广"快线"设置了专用值机柜台、安检通道、登机口和专用行李提取区。天河机场为专用安检通道配备了7名安检员，高峰期每小时可安检200人。在对应的广州白云机场，也有同样的设施配置。

同时启用的还有电子登机牌。雷先生说，他在网上订票后，南航向他的手机发送了一个二维条码，登机时只需扫描此条码或二代身份证，打印一张"电子登机牌安检通行凭证"即可。

"配套出击"的还有特价机票。在众人关注下，南航湖北分公司同时推出"654321"的特价机票政策。如："1"是指经广州中转的国际航班，武汉至广州段为1折；"3"是指广州、深圳、珠海三地散客往返及缺口3折。而武汉出发经广州中转至欧美澳地区的旅客，可免费乘坐武汉至广州航段。提前15天购买还享有最低390元的特价机票。

同样受武广高铁冲击的还有长沙至广州航线。除圣诞节和元旦前后的机票价格较高外，大部分价格维持在210元左右，也比武广高铁长沙到广州的二等票价便宜。

事实上，除南航外，国航、东航和深航等各大航空公司都加入了这场价格战。武汉至广州、长沙至广州航线，深航、国航和海航均出现不少2折特价票，而此前这些短途航线很少有如此低的折扣。这样的超低价，无疑对可以预知出行时间的旅客颇具吸引力。

南航是受武广高铁影响最大的航空公司。南航在武汉和长沙都有基地，在上述航线上的航班密度也最大，占了近 2/3。在武广铁路 13 日公布试行运价后，南航第一时间便作出降价反应。

从武汉飞往广州的雷永军先生，仅用 10 分钟就完成了所有登机手续。办理行李托运、电子登机牌、安检的所有时间，最多不超过 20 分钟。

有人评价说，武广"空中快线"的开通，说明航空公司对高铁的开通"很焦虑"。对此，南航湖北分公司总经理孙建华说："高速铁路确实对航空有一定影响，分流了部分旅客，但更多的是带来机遇。"他举例，青藏铁路通车后，拉萨机场的客流不降反升，因为不同的旅客喜欢不同的出行体验；武广客专拉动了鄂、湘、粤的经贸往来，为航空带来了更多客源。而且，铁空联合也有先例，双方是互补的。

随着我们国家高速铁路网的建成通车，由高速铁路所引发的飞机、汽车的价格竞争会越来越为常见。他们之间的竞争越激烈，消费者越能从中受益。虽然，每一次的竞争都引起了新一轮票价的上涨，但显而易见的是其服务的质量更高了。

◎ 为什么单双号限行不是符合经济学规律的最佳决策

2008 年 7 月 20 日至 9 月 20 日，北京市和外省区市进京机动车按单双号行驶。在单双号限行期间，每天设置 3 个小时缓冲时间，零时至 3 时机动车上路不受单双号限制。限行措施将使北京停驶机动车约 200 万辆。

2008 年 7 月 21 日，家住北京的董明一反常态起了个大早，因为今天他要挤公交上班。这对习惯于开车上班的他来说颇有些新鲜，更重要的是，他觉得自己为奥运做出了贡献：积极响应政府的"单双号限行"政策。

北京举办奥运会期间，即从 2008 年 7 月 20 日起，北京正式开始实行为期两个月的限行政策。之后，不少省市也纷纷效仿北京的做法，希望通过"单双号限行"来改善交通拥堵状况。但是，效果似乎并没有预期的好，到了上下班的高峰期，堵车的情况依旧如故。

为什么限行之后，堵车依然厉害呢？

其实，"单双号限行"只是一时地限制了汽车的数量。短期内，人们有可能会看到汽车流量减少，时间久了，反而会刺激汽车的消费和使用。举个例子，之前车辆增加，是因社会的进步和人民收入的增加，倘若长期实行"单双号限行"，随着人们收入的不断增多，有车族完全可以再买第二辆车，这样，遇到限行也不必担心会影响开车出门。即便是现在，很多家庭也拥有两辆车，但一般只开一辆，结果一限行，两辆换着开，限行对他们并没有什么影响。如此看来，限行政策还是没能解决问题。

据有关数据统计，截至 2008 年底，北京市机动车保有量已突破 350 万辆，平时有 30%～40% 的车被闲置而没有使用。但是限行之后，这个库存被充分挖掘出来，反而使出行车辆增加。很多有钱人或者企业为了出行方便，还买了更多的车以备不时之需，所以路上行驶的车不是减少了而是增多了。

另外，虽然"单双号限行"能减少一定数量的车，但为了保证奥运会的顺利进行，又增加了许多奥运专线车。尽管相关部门表示，设置奥林匹克专线是国际惯例，是我国向国际奥委会作出的承诺，可车辆增加也是事实。

按照前面所说，"单双号限行"无意中成为推动汽车消费的助力，而奥运专线车同限行却没有任何替代效应关系，只是将减下去的汽车数量又弥补了回来。所以，堵车的情况仍旧存在。

另外，限行不仅对交通改善的作用有限，从另一方面来说，限行还不利于提高汽车的使用率。根据经济学的理论，某样产品在需求一定的情况下，应当是使用率越高越好。同理，汽车也应如此，否则就是社会资源的浪费。而且，私家车的使用效率越高，才越有利于交通的畅通。"单双号限行"政策，恰恰阻碍了汽车的使用。它短期的社会成效不能改变一个事实——在长期内，它不可能改变和降低整个社会总的用车需求，却只会降低每一辆车的使用效率。

因此，从经济学的角度来看，"单双号限行"这种措施并没有预想中的那么完美，是不是还有更好的解决方法呢？北京大学政府管理学院杨开忠教授提出这样的建议："单双号限行只是一种城市治堵方法，不一定是最好的，还可以有补充或者其他方法，比如像新加坡、日本的收取拥堵费、提高停车费；韩国、美国的减少公车、提供班车，或者提高车辆的排放标准等，这些都是可以借鉴的。这有赖于交通管理、环境保护等相关部门与公众一起研究、探讨，尽早制定出动态、全面、科学的办法。"

爆米花竞争：生产中的经济学

收获金钱不如收获人心：经营商品还是经营人心

◎ 为什么水贵过钻石，土豆会贵过苹果

水，源源不断，随地可掬，供给量大，所以不值钱；钻石，稀罕物，供给量小，所以值钱。当然也有例外，"上甘岭"上一滴水，比生命还珍贵；水在沙漠里，比油还珍贵。

同样是水，农夫山泉和娃哈哈卖的不一样，西藏自治区的水和武汉的水卖的不一样。都是两个氢原子和一个氧原子结合起来的一种纯净物质，由于不同的包装和不同的品牌，就有了不同的社会消费文化内涵。于是品牌就成了完全同类商品之间主要的和唯一的区别。品牌的定位是人为设计的，品牌战略是人为制定的。同样是水，品牌定位不同，价格会有很大差别；同样是酒，二锅头卖4元，茅台酒却卖400元。品牌不同，天壤之别呀！

在搜索引擎"搜搜问问"上，有这样一个问题：土豆和苹果哪个贵？在其回答上有一个不容置疑的回答："当然是苹果贵。"但现实总是这样诡异，我们还是先看看下面的故事再来回答这个问题。

内蒙古自治区的武川县号称"土豆之乡"，因为这里独特的气候条件，使得土豆特别好吃。内蒙古自治区有句流传很广的夸武川的话："武川有三宝：土豆、莜面、羊皮袄。"尽管土豆是个好

东西，这里的农民祖祖辈辈种土豆、吃土豆、卖土豆，但1斤土豆的价格也就一两毛钱，也没有听说谁家因为卖土豆发了财的。

王喜莲24岁就嫁到了哈勒村，丈夫是村里的民办教师，就这样，家里的日子过得也非常紧巴，她至今仍然记得，儿子3岁时想吃根冰棍，她竟浑身上下掏不出5分钱。王喜莲不甘心就这么穷下去。

高中毕业的她，在自家承包的几十亩地上动起了脑筋。她先是在乡技术员的帮助下，在镇里头一个盖起了日光温室，种一些蔬菜，靠"庭院经济"脱了贫。然后她又专门培育引进适合当地种植的马铃薯优良品种供应乡亲们，秋后又帮他们找销路。慢慢地，能干的她因勤劳致富在当地出了名。

2001年，王喜莲被评为"内蒙古自治区十大杰出青年农牧民"，乡亲们还推举她当上了呼和浩特市人大代表。直到今天，她仍然是内蒙古自治区人大代表。

因为经常到外地开会，王喜莲耳濡目染接触到外面精彩的世界，看着人家都是穿着名牌，她开始思考一个问题：武川的土豆远近闻名，为什么农民却不能从土豆身上致富？

细心的她经过调查发现，因为农民都是各自为政，小打小闹，形不成规模，价格自然上不去。加上没有自己的品牌，假冒武川土豆的现象也很普遍。大部分农民就知道卖原料，几乎没有什么深加工。

2005年5月，王喜莲向工商管理部门申请了"川宝"土豆商标。9月，她又注册了自己的公司。

她的"打法"很简单，就是给土豆精"包装"，她把挑选出来的最好的土豆一个一个用纸包起来，放进精致的礼品盒。

如此一包装，打着"川宝"品牌的5公斤土豆，一下子就身价大增到20元！火热的销售势头证明王喜莲的第一招出对了。

5公斤土豆她最低卖20元。尽管这样，每天守在她家门口，操着南腔北调口音向她要土豆的商贩仍然络绎不绝。一位老板高兴地对她说："以前给生意上的朋友送土豆，都是拿破麻袋装，既不好看也没面子，现在用你这川宝土豆，再合适不过了。"

有了品牌，王喜莲又建起了自己的5000亩土豆基地，每年和农民签种植合同。2008年，仅她一家就向农民收购土豆120万公斤。

王喜莲的公司已经正式落户武川县金三角天骐工业园区，深加工车间也已开始投产。她说："我的梦想就是让武川土豆走向全国、走向世界。"

说起土豆，没有人会感觉陌生。但可能很少有人听说过贵过苹果的土豆。更没有人听说过包装有品牌的土豆。当用礼品盒包装起来的土豆卖到20元钱时，我们完全相信了品牌的力量。

品牌是给拥有者带来溢价、产生增值的一种无形的资产，它的载体是用以和其他竞争者的产品或劳务相区分的名称、术语、象征、记号或者设计及其组合，增值的源泉来自消费者心智中形成的关于其载体的印象。

王喜莲的土豆能贵过苹果，正是因为她通过包装等形象识别区别于其他土豆，有了自己的品牌，土豆不只能贵过苹果，还能贵过很多东西。世界上最贵的土豆——法国La Bonnotte品种的土豆，每公斤售价500欧元。

现在全国都在积极引进和发展水果和蔬菜产业，以此作为发展农业、农民增收的重要途径，因而果蔬产业的竞争越来越激烈。这就需要我们发展名特优产品，创立品牌。没有品牌、没有特色就没有竞争力，就难以立足市场，有了品牌，才能保证农产品的生产持续稳定发展。

一旦确立了品牌，赢得了消费者的信誉，品牌土豆、品牌蔬菜就成了"钻石"，而普通土豆、普通蔬菜就成了"水"。

一时间，品牌战略成了企业必须重视的首要战略。书店里，品牌战略的书卖得火起来了，搞品牌形象设计的人吃香了，围绕品牌搞企业形象识别的设计人员发财了。国内开始出现要么是自封的"十大品牌专家"、要么是若干个人聚集在一起共同册封的"十大策划大师"等各色人等，怀里揣着菲利普·科特勒或是迈科尔·波特的著作，开始为企业"策划""包装"。企业开始为自己的品牌往中央电视台送广告，那些"黄金时段"的广告价位开始从500万元猛涨到1000万元，从5000万元猛涨到1个亿，从1亿元再涨到3亿元、5亿元。"秦池""爱多"等广告"标王"，一个接一个出现，又一个接一个倒下。他们在呼喊着："为了品牌的辉煌，前进！"前仆后继，勇往直前。

◎ 为什么麦当劳紧随肯德基，新航道紧随新东方

红鼻子"麦叔叔"还有与之齐名的白胡子"肯爷爷"在全国许多大中城市差不多可以说无人不晓。麦当劳和肯德基如影随形，似乎有麦当劳就会有肯德基的身影。麦当劳、肯德基从一开始就注定成为竞争对手。

麦当劳和肯德基是世界餐饮行业中的两大巨头，分别在快餐业中占据第一和第二的位置。其中，麦当劳有 30000 多家分店，肯德基有 11000 多家分店。原本是针锋相对的对手，但是在经营上有异曲同工之处。

例如，经常光顾麦当劳或肯德基的人们不难发现这样一种现象，麦当劳与肯德基一般都在同一条街上选址，或在相隔不到100 米的对面，或同街相邻门面。若按常理，这样的竞争会造成更剧烈的市场争夺，以至于各个商家利润下降，但为什么两家偏偏还要凑作一堆呢？

别的商家都愿意"独霸一方"，偏偏这两个快餐业的王者要挤在一起，所谓"一山难容二虎"，它们这样做为何？难道真的只是为了挤压对手或者争那一小口气？

反过来看，麦当劳和肯德基的"比邻"对消费者也是有利的。因为，丰富的商品种类满足了消费者降低购物成本的需求，而且两者的聚集实现了区域最小差异化，给消费者购买快餐提供更多的选择余地，让消费者充分感受到"一站式"消费的便利；况且，两家经营者为了适应激烈的市场竞争，争夺相对竞争优势，还会通过降价打折、送礼物等方式来吸引消费者。至少从短期看，对普通消费者是十分有利的。例如，每逢儿童节、国庆、店庆等，麦当劳和肯德基都会做出优惠活动。

此外，对于相互竞争的对手来说，这样也有利于获取对方的信息，学习对方的技术，从而形成知识和技能的学习。例如，以前，麦当劳以牛肉为主要原料，经营的食品主要是汉堡包系列；肯德基则是以鸡肉为主要原料，炸鸡系列是它的经营重点。但后来，在中国扎堆后，麦当劳推出了麦辣鸡翅和麦乐鸡，肯德基推出了鸡腿汉堡。在近距离的观察中，正是所谓"照葫芦画瓢"，两者互相借鉴，收集竞争信息，从而推动两者各自开发新的产品，省去不少创新研发的成本。

俗话说"冤家路窄"，人们往往以为相互竞争的冤家对头是不宜见面的，但通过分析麦当劳和肯德基的实例，我们也能看到，原来只要形成的规模效应对自己有益——"对头也可以扎堆，敌人也可以比邻"。

若干年前，当中国电子大厦一层两个蒙着的红布突然掀去，深蓝色的"北京新航道学校"赫然面对新东方大厦。新东方和新航道、俞敏洪和胡敏的竞争关系如同一张画纸昭然天下。

在中国的教育培训市场，竞争并不鲜见。但是，新航道与新东方有着一层特殊的关系：创办新航道的正是原新东方总裁胡敏。在创办新航道学校一年的时间里，胡敏从图书向培训延伸，先后成立了北京和天津两个英语培训学校，与北大合作成立了"北大新航道对外汉语培训中心"，逐步将新航道定位在打造拥有国际化平台的中国跨媒体语言出版教育的行业目标。据透露，新航道已经与国外投资机构达成协议，完成了第一期融资。这使得新航道胡敏有了与新东方俞敏洪分庭抗礼的资金保障。不过，胡敏之所以敢与竞争新东方的资本竞争，还源于胡敏对执掌新东方时经验、教训的总结。

新航道成立后，胡敏连续推出了多个具有自主知识产权的系列图书，形成了"雅思第四套教材""真经系列"等雅思教学及辅导教材以及"考研英语系列"图书等，保证了新航道拥有自己的知识产权。

胡敏只不过是新航道众多名师中的一位。新航道成立伊始，胡敏就给了自己明确的定位——"绝对不控股"，从而吸引了大批人才。此外，在新航道领导层中，除了胡敏之外，其他的成员都是来自全球顶级商业教育机构的管理者，形成了学术风格与商业经历相结合的管理团队。

新东方总裁俞敏洪通过"新东方"在美国纽约证券交易所成功上市，以及在国内二、三级市场迅速扩展。同时，新东方的创始人徐小平等人的回归也为新东方增强了竞争实力。

新东方与新航道处在同一个领域，做着同样的事情，但是，胡敏坦言，综观国内外各个行业，竞争对手总是紧随相伴。国外的品牌有可口可乐与百事可乐、麦当劳与肯德基等，国内的品牌有中国移动与中国联通、伊利与蒙牛等。

正是有了竞争对手之间的不断挑战和超越，让你没有孤独感，从而保持昂扬斗志。竞争对手的出现只是时间的问题。如果今天不是胡敏站出来挑战新东方，那么明天也一定会有其他竞争对手站到新东方面前。所以新东方总裁俞敏洪不害怕竞争，更敢于竞争。或许正是有了新航道的追赶，俞敏洪才能继续扬鞭奋蹄，一路疾驰，一路充实。

商业的聚集还会产生"规模效应"。一方面，体现所谓的"一站式"消费，丰富的商品种类满足了消费者降低购物成本的需求，而且同业大量聚集实现了区域最小差异化，为聚集地消费者实现比较购物建立了良好基础；另一方面，经营商为适应激烈的市场竞争环境，谋求相对竞争优势，会不断进行自身调整，在通过竞争提升自己的同时让普通消费者受益。正因为如此，聚合选址使商家才能够充分发挥自己的优势，吸引更多的消费者。

聚合选址不可避免地存在着竞争，竞争的结果是企业要生存和发展就必须提升自己的竞争力。连锁企业有个性，才有竞争力。在超市经营上要有特色，方显个性，这就要明确市场定位、深入研究消费者的需求，从产品、服务、促销等多方面进行改善，树立起区别于其他门店类型和品牌的形象。如果聚合的每一个连锁超市都能够做到这一点，就可以发挥互补优势，形成"磁铁"效应，这样不仅能够维持现有的消费群，而且还能够吸引新的消费者。

在北京南桥镇聚集了永乐、苏宁、国美"三巨头"连锁家电超市，聚合的市场使"三巨头"在激烈竞争的同时，也寻求着特色发展之路。永乐电器以"CDMA手机营销模式"促进CDMA手机普及，推出了以退换保障、质量保障、价格保障和额外支出保障为基础的四大保障体系，以服务和价格的双重优势吸引顾客。国美电器率先在其连锁店内开设了各类音像制品的销售，从而拓展了经营业务范围，同样也起到了招揽更多客户的作用；同时推广"普惠制"，让各类电器的消费者都能够实实在在地得到经济上的优惠，而不是某一类家电的购买者。苏宁电器则倡导"天天促销"，让消费者能够每天都得到实惠，并根据刚刚迁入新居客户的实际住房条件和经济条件，为客户量身定制出一套合适的家电配置方案，为苏宁带去了销售额的直接增长。

德国国土面积也就相抵中国的内蒙古自治区，但在那片土地上，却存在着5个世界级的名牌汽车公司。有一次，记者问"奔驰"的老总:"奔驰车为什么能飞速进步、风靡世界?""奔驰"老总回答说:"因为宝马将我们撵得太紧了。"记者转问"宝马"老总同一个问题,"宝马"老总回答说:"因为奔驰跑得太快了。"

同样,在美国,百事可乐诞生以后,可口可乐的销售量不但没有下降,反而大幅度增长。因为竞争迫使它们共同走出美国,走向世界。

这就是一种带有合作性质的竞争,为什么这么说呢? 从奔驰和宝马老总的回答中我们就可以看出,虽然他们之间属于实力强劲且旗鼓相当的竞争对手关系,但他们都没有将对方当作"敌人",而是当作一个鞭策自己的对象,一个不断追赶和超越的目标。

◎ 为什么世界上没有卖不出去的产品

1814 年 7 月,英国人乔治·史蒂芬森制成一辆 5 吨重的蒸汽机车,能拖拉 8 辆重约 30 吨的车厢,在煤矿的轨道上运行。这是利用蒸汽的力量行驶于轨道上的最早的火车。但它的牵引力小、速度慢、常出故障,所以不能为人们所接受。如今火车已经成为人们交通出行的重要工具,几乎没有谁还不曾坐过火车。在火车出现之后,才有乘客乘坐。在火车没有生产出来之前,人们想都没想过有这东西。但是火车的先进性一旦为人们所认知,乘坐火车就成了人们出行的必备选择了。

消费者先有需求,生产者再适应消费者的需求进行生产,这就是"消费者主权",即消费者的需求引导生产。生产者先生产出来再让消费者有需求,这就是"生产者主权",即生产者的生产引导消费者的需求。

在市场经济条件下，生产者主权并不是像计划经济那样，消费者没有选择的自由。市场经济中消费者是有选择自由的，生产者不能强迫消费者。因此，生产者主权就是要生产者去开发消费者的潜在需求。消费者在没有见到产品之前，并没有意识到自己对这种产品有所需求，当生产者生产出实物产品之后，就可以把消费者潜在的需求转变为现实购买行为，从而开辟新的市场。

需求来自欲望，购买物品进行消费正是为了满足某种欲望。开发潜在需求就是创造消费者的新欲望，或者唤起消费者那些沉睡的欲望。当消费者有实现新欲望的支付能力时，欲望必将变成现实的购买行为。

欲望的无限性就是企业开发潜在需求的基础。如果生产者能开发出一种产品满足消费者的需求，或者激发了消费者某种潜伏状态的欲望，这就成功了。以火车为例，希望速度快、便捷、安全，是消费者的潜在需求。当他乘坐马车时，马车已经表现出了这些性能，他就已经相当满意了。如何才能更快、更便捷、更安全，他想不出来便满足于现状了。当生产者们生产出了比马车性能更好的火车，无论是舒适度还是速度等各方面都更强，这就满足了消费者的潜在需求。如果没有火车，消费者的这种需求就是潜在的。

消费者普遍存在着潜在需求。例如，对于目前市场上某种商品的质量水平不满意的消费者，即使存在需要，也可能不去购买这种商品；对于目前市场上价格相对较高、人们认为多消费就有些奢侈的非生活必需品，消费者即使存在需要，也可能不去购买，或者很少购买；有些消费者因为某种后顾之忧，把一部分钱储蓄起来，不用于目前的生活消费，会形成潜在需求；另外一些消费者虽然有一定的生活收入来源，可是由于目前手持货币数量的限制，不能购买某种他所需要的商品，也形成了潜在需求。当然，还有相当多的顾客拿着钱买不到自己所需要的商品，因此形成潜在需求。潜在需求的客观存在是由消费者生活需要的广泛性和可扩张性决定的。潜在需求实质上就是尚未满足的顾客需求，代表着在提高人们生活水平方面还有不足之处。

世界上没有卖不出去的产品，只有消费者不需要的产品。只要生产者善于开发消费者的潜在需求，还有什么东西卖不出去呢？

2002 年春节，大江南北出现了一个新气象："忽如一夜东风来，千街万巷唐装亮"。满大街的男男女女都穿着唐装，似乎时光逆流又回到了"贞观之治"或"开元盛世"。自打 21 位领导人在上海 APEC 会议上集体给唐装做了一个堪称世界上最牛的广告之后，唐装之风自此开始。于是，"唐装热"就开始从前卫的时尚丽人的身上蔓延开来。时至春节，这股潮流终于遍地开花，在荧屏内外、全国各地上演了一出盛大的"唐装秀"。

当一种消费行为流行于社会上，被许多人接受时，就形成一种消费时尚。一旦成为消费时尚，必将影响更多人的消费行为。消费行为无所谓正确与错误、理性与非理性，只是接受的人多了，就是一种时尚。

◎ 为什么便宜无人问津，而越贵越好卖

一位智者为了启发他的门徒，就给了门徒一块石头，叫他去蔬菜市场，试着卖掉它。这块石头很大，很美丽。智者说："不要

卖掉它，只是试着卖掉它。注意观察，多问一些人，然后只要告诉我在蔬菜市场它能卖多少钱。"

年轻的门徒去了蔬菜市场，许多人注意到了这块石头，觉得它挺好看，可以买回家给孩子们玩，或者用它做成称菜用的秤砣。于是他们出了价，但只不过是几个小硬币。

门徒向自己的老师汇报之后，老师又说："现在你去珠宝市场那儿，你会明白它真正的价值！"

门徒百思不得其解，但他还是去了珠宝商那儿。出乎意料的是，珠宝商竟然乐意出5万块钱买这块石头。但门徒依然摇摇头，他说："这样的价钱我还是不能卖，我只是问问价。"他矜持的态度反而引起了珠宝商们对这块石头的兴趣。他们继续抬高价格，10万元、20万元、30万元，最终有人出了50万元的价格。"这些人疯了！"他想。他跑回去把这些事情告诉自己的老师。

老师说："现在你该明白了，对一个事物的评价本来没有固定标准，这完全取决于它所在的场合，还有那些关注它的人。"

在这个故事里，智者要告诉门徒的是关于人生价值的道理，但它也从侧面反映出一个经济规律，这就是美国经济学家托尔斯坦·凡勃伦提出的"凡勃伦效应"。其反映了这样一种现象：商品价格定得越高越能畅销。也就是说，消费者对一种商品"需求的程度"，因其标价的升高反而会增加，它反映了人们"挥霍性消费"的心理。

一个退休工人退休后闲来无事，便自己摆了一个小摊，当起了老板。临近春节时，他托战友从外地进了500瓶瓷瓶包装的白酒，每瓶进价只有5元，退休工人看进价这么便宜，就标价8

元。可是卖了十来天，也只卖出 3 瓶。有的人拿着酒问他："这酒包装这么好，价钱却这么便宜，是真酒吗？"尽管退休工人一再保证是厂家正品，可人家琢磨半天，最后还是没买。退休工人急了，照这样下去，几百瓶白酒得卖到啥时候，怎么办？这时儿子给老爸出主意，把标价改成 28 元。退休工人一听急了："你脑子咋想的？8 块钱都卖不出去，还 28 块，谁要？"儿子说："你先试试，反正现在不也卖不出去吗？"退休工人想想也是，便将标价改成了 28 元，没想到，第二天，一下子就卖出了 20 多瓶。

我们在生活中经常看到"凡勃伦效应"所描述的情景：款式、质地差不多的一双皮鞋，在普通的鞋店只卖 80 元，进入豪华大商场的柜台，就会卖到几百元，不过，也不用担心没人买。上万元的眼镜、纪念表，上百万元的顶级钢琴，这些近乎"天价"的商品，往往也能在市场上走俏。在我国东南沿海的一些发达地区，"感性消费"已经逐渐成为一种时尚，而只要消费者有能力进行这种感性购买时，"凡勃伦效应"就可以被有效地转化为提高市场份额的营销策略。

"凡勃伦效应"对商家来说，无疑是个"最大的福音"。因为了解了"凡勃伦效应"，商家就可以利用它来探索新的经营策略。比如凭借媒体的宣传，将自己的形象转化为商品或服务上的声誉，使商品附带上一种高层次的形象，给人以"名贵"和"超凡脱俗"的印象，从而加强消费者对商品的好感。

◎ 为什么白壳蛋比红壳蛋要贵

"土鸡蛋、乌鸡蛋的营养价值肯定比普通鸡蛋高，就算价格贵点，买得也比较值。"在江河市场买白壳蛋的一位顾客说。

在被商家冠以"土鸡蛋""乌鸡蛋"的称号后，寻常的白壳鸡蛋、粉壳鸡蛋每公斤的零售价比红壳鸡蛋高出了 1 ~ 2 元，并成为上半年市场上的热销产品。

红壳蛋每公斤卖 6.5 元，白壳蛋和粉壳蛋每公斤卖 8.5 元。虽然白壳蛋和粉壳蛋的价格高，但却卖得很好。

市场上的白壳鸡蛋往往比红壳鸡蛋要贵一些，那为什么会出现这种价格差异呢？

先听听商家给我们的解释吧。白壳鸡蛋经常被冠以"土鸡蛋""柴鸡蛋"，大致意思是农家散养的鸡下的蛋。农家鸡是在自然的环境下生长的，饲料以草籽、虫子、五谷杂粮为主，绿色天然，鸡蛋的营养价值自然会更丰富一些。红壳鸡蛋是人工饲养条件下的鸡生的蛋，工业生产条件下的鸡以人工饲料为食物，出于增产的目的会人为地在饲料中添加一些激素，当然鸡蛋的营养价值会大打折扣。事实上消费者也是这么认为的。白壳鸡蛋卖得贵一些理所当然。

这里，白壳鸡蛋的高价格显然是由生产白壳鸡蛋的成本（比红鸡蛋高）和消费者的购买欲望共同影响产生的。

事实是怎么样呢？国内外专家对此作了研究，发现白壳鸡蛋、红壳鸡蛋的营养价值差距不大。

两种蛋的营养成分比较如下：

蛋白质：白壳鸡蛋比红壳鸡蛋高 0.75% 左右；维生素：白壳鸡蛋的维生素 A、维生素 B_1、维生素 B_2 都略高于红壳鸡蛋；脂肪：红壳鸡蛋比白壳鸡蛋高 1.4% 左右；胆固醇：红壳鸡蛋比白壳鸡蛋高 0.8％左右。除此之外，其他的营养成分几乎相等。

鸡蛋营养价值的高低，主要取决于饲料的营养结构与鸡的摄食情况，与蛋壳颜色并没有必然联系。"蛋壳颜色不同是因为下蛋鸡的品种不同。目前国内产蛋鸡的品种主要有红壳蛋鸡和白壳蛋鸡，两种鸡杂交后又培育出了粉壳蛋鸡。在同样的养殖条件下，这几种鸡蛋的营养价值并没有多少区别，唯一的区别在于红壳蛋鸡产量大而且蛋壳较厚，更耐储藏，所以养殖量也最大。"沙尔山别克说。

说白壳鸡蛋价格高是因为成本大，属于子虚乌有，消费者的购买欲才是影响鸡蛋价格的主要因素。

白壳鸡蛋能引起消费者的购买欲。所谓消费者的购买欲，即消费者的偏好，它是潜藏在人们内心的一种情感和倾向，是非直观的。

"习惯"是消费偏好的一种常见类型，是由于消费者行为方式的定型化，经常消费某种商品或经常采取某种消费方式，就会使消费者心理产生一种定向的结果。所以，尽管人们已知道两种蛋相差无几，但在习惯的作用下仍会对白壳鸡蛋有所偏爱。

人们为什么要消费一件物品，所有的回答可以归结为一点：它能给人们提供满足。这种满足被称为效用。早期的经济学家认为，必须找到一种方法来计量效用，就像长度可以用米、时间可以用秒计量一样。这种努力失败之后，他们甚至宣称，选中"效用"是一个不幸。后来，人们发现，事情并没有那么糟。当一个人选择苹果而不是橘子时，我们只需要知道苹果带给他的效用比橘子高就足够了，至于高多少，实际上是无关紧要的。

为满足人们对蛋的消费这种效用下有诸多可供选择的对象，

如红壳鸡蛋、白壳鸡蛋，甚至鹌鹑蛋等。人们会在自己偏好的作用下对各自的效用排个队，显然白壳鸡蛋会排在第一位，人们认为白壳鸡蛋的效用是最大的，尽管这并没有科学根据。但就消费的最终目的是满足欲求这一点来说已经足够了！

我们知道，物品价格的变动是沿着它的需求曲线上下变动的。由于人们对白壳鸡蛋的特殊偏好导致了对白壳鸡蛋的需求上升，最终反映在价格上，即比红壳鸡蛋贵一些。

一方面，消费者要尽量满足自己的愿望和需要；另一方面，他又受到购买力的约束。消费者的购买力取决于他的收入水平以及市场的物价水平。如果白壳鸡蛋定价过于昂贵，人们则会减少对白壳鸡蛋的消费，而会增加它的替代品红壳鸡蛋的消费，毕竟两种蛋的营养价值相差没多少。所以商家会把白壳鸡蛋价格定得贵一些，但和红壳鸡蛋比起来总不会贵太多。

作为北京奥运会专供水果的四川合江荔枝顶级品种"带绿"，一个包装精美的盒子里装了20颗荔枝，市场价2980元，平均一颗要卖150元。

有贵的，还有更贵的，合江"带绿"荔枝每公斤卖到5960元。

一位消费者说，这种荔枝消费起来确实很不错。合江荔枝更讨买家喜欢，所以他们愿意付高价。这么解释倒很简单。正是因为有消费者偏爱白壳蛋并愿意为此多出钱，市场上才有白壳蛋出售，否则，根本没人会卖这种成本更高的蛋。

◎ 为什么女性消费市场具有巨大潜力

一日，一对情侣逛街。原本，男友只是想陪女友散散心，没想到……女友进入一家服饰店，先看到一件吊带小裙，标价1000元。

女友："亲爱的，你对我的爱是不是无价的?"男友："真爱无价。"

女友："那……这件，我特别喜欢，买了吧。"男友立刻去付账。

这时，导购小姐对女友说："小姐，我们这里还有外套小衫、靴子高跟鞋，可以同您的裙子搭配，非常时尚，要不您看看?"

女友被说动，一一试穿，感觉不错。

见男友回来，接着说："亲爱的，你对我的爱是不是无价的?"男友："那还用说，真爱无价。"

女友："那……你看这些和我的衣服很搭的哎，也买了吧。"男友再去付账，消费了3000元。

导购小姐又走过来说："小姐，您身材这么好，我们这里刚好有一批上等的冬装，既漂亮又实惠，不过是上个季节的高档品了，全部打四折甩卖。您要不要也看看?"

男友："大夏天，买什么冬装?"

女友未表态，随导购小姐进了屋里，果然看到很多名牌冬装。她爱不释手，拿了四五套。冲出来对男友说："亲爱的，你对我的爱是不是无价的?"

男友一看女友的架势，非常尴尬，不得不接着刷卡。

没想到，卡刷到一半，刷爆了。男友看着女友，哭笑不得地说："亲爱的，这回真成无价的了!"

有人说，女人的钱是最好赚的。一个女人可以在冲动之下专程打"飞的"去扫荡名牌，也可以一时兴起买下上万元的穿不上几次的衣服。经济学家说："女人的这种消费'轨迹'无法琢磨，因为没有一丝规律可循。她们都是典型的冲动型消费者。"

冲动型消费者，指在某种急切的购买心理的支配下，仅凭直观感觉与情绪购买商品的消费者。冲动型消费者的购买行为是商品广告、宣传诉诸情绪的强烈冲击，唤起心理活动的敏捷与定向。

在冲动型消费者身上，个人消费的情感因素超出认知与意志因素的制约，容易受商品（特别是时尚潮流商品）的外观和广告宣传的影响。因此，很难说消费中的女性符合经济学的相关假设，她们的行为是非常不理智的，即非理性的。

非理性主要是指一切有别于理性思维的精神因素，如情感、直觉、幻觉、下意识、灵感等。非理性消费，在男性眼里，是不可理喻的不成熟的表现，而在女性眼中，是再正常不过的状态。在消费者群体中，商家最想诱惑的就是"娘子军"，最不敢得罪的也是"娘子军"，因为她们身上携带着难以想象的商机。

一项科学调查显示，90%的18～35岁的女性都有过非理性消费行为，甚至，非理性消费占女性消费支出的1/5以上。女性的非理性消费彻底颠覆了经济学家所能预测的消费模式。你常常会看到这样的现象，她们在进入超市之前做了周密的购物计划，但在出来的时候却买回不少自己喜欢但并不实用，甚至根本用不上的商品。

所以，琢磨女人的消费动态，就成了难以完成的任务，她们总是有很多消费理由。但困扰经济学家们的是：女性为什么倾向于非理性消费？

经过研究，主要是由几大因素共同促成的。

首先，女性容易受情绪因素的影响，所以，女性常常情绪化消费。据统计，有50%以上的女性在发了工资后会增加逛街的次数，40%以上的女性在极端情绪下（心情不好或者心情非常好的情况），增加逛街次数。其发生概率同男性去喝酒（开心时或不开心时）的概率几乎相同。可见，购物消费是女性缓解压力、平衡情绪的方法，不论花多少钱，只要能调整好心情，80%左右的人都认为值得。

其次，女性的敏感情绪还容易受到人为气氛的影响。例如，受到打折、促销、广告等因素的影响。专家针对北京、上海、广州三地18~35岁青年女性的调查显示：因打折优惠影响而购买不需要物品的女性超过50%；受广告影响而购买无用商品或不当消费的女性超过20%；因商品店内的时尚气氛和现场展销而消费的女性超过40%；因受到促销人员诱导而不当消费的女性超过50%。

最后，女性在选择物品时，态度更倾向于犹豫和动摇，形成过度消费，尤其是在面对众多种类的商品时。在美国加州的一家杂货店内，经济学家们做过一个测试：他们在货架上排上6~20种不同的果酱。

商家将每3种用胶带封在一起。某家庭主妇欲购买特定的3种，但它们被两种不同的胶带封在一起。思考再三后，该主妇购买了两个封条的6瓶果酱。

事实上，对于所有人来说，商品选择多的时候，通常都难于选择。但这点在女性身上表现得更为明显。当她们面对众多选择时，常常会忘记自己最初的需求，在其他货品的吸引下，改变购买的想法。这也是经济学家们认为女性不适合做传统经济学中理性十足的"经济人"的原因。

◎ 为什么约翰逊黑人化妆品畅销

美国的约翰逊黑人化妆品公司总经理约翰逊，是一个知名度很高的企业家。可是，当初他创业时，也曾为产品的销售伤透了脑筋。

那时，约翰逊经营着一个很小的黑人化妆品公司，因为黑人化妆品市场的总体销售份额并不大，而且，当时美国有一家最大的黑人化妆品制造商佛雷公司，几乎垄断了这个市场。

经过很长时间的考虑，约翰逊提出了一句措辞非常巧妙的广告语："当你用过佛雷公司的化妆品后，再擦一次约翰逊的粉质膏，将会得到意想不到的效果。"

约翰逊的这一招的确高明，不仅没有引起佛雷公司的戒备，而且使消费者很自然地接受了他的产品，达到了事半功倍的效果。因为他当时主推的只有一种产品，凡是用佛雷公司化妆品的黑人，大多不会在乎再增加一种对自己确实有好处的化妆品的。

随着粉质化妆膏销量的大幅度上升，约翰逊抓住了这一有利时机迅速扩大市场占有率。为了强化约翰逊化妆品在黑人化妆品市场上的地位，他同时还加速了产品开发，连续推出了能够改善黑人头发干燥、缺乏亮度的"黑发润丝精""卷发喷雾剂"等一系列产品。经过几年的努力，约翰逊系列化妆品占领了绝大部分美国的黑人化妆品市场。

不知从什么年月起，捆绑销售已悄悄地侵入我们的生活，而且蔚然成风，有愈演愈烈之势。大至买楼房送车位、买大件家电送电饭锅，小至买手机送话费、买酸奶"二送一"，甚至买支牙膏也送个钥匙圈。问商家不要赠品能否减些价。商家回答：不要可以，但不减价。

那么，什么才是捆绑销售呢？捆绑销售也被称为"附带条件销售"，即一个销售商要求消费者在购买其产品或者服务的同时，也得购买其另一种产品或者服务，并且把消费者购买其第二种产品或者服务，作为其可以购买第一种产品或者服务的条件。捆绑销售通过两个或两个以上的品牌或公司，在销售过程中进行合作，从而扩大它们的影响力，可以说是共生营销的一种形式，开始被越来越多的企业重视并运用。

捆绑销售的方式确实给商家带来了好处，也给消费者带来了实惠。但目前市场上的"捆绑销售"还不够大气，只能算是小打小闹，甚至是两种商品的简单叠加。在手机市场上居然发现买手机可以送饼干，真是风马牛不相及。这些方式并未实现"捆绑销售"的最大价值。

捆绑实际上是资源的再次创新与整合，是在原有资源的基础上，创造出一种更有力度的模式，更有利于消费者对信息的接收与处理，甚至变被动为主动。如果进行科学规划，对相关品牌进行整合，那么，这样的捆绑也许可以创造奇迹。

早在1903年，有位叫金·吉列（King Gillette）的推销员，虽已年近50，却仍然满脑子幻想，渴望成为一个发明家。所谓"功夫不负有心人"，他花了4年的时间，终于发明研制了可更换刀片式剃须刀。然而，在最初投入销售的一年里，这"新产品"只卖出了 51 副刀架和 168 枚刀片。吉列没有放弃，他接下来做的事情，开创了一种全新的商业模式。

他以极低的折扣，将数百万副刀架卖给美国陆军，自然，军队将刀架当作生活必需品发给了士兵们。吉列指望这些士兵退役还家后，变成自己的"回头客"。

然后，吉列又将刀架卖给银行，让银行作为礼品送给新开户的客户。他设法将刀架和几乎所有商品都捆绑在一起，从绿箭口香糖到红茶茶包等。这种做法颇具成效。仅仅过了一年，吉列就已经售出了 9 万副刀架和 1240 万枚刀片。

吉列刀片的畅销乃至风行世界，给后世的商家们留下了一个重要的"遗产"：提供免费（或者廉价到近乎免费）的平台产品，然后通过耗材、补给、服务等，来获得真正丰厚的利润。

在今天，这样的经营策略仍然频繁出现在生活中。"全球通"在广州市区推出了"免费频道"服务，由移动公司提供网络支持，由广告公司、商家和移动电话客户共同参与，共同受益。具体内容是：移动用户只需在自己的手机上拨打"免费频道"号码，仔细听完系统播放的信息（广告），回答相关简单的问题，就可获赠一定数额的话费。

中国移动会免费送给消费者一部手机，条件是这之后的两年间，消费者每个月都要打大量的电话。

惠普的打印机最便宜一款才 300 元人民币。打印机的墨盒，才是惠普公司的主要利润来源。

这种"免费获得A商品，但需要支付B商品的钱"的方式，被经济学家定义为"交叉补贴"。不过，随着时间的推移，"免费"

已经不仅仅是一种营销方式了。在一些人看来，这很可能是一个"充裕时代"将要来临的前奏。美国《连线》杂志主编克里斯·安德森就表达了这样的观点：在未来社会，不是免费商品的成本进行了"交叉补贴"，而是免费商品的成本极大地降低，低到趋近于零。

再准确一点说，是提供免费商品的边际成本正趋近于零。由于技术的发展，服务或商品的提供商可以触及大量甚至是海量的用户，而每新增一个用户或者给每个用户新增一项服务的边际成本，则在急速向零靠拢。

这听起来虽然让人难以置信，然而，现实中，确实有这样的事情存在。在全世界的电脑游戏产业中，增长最快的是免费的网页休闲游戏。比如史玉柱的《征途》和陈天桥的《传奇》，它们可以被看作"交叉补贴"模式的代表，也可以被视作免费经济时代里的一种基础模式。

◎ 为什么人们买涨不买跌

经常听说一句话："买涨不买跌"，这实际上是大多数人的写照。

2008年时遇金融危机，一线城市的房地产大多在打折促销，但多数人看到"跌跌不休"的房价，始终不肯出手。短暂的降价后，房价再次飙升，此时买房的人却多了起来。再比如说，在股票市场上，如某一种股票价格上扬的时候，人们都会疯狂抢购这种股票。而当一种股票价格下跌的时候，购买这种股票的人反而很少，拥有的人也希望尽快抛出去。人们越高越买，是为了最大限度地获取利润，股票价格升高，说明投资者有利可图。

单就一种现象而言，天底下到处都有"买涨不买跌"的情况。美国人罗伯特·西奥迪尼写的《影响力》一书中有这样一个故事：

在美国亚利桑那州的一处旅游胜地，新开了一家售卖印第安饰品的珠宝店。由于正值旅游旺季，珠宝店里总是顾客盈门，各种价格高昂的银饰、宝石首饰都卖得很好。唯独一批光泽莹润、价格低廉的绿松石总是无人问津。为了尽快脱手，老板试了很多方法，例如把绿松石摆在最显眼的地方、让店员进行强力推销等。然而，所有这一切都徒劳无获。

在一次到外地进货之前，不胜其烦的老板决定亏本处理掉这批绿松石。在出行前她给店员留下一张纸条："所有绿松石珠宝，价格乘 1/2"。等她进货归来，那批绿松石全部售罄。店员兴奋地告诉她，自从提价以后，那批绿松石成了店里的招牌货。"提价？"老板瞪大了眼睛。原来，粗心的店员把纸条中的"乘 1/2"看成了"乘 2"。

为什么绿松石的价格涨了，却反而销售一空呢？人们追涨心理的背后究竟是什么因素在起作用呢？

关于人们追涨的心理，英国学者罗伯特·吉芬 19 世纪在爱尔兰观察到一种现象：1845 年，爱尔兰爆发了大灾荒，虽然土豆的价格在饥荒中急剧上涨，但爱尔兰人民反而增加了对土豆的消费。后来人们为了纪念吉芬，就把吉芬发现的这种价格升高而需求量也随之增加的经济现象叫作"吉芬现象"，简单地说就是越买越高。

爱尔兰的土豆出现吉芬现象的原因是，在饥荒这样的特殊时期，面包、肉类、土豆的价格都上升了，但人们的收入大大减少了，更买不起面包、肉类，相对便宜的土豆便成为人们的首选，这样对土豆的需求反而增加，使得土豆的价格增长比其他食品类的价格增长更快。

与吉芬现象的成因相同，很多"北漂"族选择在北京城郊接合部租房子住也是迫于无奈。位于北京海淀区与昌平区交界的唐家岭村，就是著名的大学毕业生聚居村。但是唐家岭的居住环境比市区要差，交通也不太便利，其房屋的性价比也比较低，房屋一般比较简陋。但是却有越来越多的人涌入这里。其背后的原因就是，虽然唐家岭的租房价格不断上涨，但相比主城区而言价格还是比较便宜，对于刚刚在北京立足的年轻人来说，选择在这里租房能享受到相对便宜的房租，哪怕房子的性价比并不高。

在当年的爱尔兰，"越高越买"是人们在贫困中为了维持生存的一种不得已的选择。但是，人们追涨还往往有其他原因。在非常灾难时期人们越高越买是出于一种恐慌心理，害怕以后价格会涨得更高。而一些首饰、服装、礼品等，人们越高越买则是为了显示自己的身价，提升自己的社会地位。

人们追涨的心理还常常被商家利用。比如在"非典"时期，个别商家就是利用了人们的恐慌心理，哄抬物价。

此外，为了迎合部分高消费群体的需求，商家也不失时机地推出高价礼品，价格越高，越能够显出对送礼对象的重视。于是中秋节出现上万元一盒的月饼，饭店里出现数十万元一桌的饭菜也就不足为奇了。

个性也是生产力：产品的形状和颜色也值钱

◎ 为什么消费者会买椟还珠

　　市场上，有两家药厂，生产同一种药，质量略有差异（甲厂药品效果比乙厂的略微差些）。在推向市场时，两者都用纸板包装盒，甲厂的包装白底光亮，色彩明快，还有一个浮雕式的凸起图案；乙厂则颜色暗淡，图案陈旧。试比手感，前者表面细滑，轻轻挤压，手指能感受到弹力和盒子的质感；后者则表面粗涩，略一挤压，即轻易失去原有形状。

　　当这两种产品同时上市时，面对同样的消费者群体，前者的市场占有率竟然高出后者 10%。

　　两种相同的药，仅仅因为包装上的差异，就有了悬殊的销售量。而实际上，乙厂药品的质量要比甲厂的好。这样的结果说明了什么？

　　从前，楚国有一个珠宝商人，一次他在游历各国途中获得了一颗非常漂亮的珍珠。楚人决定要将珍珠好好包装一下，以后好卖个好价钱。

　　于是，这个楚国人找来名贵的兰木，又请来手艺高超的匠人，为珍珠做了一个精美的盒子，然后用桂椒香料把盒子熏香。还花重金让人在盒子的外面精雕细刻了许多精美的花纹，镶上漂

103

亮的装饰。最后，盒子成了一件精致美观的工艺品。楚人将珍珠小心翼翼地放进盒子里，拿到市场上去卖。

楚国人到市场上不久，他手中的盒子就吸引了很多人。一个郑国人将盒子拿在手里看了半天，爱不释手，出高价将楚人的盒子买了下来。郑人交过钱后，便拿着盒子往回走。

可是没走多远他又回来了，楚人很纳闷。

只见那个郑人将盒子里的珍珠取出来，交给楚人，自己只拿了一个空盒子走了。

这个成语故事讲的就是"买椟还珠"。这个商人对商品包装的关心远远超过了对商品本身的关心。事实上，很多消费者在生活中也犯过同样的错误，因为喜欢商家的包装而买下了一件商品。好包装会抓住人们的眼球。对于一件被推销的商品，更多的人还是在关注其包装。

过去人们并不在意包装，认为"真金总是会卖个好价钱"。但现在这样的观念该改改了，因为质量再好的商品，没有好的包装，就好像缺了绿叶的红花，没有任何吸引力。在市场经济的环境下，产品的包装越来越引起消费者的关注，并逐渐形成了"包装经济"。

包装经济，是指围绕着商品包装而展开的一系列经济活动，属于产业经济的一种。从社会实践上来看，由于现代的产品种类繁多，花样复杂，因此，消费者在进行选择的时候，往往挑花了眼，不知道该选择哪一个好。这时，产品的包装就可以成为一个宣传媒介，向消费者传递"自我推销"的信息，从而吸引消费者购买。正是第一印象的不同，消费者才做出不同的选择。

各大企业经营者正是观察到了这一点，也才将更多的资本投注到广告包装之上。他们利用包装塑造精品的形象，利用包装来提升企业的品牌知名度，利用包装来打动消费者。

在几年前，洗手液市场上，蓝月亮洗手液成功地利用包装成为市场上的品牌产品。它为了能让人们产生精品的印象，其产品包装从瓶子的高度、体积、瓶形、配件颜色、标签形式等经过不断地调试，最终达到了"功能卖点、包装形态、消费者感受"三者的完美结合。这让蓝月亮洗手液的销售量大为改观。当时，就能达到每月700万元的销售额。长沙几家大超市曾创下日销售蓝月亮洗手液2600瓶的纪录。据不完全统计，"蓝月亮"凭借洗手液单品就创造了年度7000万元的销售业绩。

在产品同质化越来越明显的今天，产品外包装正在成为企业产品销售成功的不二法门。只要有了迎合消费者审美观点和文化意识的包装，就能够达到同推销产品一样的效果。

◎ 为什么牛奶装在方盒子里卖，可乐却装在圆瓶子里卖

你在喝饮料的时候是否留意过这样一个问题：几乎所有软性饮料，包括可乐、橙汁、矿泉水等，它们的包装，不管是玻璃瓶还是铝罐子，都是圆柱形的。但有一种饮料例外：牛奶。牛奶的盒子大多是方的。理性地看，方形容器能比圆柱形容器更经济地利用货架空间。可是，为什么软性饮料的生产商还是坚持使用圆柱形容器呢？

这是博物经济学家罗伯特·弗兰克在他的畅销书《牛奶可乐经济学》中提出的问题。

弗兰克认为，造成这个差别的原因之一，可能是软性饮料大多是直接就着容器喝的，由于圆柱形容器更称手，抵消了它所带来的额外存储成本。而牛奶却不是这样。我们要么会将牛奶倒出来饮用，要么会插入吸管喝，大多数的人不习惯就着盒子喝牛奶。

可就算大多数人直接就着盒子喝牛奶，成本效益原则亦显示，它们还是不大可能装在圆柱形容器里贩卖。我们知道，超市里大多数软性饮料都是放在开放式货架上的，这种架子便宜，平常也不存在运营成本。但不少牛奶由于保质期不长，需专门放在冰柜里冷藏保存。冰柜很贵，电费等运营成本也高，所以，冰柜里的存储空间相当宝贵。因此，牛奶包装做成方形可以更有效节省冰柜的储藏空间。

另外，还有人提出，碳酸饮料假如有震荡的话，里面的液体就会膨胀。假如做成三角或方形的话，那稍有震荡瓶体就会变形。因此，从力学和美学角度来说，碳酸饮料的瓶体都应该做成圆柱形的。而牛奶等不含碳酸的饮料，设计成方形圆形都可以。

不仅是饮料瓶子的设计有学问，其实，在我们的生活中，处处都充满着经济学的智慧。弗兰克在他的书中提出了"博物经济学"的概念，就是提倡我们用经济学的概念去理解日常生活中的某些现象。这种思维方式建立在经济学的简单常识上，试图通过基本的推理去理解并解释事物的本质。而我们去思考推断的结论也不在于对错，而在于发现事物的合理性，增加理解和预判。经常性地运用这种思维方式，会是非常有趣的经历。

两杯哈根达斯冰激凌摆在受试者面前，一杯A有7盎司，装在5盎司的杯子里，看上去快要溢出来。另一杯冰激凌B是8盎司，装在 10 盎司的杯子里，看上去还没装满。那么，受试者会为哪一杯付更多的钱呢？实验结果表明，人们反而会为 7 盎司的冰激凌付更多的钱。在冰激凌实验中，人们评价的标准往往不是真实的重量，而是冰淇淋满不满杯的程度。实际生活中，类似的例子更是比比皆是。比如麦当劳的蛋桶冰激凌、肯德基的薯条，都是蛋桶或纸桶的上部装得满满的，好像要溢出来的样子。

其实，商家总是利用人们的心理惯性，制造出"看上去很美"的视觉效果。他们巧妙地运用了一些对比项。比如，用较小的杯子和并不多的冰激凌对比，使冰激凌看上去满得要溢出来。再比如，用"原价"衬托"折扣价"。

◎ 为什么有些车的加油孔在司机一侧，有些车却在副驾驶一侧

有车的人会发现这样一个问题，那就是并非所有汽车的加油孔都处于车的同一侧。于是，就会出现这样的情况：当你开着朋友的一辆车，照平时开自家汽车那样停在加油站油泵前，却发现油箱位置在车身的另一侧，油枪够不着。汽车制造商只需把加油孔统一设在汽车的某一侧，就能解决这个问题。但是，汽车制造商们并没有达成这样的共识。原因并不是行业竞争，而是源于替用户着想。

原来，在一些车辆靠右行驶的国家，过街时右转比左转容易。所以，大多数司机会到能右转进站的加油站加油。如果油箱总设在汽车的某一侧，那么，为了加油方便，驾驶员更愿意将车停在油泵的右侧。这样一来，在交通高峰期，所有向右的油泵会

挤满车，而大多数朝左的油泵却空置。

所以，不同车型的加油孔设在不同侧面，意味着有些车能从左边加油。于是司机们再也不用排队等着加油了。这种好处，显然比给租来的车加油时偶然停错了方向所带来的成本大得多。

一家生产面包机的企业，请来了一家营销调研公司。营销专家们给出了法宝：再推出一个新型号的面包机，不仅个头比现在的要大，价格也要比现有的型号高出一半左右。

真没想到，这一招还真的奏效了，原来那一款面包机的销量开始上升了。顾客们都会说："我不大懂面包机，真要买的话，干吗不买那个小的？"从那以后，面包机才热销起来，渐渐成为人们生活中的必备物资。企业在开发新产品的时候，需要针对用户的需求来制订方案。产品的研发，需要特别注意用户对产品产生的边际效用。把握住用户的需求，既能降低产品成本，又能获得用户的认同。

比如，我们在开冰箱的时候，会发现冷藏柜的灯会亮，冷冻柜却不会亮。冰箱的这个特点，就源于企业对用户需求的把握。

在冷冻柜或者冷藏柜，安一盏开门会自动亮的灯，成本是差不多的。不过，从收益来看，冷藏柜安一盏灯后，用户找东西会很方便。而人们使用冷藏柜的次数要远多于冷冻柜，那么在冷藏柜安灯，对于用户来说更有帮助。所以，根据成本效益原则，在冷藏柜安灯既能贴近用户的需求，又可以节约企业成本。

不过，也会有用户认为在冷冻柜安装一盏灯是有必要的。有些高档冰箱的生产商就会根据这部分用户的需求，加大成本投入，不仅在冷冻柜安灯，甚至连每一层单独的冰格里都安上灯。

对于企业来说，只要用户有需求，愿意为这样的附加功能买单，他们是很乐意改进产品的。当然，冷冻柜有灯的冰箱售价要远高出一般的冰箱。

◎ 为什么女装的扣子在左边，男装的扣子却总在右边

针对不同购买群体时服装功能的不同需求，服装公司采用相应的统一标准，这一点并不足为奇。可奇怪的是，女士适用的标准与男士标准恰恰相反。如果标准完全是随便制定的，那则是另一回事。可男士标准明明也很适合于女士。毕竟，全世界90%以上的人（无论男女）都习惯使用右手，用右手从右边扣扣子要容易多了。

17世纪扣子最初问世的时候，只有有钱人的外套上才打扣子。按当时的风俗，男士自己穿衣服，女士则由仆人帮着穿。女士衬衣上的扣子打在左边，极大地方便了伺候女主人的仆人们。男士衬衫的扣子在右边，不仅因为大多数男人们是自己穿衣服，还因为用右手拔出挂在左腰上的剑，不容易被衬衫给兜住。

如今还有仆人伺候穿衣的女士恐怕所剩无几，为什么女装扣子依然留在左边呢？规范一经确立，就很难改变。既然所有女装衬衫的扣子都在左边，要是有哪家服装公司提供扣子在右边的女士衬衣，那就很危险。毕竟，女士们早就习惯了从左边扣扣子。一旦扣子换到右边，她们还得培养新习惯，改用新技巧。除却这一实际困难，部分女士恐怕还觉得，当众穿扣子在右边的衬衣叫人尴尬，因为看到的人会以为她穿的是男士衬衣。

微软公司早年开发办公软件的时候，曾出现过这样的事情。

他们在进行用户访谈时发现，很多用户抱怨微软的Word功能太多，很多功能很少用到，使用起来过于复杂。于是，根据用户的反映，微软的技术人员重新开发出一款新的产品——微软Write。Write使用简单，它只保留了Word中少部分实用的功能。

微软以为这样一来，用户满意度会大大提高。可是，事实却出乎技术人员的意料。再一次的市场调查显示，用户认为Write很垃圾，根本不是他们需要的产品。很快，Write便在市场上消失，迅速被人遗忘。

微软的这次失误，实际上在于技术人员只考虑到简单实用，而没有考虑用户更换不同产品的边际成本。

在大部分情况下，用户只会用到Word软件20%的功能。但如果因为其他80%的功能不常用，而选择一个只有其常用20%功能的Write，那一旦用户某天需要用到一个不常用功能时，就必须重新再去装一个Word。对于用户来说，更换一个产品的边际成本很大，不仅需要寻找合适软件，下载、安装，还要重新学习使用方法等。

所以绝大多数用户宁愿购买一个有许多不必要功能的Word，也不愿去选择一个简洁的Write。因为当需要运用那些不常用功能时，再支付时间、精力、金钱等众多边际成本，对于用户来讲实在得不偿失。

对于边际成本大的产品，我们一旦接受就不会轻易改变，我们习惯了。不过，对于那些边际成本低的产品，我们就没有这么好的耐心了。

比如网站，我们更换网站的成本只需要在搜索引擎中输入几个文字。如果发现某个网站使用复杂，就会轻易抛弃掉这个网站。软件这种更换成本大的产品，当然是大而全最好。即使像有许多用不着功能的 Word，我们也希望能够一劳永逸，永远不需要花费更多成本去更换和学习。而像网站这种更换成本低的产品，越简洁越好，最好一眼就能找到需要的内容。那些最清晰、学习成本最低的网站，即使功能不是最丰富的，也会是最吸引我们的。

◎ 为什么便利店没有客人也不关门

某晚，几个好友聚在小张的单身宿舍打扑克，激战至午夜，一个人说肚子饿了，这一说不要紧，大家都有了同感。找点吃的吧，可单身宿舍没有什么填肚子的，去外面买，都半夜 12 点多了，哪家店还会开门。

小张说话了："别急，楼下新开了一个便利店，24 小时营业，我这就给你们买东西去。"不一会儿，小张就提着一大袋方便面、饼干、饮料什么的进来了。大伙一边吃一边说："还是有这么一个商店方便，什么时候都能想吃就吃，想喝就喝。"

如今，中国的一线城市很多都已经有了 24 小时营业的商店。哪怕购物者凌晨 1 点肚子饿了，也能买到方便面或面包等食物。我们知道，整夜营业的商店会比那些正常营业的商店多出一笔额外开支，如空调和照明费用，晚间轮班的收银员、存货管理员的加班费等，很大程度上这些成本要比创造的额外利润高。那为什么这些商店还是坚持通宵营业呢？

顾客去哪家商店买东西，取决于几方面因素：价格、商品种类、商店位置和营业时长。大多数顾客一旦选中最符合自己要求的商店，以后买东西也会直接到那家店。对顾客而言，熟悉了一家店的摆设后，就不愿再花费精力到另一家店去找东西了。所以，让自己成为尽量多顾客的第一选择是众多商店的强烈动机。

通常，每一家店上架商品的价格和种类都相差不大，如果哪家店的上述因素有些差异，就可能促使一部分购物者选中那家店作为长期光顾的对象。在交通不发达的时候，人们一般不会专门到一家不顺路的商店买东西。但随着交通的发达、汽车的普及，商店的位置不再是人们购物要考虑的一大因素。如此一来，商家只好把差异性放在营业时间上了。

假设所有商店都在晚上10点关门、次日早晨8点开门，如果一家店把营业时间延长到晚上12点、次日早晨6点开门，它就能成为营业时间最长的店。即便那些很少在晚上12点或早上6点买东西的顾客，也会因此选中这家店作为自己买东西的地方。他会想，自己没准哪天就需要在半夜买东西，那样的话，这家商店就给自己带来了最大的便利。对给予自己方便的商店，人们会经常去那里购物，作为回报。所以，虽说商店在晚上12点或早上6点吸引到的顾客并不多，但由于它营业时间长，就能吸引到更多顾客长期到此购物。

当然，其他的商店不会坐视自己的顾客流失，它们也会采取相同的方式——延长营业时间。而这时，有些店就会把关门时间延长到凌晨1点或2点，开门时间提前至4点或5点。如果多营业一个小时的成本不太大的话，那么竞争的最终结果就成了现在的许多商店24小时营业。

当商店都选择24小时营业后，新顾客选中哪家店，就和它们的营业时间没什么关系了。这时商店会在其他方面继续彼此的竞争。例如，一家店以低廉的价格作为优势，在它那里经常能买到碰瘪了的听装啤酒或接近销售期限的食品，即所谓的处理品，价格可以便宜三分之一左右，因此经济不太宽裕的家庭会长期光顾此商店。另一家店以广告见长。它将印好的广告纸分发到附近地区的居民家中，广告上详细介绍该店在何时对什么商品大减价，居民可以在此期间去购买。有时候顾客还可以将广告单上的广告剪下来去店里直接兑换小礼物，如一瓶可乐、一听啤酒。这家店的高明之处在于，通过一些小优惠将顾客吸引到自己的店里来。要知道，只要顾客光临，平均每位顾客消费几十元，商店所获的利润就远远超过那些小优惠和小礼品了。

尽管竞争由营业时间的长短转向了其他方面，那些实施了 24 小时营业的商店也不会因此将营业时间变回到原来的 10 小时或 12 小时，毕竟这也是维持竞争优势的一个条件。

◎ 为什么苹果笔记本的颜色也值钱

2006 年 7 月 1 日，苹果公司的网站上公布了该公司 13 寸苹果笔记本电脑的价格。传统的白色机型卖 1299 美元，同一型号的黑色机型则卖 1499 美元。仔细一看，用户可发现，黑色机型配备的是 80G 硬盘，比白色机型的标配硬盘大 20G。情况似乎并无神秘之处，配置较好的机器价格自然更高。但再仔细看看，白色机型也可以选配 80G 硬盘。加价多少呢？仅仅 50 美元。这样一来，谜题出现了。为什么生产成本一样，黑色机型却比白色机型要贵150 美元呢？

其实这并不是苹果公司的专用花招。很多公司都会对其性能一样的产品推出不一样的包装，而价格却有天壤之别。就苹果公司而言，其在 2005 年秋 iPod 黑色版上市后就开始采取这一手段了。

一开始，黑色 iPod 的价格和传统的白色 iPod 价格一样，技术指标也一样，但对黑色机型的需求，立刻耗尽了公司的库存。尽管白色款的现货还很足，但由于黑色款新推出、有特色，更多的买家愿意预订它。两款机型定价一样，但白色款和黑色款的销量却相差甚远。2006 年引入新款苹果笔记本电脑时，公司有了新的主意：对黑色机型索价更高。不过，它的确有理由这么干。

黑色机型索价更高是否不公平呢？和提供航空旅行服务的平均成本一样，电脑公司生产电脑的平均成本，也是随着单位产量的增加大幅下降的。因为公司的研发成本，并不随产量的变化而变化。所以，公司可以以低于平均成本，但高于边际成本的价格销售部分产品，增加利润。但为了给研发成本上个保险，公司必须以高于平均成本的价格，销售其他产品。

在一个公平的世界里，那些最喜欢该公司研发部门设计的新颖功能的用户，会承担相当大一部分成本。对价格最不敏感的买家，大部分都愿意以高价购买新机型的时髦特性。研发项目给所有买家都带来了好处，但给那些愿意为了新特性多出钱的用户带来的好处最大。给黑色机型定高价，一方面是公司对于黑白不同款产品销量进行的价格调节，即对于供不应求的黑色款定高价，从而抑制一部分对于颜色没有太大偏好的人转而选择白色，促进白色款的销量；另一方面，以价格作为门槛使得黑色款更为稀缺，使得钟情于黑色款的买家获得了更高的心理满足。

如果你就是追求限量版、明星版的时尚达人或狂热粉丝，那么，再高的定价对你而言依然物有所值。如果觉得不值，那么，花更少的钱买非限量版吧！在同质化商品竞争激烈的现在，苹果的这一招数已没有什么新奇的了。从汽车到手机到可乐，花样繁多的限量版、明星签名版等，无一不是这一手段的深入应用。

小齐去买衣服时碰到了一件很难接受的事。衣服买回来发现有点问题，就拿去换一下。营业员态度很好，说因为是毛衣，只是脱线了，就给她补了一下。

本来就是一点点问题，她们态度也很好而且帮她弄好了，她就说了声"谢谢"准备走了。往外走时，小齐突然看到一件跟她买的款式一模一样，但颜色不一样的一件衣服，就拿起来看了看。这件是蓝色的，价格竟然比她那件便宜50块。她十分不解，问了营业员，营业员却说她们就是这样标价的。款式一样，颜色不一样，价钱也不一样的有很多。

这就是商家的经营策略，不同的颜色在价格上拉开档次，满足某些人的虚荣心，更是为了赚更多的钱。

丰产如何实现丰收：市场调节与供需关系

◎ 为什么玉米密植却不能高产

一些地方曾经把传统的两季稻改为三季稻，结果总产量反而减少了。两季稻是农民长期生产经验的总结，它行之有效，说明在传统农业技术下，土地已经得到了充分利用。改为三季稻之后，土地过度利用引起肥力下降，设备、肥料、水利资源等由两次使用改为3次使用，每次使用的数量不足，这样，三季稻的总产量就低于两季稻了。

四川省把三季稻改为两季稻之后，全省粮食产量反而增加了。江苏省邢江县1980年的试验结果表明，两季稻每亩总产量达2014斤，而三季稻只有1510斤。更不用说两季稻还节省了生产成本。群众总结的经验是"三三见九，不如二五一十"。

这就是对边际产量递减规律的形象说明。从经济学的角度看，这是因为违背了边际产量递减规律。土壤过度使用肥力下降；水资源、肥料等由3次改为2次，单次使用量增大；种两季比种三季人力投入、占用时间要少，所以农民会精耕细作；最重要的是，边际产量递减……

种植密度太大是当前夏玉米生产中尤为突出的问题。如一些地方的农民种植农大108玉米时每亩留苗竟多达5000余株，较该品种的适宜密度高出约 1/3。由于密度太大，导致单株生长发育不良、空秆率高，且雌穗秃尖的现象也很严重。此外，密度过大时还会发生不同程度的倒伏，造成减产。

合理密植是实现夏玉米高产的重要一环。每个品种都有各自的适宜密度范围，切忌随意增加密度。此外，同一品种的密度还要视地力、播期的不同灵活掌握（肥力较高的地块宜密植，中下等肥力地块宜稀植；早播地块宜稀植，晚播地块宜密植）。

一个面包坊有两个烤炉，作为可变生产要素的工人从 1 个增加到 2 个时，面包的边际产量和总产量都会增加。如果增加到 3 个工人，1 个工人打杂，尽管这个工人增加的产量不如第 2 个工人（边际产量递减），但总产量仍增加了。如果增加第 4 个工人，面包坊内拥挤，工人之间发生矛盾，总产量反而减少了。

当一种投入，如劳动等，被更多地追加于既定数量的土地、机器和其他投入要素上时，每单位劳动所能发挥作用的对象会越来越有限。土地会越来越拥挤，机器会被过度地使用，从而劳动的边际产量会下降。企业虽然增加了投入，但收入却在递减。

边际产量递减规律在各行各业都存在，所以要防止过度开发、过度投入的不经济现象。

◎ 为什么劣马赛出好成绩

《史记》中记载了"田忌赛马"的故事：

田忌经常与齐威王及诸公子赛马，设重金赌注。但每次田忌和齐王赛马都会输，原因是田忌的马比齐王的马稍逊一筹。孙膑通过观察发现，齐王和田忌的马大致可分为上、中、下三等，于是，孙膑对田忌说："您只管下大赌注，我能让您取胜。"田忌相信并答应了他，与齐王和诸公子用千金来赌胜。比赛即将开始，孙膑说："用您的下等马对付他们的上等马，拿您的上等马对付他们的中等马，拿您的中等马对付他们的下等马。"三场比赛过后，田忌一场落败而两场得胜，最终赢得齐王的千金赌注。

后来，田忌把孙膑推荐给齐威王。齐威王向他请教兵法后，就请他当自己的老师。孙膑的才学有了更宽广的用武之地。

同样是三匹马，由于选择的配置方法不同，结果就大不相同。田忌的马要比齐王的马低劣，在这样的约束前提下，孙膑只是利用选择配置的不同就赢得了比赛。在做选择的过程中，我们应该学习"田忌赛马"中孙膑权衡取舍的智慧。

一般来说，资源如果能够得到相对合理的配置，经济效益就会显著提高，经济就能充满活力；否则，经济效益就会明显低下，经济发展就会受到阻碍。

"权衡取舍"的情况随处可见，与人们的生活息息相关。每个人都会面临各种各样的选择，生活就是在不断地"权衡取舍"。你有买一套衣服的预算，但同时看中了两套各具特色的衣服，究竟选择哪一套？你攒了一笔钱，准备添置新的家具，是买一套组合柜呢，还是买一台录像机？你大学快毕业了，是攻读研究生继续深造，还是去工作赚钱？两个男人都很喜欢你，你是选择有钱的，还是选择有才的……做这些决策的过程其实就是"权衡取舍"的过程。

如果几种选择之间优劣分明，做出取舍是再容易不过的事情。比如，有两家公司，情况差不多，一个答应付你每月2000

元，另一个答应付你2500元，应该去哪家公司是不言自明的。但如果都愿付你2500元，你就很难判断去哪一家更好，这时我们就要费心权衡了。在甲、乙两公司均愿意每月付给你2500元工资的例子中，如果你接受了甲公司的工作，在你得到每月2500元工资的同时，你就会失掉乙公司每月付你2500元的机会，正因为这样，所以我们在做权衡时才会感到为难。

其实每个人都会面临"权衡取舍"，大致上会体现如下的规律：每个人都会自然地作出趋利避害的决策，选择对自己利益最大化的结果；人们会清楚认识到自己面临的选择约束条件，以尽可能实现自己付出的代价最小化。"权衡取舍"的情况越多，意味着人们的选择和自由度越大。

现代社会可供选择的对象太多了，我们该如何选择，也是在考验我们"权衡取舍"的智慧。商业社会有很多人患有"选择型恐惧症"，就是因为自己的选择一再失误，从而不敢再去做选择了。因此，"权衡取舍"是一门高深的学问，以经济学的思维思考问题，对于我们的选择必将有所裨益。

◎ 为什么企业不是越大越好

"淝水之战"是我国历史上著名的一次战役。

公元383年8月，前秦皇帝苻坚亲率步兵60万、骑兵27万、羽林郎（禁卫军）3万，共90万大军从长安南下，同时，苻坚又命梓潼太守裴元略率水师7万从巴蜀顺流东下，向建康进军。近百万行军队伍"前后千里，旗鼓相望。东西万里，水陆齐进"。苻坚骄狂地宣称："以吾之众旅，投鞭于江，足断其流。"这就是成语"投鞭断流"的来历。

东晋在强敌压境，面临生死存亡的危急关头，以丞相谢安为首的主战派决意奋起抵御。经谢安举荐，东晋皇帝任命谢安之弟谢石为征讨大都督，谢安之侄谢玄为先锋，率领经过 7 年训练，有较强战斗力的 8 万北府兵沿淮河西上，迎击秦军主力；派胡彬率领水军 5000 增援战略要地寿阳（今安徽寿县）；又任命桓冲为江州刺史，率 10 万晋军控制长江中游，阻止秦巴蜀军顺江东下。

双方在淝水展开激战。结果，前秦军被歼和逃散的共有 70 多万。唯有鲜卑慕容垂部的 3 万人马完整无损。符坚统一南北的希望彻底破灭。不仅如此，北方暂时统一的局面也随之解体，再次分裂成更多的地方民族政权。鲜卑族的慕容垂和羌族的姚苌等贵族重新崛起，各自建立了新的国家。符坚本人也在两年后被姚苌俘杀，前秦随之灭亡。

前秦的军队规模不可谓不大，但最终还是吃了败仗。看来，规模不一定能产生必然的正面效果。

若厂商的产量扩大一倍，而厂商增加的成本低于一倍，则称厂商的生产存在"规模经济"，与"规模经济"相对应的是"规模不经济"。一般来说，随着产量的增加，厂商的生产规模会逐渐扩大，最终使得生产处于规模经济阶段。

产生规模经济的原因主要有四点：第一，随着生产规模的扩大，厂商可以使用更加先进的生产技术。在实际生活中，机器、设备往往具有不可分割性，有些设备只有在较大的生产规模下才能得到使用。第二，规模扩大有利于专业分工。第三，随着规模扩大，厂商可以更为充分地开发和利用各种生产要素，包括一些副产品。第四，随着规模扩大，厂商在生产要素的购买和产品的销售方面拥有更多的优势，随着产量的增加，这些优势会逐渐显示出来。

但是，"规模经济"并不意味着规模越大越好，对于特定的生产技术，当规模扩大到一定程度后，生产就会出现"规模不经济"。造成"规模不经济"的原因主要是管理的低效率。由于规模过大，信息传递费用增加，信号失真，滋生官僚主义，使得规模扩大所带来了成本增加更大，出现"规模不经济"。

在现实中，采取多大规模能实现成本最小化，取决于企业生产与市场的特点。

从生产的角度看，一个行业所使用的设备越大，越专业化，技术越复杂，创新越重要，规模就越大越好。从市场的角度看，产品标准化程度越高，需求越稳定，规模就可以越大。例如，在钢铁、化工、汽车等重型制造业中，这些企业的规模往往相当巨大，小企业难以在这些行业中生存。

相反，如果一个行业使用的设备并不是大型的，技术与生产工艺也不复杂，技术创新所需的资金和承担的风险并不大。从市场的角度看，产品标准化程度低，需求多变，规模就可以小一些。

所以，对于企业或个人来说，究竟是规模大一点好，还是规模小一点好，得依据现实情况而定。

◎ 为什么香蕉丰产不丰收

广西南宁市西乡塘区的坛洛镇，是广西香蕉的主产地之一，有着"中国香蕉之乡"的美称。由于天气转暖，村民们纷纷将自家种植的香蕉运往镇里的香蕉交易市场，寻找买家，希望卖出自己的香蕉。

"你这个是收购的？""是收的。""多少钱这一串？"

"7元钱。""这一串大概有多少斤？""大概有60斤。"

"相当于多少钱一斤？""一角多。"

香蕉进入成熟期以后，收获和卖出的时间很短，一旦卖不出去，香蕉的外皮爆裂以后，就无法销售了。他们现在低价大量收购的都是进入成熟期蕉农没有卖出去的香蕉。而这一堆香蕉的价格低得更是让人想不到。

已经进入成熟期的香蕉价格低得惊人，而处在最佳销售期的香蕉去年一般每斤的价格在8角钱左右，而现在只能卖4角，扣除中间人每斤2分钱的提成，蕉农真正卖出的价格只有3角8分钱。

卢校珠是南宁西乡塘区坛洛镇的香蕉种植户，去年因为香蕉的价格好，夫妻俩拿出全部家当投入8万多元，种植了30多亩的香蕉。由于投入的增加以及有着多年的香蕉种植经验，2009年家里的香蕉喜获丰收。往年（每棵树）30斤到40斤一串，现在（每棵树）60斤到70斤，差不多增产一倍。

为了使香蕉能够在收割的时节快速从田里运出，卖个好价钱，卢校珠夫妇不久前还专门花了3.4万元，买了一辆小货车。因为他们对于2009年的收入有着更多的期盼。30多亩（香蕉），估计能赚个8万元到10万元。

正当卢校珠夫妻俩沉浸在丰收的喜悦中时，2009年9月，卢校珠从稀少的香蕉收购商的数量上，看到了2009年香蕉行情出现的危机。

"价格低是对我们最大的打击，辛苦多年，投资都投下去了，现在都收不回来，打击这样大，承受不了。"

在卢校珠种植的香蕉园里，已经成熟的香蕉成片地倒在地里，因为没有经销商来收购，地上的香蕉已经没人打理了。

"（这片地）等于放弃了，早就放弃了，都没心情管了，心情不好怎么管。"对于2009年种植香蕉出现的这种行情，卢校珠夫妇显得非常痛心也非常无奈。"心里很难受，香蕉卖不出去，今年都亏本了，明年就没有钱投资了。"

卢校珠夫妇算了一笔账，一亩地种植香蕉120株，他们租地花费了750元，树苗84元，肥料1360元，水电农药费用240元，防寒袋、绳索为120元，也就是说种植一亩香蕉的成本一般在2500元左右。而卢校珠一家因为已经成熟的20亩香蕉基本上"颗粒无收"，2009年预计要亏损7万多元。

广西2009年香蕉大丰收，但蕉农们非但没增收，反倒损失惨重。因为数十万吨的香蕉卖不出去，价格跌到了"地板价"，甚至只能眼睁睁看着香蕉烂在地里。这样的情形的确很反常。

许多地方和许多香蕉种植户，在投资扩大香蕉种植面积的时候，往往只顾按去年的行情算可能的收益，却忽视了产量暴增，价格暴跌所带来的市场风险。而当你忽视风险的时候，风险就已经悄悄地来到你的面前。

由于去年香蕉价格的暴增，蕉农们纷纷扩大了自己的种植面积，加上香蕉在生长期风调雨顺，蕉农们在施肥等田间管理上不断加大投入，使香蕉的产量快速增长。

"供大于求"，这在农民听起来真是个可怕的字眼，因为这四个字对他们来说，就意味着风险和损失。除了香蕉，还有像柑橘、白菜、牛奶等这些农副产品，这几年也时不时遭遇"过剩滞销"。这似乎成了农业发展中的一个怪圈——农民增产不增收。

"谷贱伤农"是经济学的一个经典问题。在丰收的年份，农民的收入反而减少了。当粮食大幅增产后，农民为了卖掉手中的粮食，只能竞相降价。但是由于粮食需求缺少弹性，只有在农民大幅降低粮价后才能将手中的粮食卖出。这就意味着，在粮食丰收时往往粮价要大幅下跌。如果出现粮价下跌的百分比超过粮食增产的百分比，则就出现增产不增收甚至减收的状况，这就是"谷贱伤农"。

一些地方的农民往往只注重农产品的种植过程，而忽视了市场，缺乏培育当地产业化、市场化的经营能力。

在农民的生产和市场之间，缺少一个有效的经营载体，缺少有责任的产业载体。好卖的时候，大家（经销商）都来抢，不好卖的时候谁都不来了。如果是把农民增收的希望寄托在这么一个变数非常大的市场流通体系上，这样的问题还会继续发生。

你能不能赚大钱：理财中的经济学

为什么 GDP 增长，你的收入却没有增加

◎ 为什么不用为打破的玻璃难过

一日，经济学家坐在桌前看书。妻子在擦窗户。小儿子非常顽皮，在街上玩的时候，用石头扔妈妈，没想到一不小心，将刚擦好的玻璃打碎了。妻子非常生气，抓住孩子就要打。经济学家突然喝道："为什么要打孩子？他打碎一块玻璃，却能让装玻璃的工人有活干，能让玻璃厂多生产一块玻璃，能增加一个工人的工资，增加了国家多少的GDP啊。"妻子听了非常生气："那我呢，我辛辛苦苦擦的玻璃就这样被打碎了，我岂不是白忙了？"经济学家答道："本来你擦玻璃对GDP就没什么贡献，也没什么好难过的。"妻子听后，险些晕倒。

孩子打碎玻璃，带来经济的增长，妻子擦玻璃却对经济没有任何贡献，这道理从何说起？按照经济学家的解释，家里的门窗玻璃被打破了，的确是一种财产损失，但因过后要修理，安上新的玻璃，于是家里就会增加开支，构成需求，从而创造了新的GDP，刺激了经济，这未尝不是一件好事。而妻子的家务活动，因为没有挣到薪水，所以对GDP的增长没有贡献。

怪诞的解释方法，让人觉得有些不解。难不成以后应当鼓励孩子多砸几块玻璃，鼓励妻子做家务要收费（通过收费服务而增

加GDP)？黑色的幽默，不禁让人困惑。但经济学中确实有这样的道理。在灾难经济学中，有一个词语叫"破窗效应"，就是来形容灾害对经济产生的多重作用的。

"破窗效应"是指由于灾害导致经济受到损失，但在这之后为了救灾以及灾后重建，会导致投入的增加，从而对经济产生拉动作用。

在这里，打碎玻璃的行为，就像是一种人为的"灾难"，它虽然会对经济造成不利影响，但由于"灾后重建"会拉动需求，反而成了促使经济发展的好事。尽管有些讽刺，却的确存在这样的效果。西方的一些经济学者还利用凯恩斯关于乌托邦社会的假设来说明这点。

乌托邦国已经一片混乱。整个社会的经济陷入衰退之中，工厂倒闭，工人失业，人们无家可归，饿殍遍野……这个时候，一名经济学家向政府建议："我们应该在这时创造一个经济发展的契机。例如，一场人为的灾难或许会带来好的结果。"

尽管人们半信半疑，但还是听从了这一意见，要在城市中制造一个人为的破坏——在市中心的道路上挖一个很大很大的坑。

于是，经济学家要求雇用200个人来执行这一任务。很快，200个人就购买了200把铁锹。这样，生产铁锹的企业、生产钢铁的企业、生产锹把的企业相继开工了。接下来工人开始上班、吃饭、穿衣……随后，交通部门、食品企业、服装企业也相继开工了。大坑挖好后，政府又雇用200个人将这个大坑填埋上，这样又需要200把铁锹……死气沉沉的市场逐渐复苏了。经济恢复之后，政府通过税收，偿还了挖坑时发行的债券。一切又恢复正常，人们再次过上了幸福的生活……

乌托邦的故事，无论从哪个角度看都有些滑稽。人们在经济发展缓慢时，就为自己制造一些"灾难"，这符合逻辑吗？何况，现实中真正的灾难留给人们的痛苦，恐怕要远远超过这些经济的发展吧。

以我国为例，我国第一次全面研究"破窗效应"就是在1998年发生特大洪水的时候。当时洪水对长江中游地区造成了巨大的财产损失，同时又恰逢亚洲金融危机，国家经济面临很大的压力，经济增长速度放缓。就在这个时候，有学者提出不妨利用"破窗效应"，通过抗洪救灾及加大灾后重建的力度来拉动内需。此方法一出，就受到了很多人的支持。政府立即转变人们的悲伤情绪，制定了整套的扩大需求、刺激经济的政策。经过全国人民的共同努力，最终，我们战胜了洪灾，在经济上也摆脱了亚洲金融危机的冲击，重新回到了快速增长的轨道。

面对国际金融危机带来的严重冲击，党中央、国务院于2008年11月5日出台扩大内需、促进经济增长的一揽子经济刺激计划。

一年之后，这个一揽子计划政策效应初步显现。2009年前三季度GDP同比增长达到7.7%，"全年'保八'增长毫无悬念。"国务院发展研究中心研究员张立群认为，"这意味着中国经济抵御各种冲击的能力已经上了一个新的台阶。"

GDP表示一个国家的经济总量，这代表一国的经济实力和财富，是人民福利增加的基础。没有GDP的增长，绝不可能有福利增加。追求GDP是各国政府的共同目标，这是没有错的。但经济的总量增长并不意味着每个人的收入都有所增加。

42 岁的焦光书是贵州省安顺市平坝区乐平乡清峰村村民。"种粮食不挣钱，家里的收入基本靠打工。"他说，"去年收了 1000 斤苞谷、1000 斤稻谷。苞谷基本用来养猪，稻谷只够吃，基本没卖。苞谷地间种了油菜，收了 700 斤，卖了 1000 来块钱。可这 3 亩地的投入就要 1000 多块。"

"我只有用打工挣点养猪的饲料钱，补贴家用。"焦光书由于没有技术，只能在平坝县城工地上做点小工，每天 50 元。

2009 年，村里危房改造后住上了新房，政府免费建了沼气池，省掉了做饭的煤炭钱，不过家里的纯收入也不会超过两千元。"一是村里搞危房改造，外出打工少了；二是 2009 年毛猪价格跌了，从往年的 8 块 3 掉到 4 块 9，2009 年卖了 3 头猪，只卖得 3000 来块，比往年少了 2000 多块。"

焦光书家一年中较大的开支是每月需要交付的十七八块钱的电费，还有洗衣粉钱。"洗衣粉一年下来要四五十块，算是我家很大的支出！"

GDP 是一个总量指数，没有反映出人均收入状况。在经济发展的某一阶段，随着 GDP 增长会出现收入分配差距扩大的现象。这时，GDP 增长反而会引起人民福利的下降。GDP 也好，人均 GDP 也好，都无法反映收入分配状况，出现"富裕中的贫困"这种不正常现象。

◎ 为什么汇率能让你吃到免费的午餐

美国和墨西哥的边境生活着一群农民。他们中大多数人老老实实地种地。但有一个人例外。这是一个非常精明的人。他仅仅依靠 20 美元就过上了小康生活。

每天，这个农民在早上起来后，先在美国这边的酒店花 2 美元买一杯啤酒和一盘牛排。吃完后，他就带着 18 美元来到墨西哥。此时，时间已经差不多到了中午。他在当地银行按 1：3 的汇率，将 18 美元换成 54 比索，然后拿出 6 比索，在当地饭店继续喝一杯啤酒，吃一盘牛排。等到了晚上，他再拿着剩余的 48 比索回到美国，根据此国 1：2.4 的汇率，换成 20 美元。这样，一天下来，他就白白享用了啤酒和牛排。一年多来，他一直重复这样的行程。

这个农民怎么能平白无故地吃到免费的午餐？其中的秘密就在于他机智地运用了国家与国家之间的汇率。早上，农民在美国花费 2 美元后，来到墨西哥即中午，此时，因某些因素影响，墨西哥的货币价值被低估，因此 1 美元能兑换 3 比索。等农民晚上回到美国，随着外汇因素的变动，墨西哥的货币币值上升，于是 1 美元只能兑换 2.4 比索。看农民在这一天中的行为——他先选择投资价值被低估的比索，再回到美国，获得比索上涨后带来的利益。可见，是两国的汇率变动为他买了单。

不要以为农民的行为既可笑又不切实际。那些经常在汇率市场上投机的冒险家会告诉你，现实正是如此。每一天，汇率都会因为诸多因素不停变动，农民的行为完全可行。更何况，那些外汇市场上的投机家做的不都是这类营生？

汇率亦称"外汇行市或汇价"。一国货币兑换另一国货币的比率，是以一种货币表示另一种货币的价格。

其实，根据经济学中的概念，汇率主要是利用于两国的贸易之中。因为当两国要进行贸易时，由于世界各国货币的名称不同，币值不一，所以一国货币对其他国家的货币必须规定一个固定值，即汇率，当这个汇率固定好后，人们就会按照它进行交易。

在上述故事中，两国采用的都是间接标价法，即都是以 1 个单位的本币来做标准。接着，我们看到，汇率通常直接关系到一个国家商品和消费的变动。（因为一个国家生产的商品都是按本国货币来计算成本的）于是，聪明的农民，就利用这一点，将两国中间的贸易变成了对个人有利的一项交易活动——根据美国和墨西哥之间在早晚的汇率差异而为自己赚取了一份免费的午餐。更确切地说，他利用了国际经济学上的套利活动。

按照经济学的常理，汇率下降时，将会引起进口商品在国内的价格上涨，对外国出口的商品便宜。而汇率上涨时，将导致进口品的价格降低，出口品的价格升高。物价水平会直接将汇率变动的影响传到百姓的日常生活中。

从此角度看，汇率的变动不仅仅是政府调控国际贸易情况的重要因素，对民众经济生活的影响也不可小看。所以，在制定日后的汇率政策时，政府更应慎重地考量，它的变动会给民众的生活带来些什么？

以前，一般人对外汇市场的了解仅是一个外币的概念，然而历经几个时期的演进，它已较能为一般人所了解，而且已应用外汇交易为理财工具。汇率理财，简单地说，就是在低价的时候买进某一币种，而在高价的时候抛出去。人民币升值预期的声音也再次响起。在人民币升值的预期中，投资者其实可以利用一些好的币种和投资产品来提升手头外汇资产的收益。

◎ 为什么 CPI 能告诉你钱值不值钱

有人曾经列举了30年前的1元钱与现在的1元钱之间的区别：

30年前，1元钱能做什么？

交一个孩子0.6个学期的学杂费（一个学期1.6元），治疗一次感冒发烧（含打针），买20个雪糕、7斤大米、50斤番茄、20斤小白菜、20个鸡蛋，到电影院看5次电影，乘20次公交车。

现在的某个不特定时间点，1元钱能够做什么？

乘公交车1次（非空调车）、买2个鸡蛋，夏天买0.5斤小白菜、0.8斤番茄、0.7斤大米，看病挂号1次（最便宜的门诊），缴纳小孩学杂费的1/800，看0.05次电影。

为什么会有如此巨大的差异？简单地说，是由于物价（CPI）上涨了，钱不值钱了。所以一块钱买的东西越来越少了。

CPI恐怕是大家谈论最多的经济词汇了。确实，我们周边的很多朋友，不管他从事什么工作，不管他的年纪是长是幼，甚至连英文字母都不认识的老大妈，都在谈论CPI。对于普通百姓而言，大家对CPI的关注归根结底还是对日常生活所需品的价格变化，比如说猪肉的价格变化、面粉的价格变化、蔬菜的价格变化等的关注。那么CPI能如实地反映出老百姓最关心的日常生活费用的增长吗？

我们先来了解一下到底什么是CPI。所谓CPI，即消费者物价指数（Consumer Price Index），英文缩写为CPI，是反映与居民生活有关的产品及劳务价格统计出来的物价变动指标，通常作为衡量通货膨胀水平的重要指标。

如果消费者物价指数升幅过大，表明通胀已经成为经济不稳定因素，央行会有紧缩货币政策和财政政策的风险，从而造成经济前景不明朗。一般来说，当CPI>3%的增幅时，我们把它称为通货膨胀；而当CPI>5%的增幅时，我们把它称为严重的通货膨胀。鉴于以上原因，该指数过高的升幅往往不被市场欢迎。例如，某一年，消费者物价指数上升2.5%，则表示你的生活成本比上一年平均上升2.5%。当生活成本提高，你拥有的金钱价值便随之下降。换句话说，一年前面值100元的纸币，现在只能买到价值97.5元的货品及服务。

CPI是怎样计算的？其实CPI的整个计算过程你不需要知道，你只需要知道，通常你买猪肉或喝饮料的平均价格就是CPI。CPI的上涨意味着你承担的日常花费也在上涨。例如，2007年我国CPI上涨达到4.8%，也就是说，你日常的花费增加了4.8%。

但是真实的日常生活费用情况CPI是反映不出来的，有时我们对物价的感觉与公布的统计数据会有差异。我国CPI当中包含八大类商品：第一类是食品，第二类是烟酒及其用品，第三类是衣着，第四类是家庭设备用品和维修服务，第五类是医疗保健和个人用品，第六类是交通和通信，第七类是娱乐、教育、文化用品和服务，第八类是居住。与居民消费相关的所有类别都包括在这八大类中。在CPI价格体系中，食品类权重占到32.74%。

与老百姓生活密切相关的是生活必需品的价格，即以肉类为代表的食品的价格。它与电视机、电冰箱的价格有着很大的差别。电视机、电冰箱价格上涨了，我们可以不买，没有这些东西我们照样能活下去；房价高得离谱，买不起就不买了，可以租房子住，尽管房租也涨了。但是，鸡鸭鱼肉等食品价格上涨了，我们却不能不买，离开它们，我们还怎么活！

而CPI里面最重要的组成部分，并且被严重低估的就是鸡鸭鱼肉等食品的价格——它导致你吃饭的花费大幅上涨。例如猪肉价格上涨26%，蛋类价格上涨37%，也就是说，你每吃一顿肉就要多付26%的钱，吃一顿鸡蛋就多付37%的钱。倘若这种情况并没有得到改善，反而进一步加剧，每一个老百姓吃饭的花费平均增加了50%，也就是说，你一日三顿，不管是早点、中餐还是晚饭，你每吃一顿饭就得多付50%的钱。

然而50%的吃饭费用的上升没有直接反映在CPI里面，为什么？因为CPI是我们所有用到的消费品的平均数，刚才我们说到的4.8%代表所有消费品的增长。所以真正重要的指标不能从整体去看，要单个来看，看肉价上升多少，大米价格上升多少，食用油价格上升多少等。CPI并不能如实反映日常生活费用的增长，要想了解日常生活费用的增长，你只有单个去看。

随着CPI的上涨，钱就会不断地贬值，这时候我们就不应该把钱存在自己的家里或银行，而应该拿出来投资，让钱增值。

◎ 为什么爱因斯坦认为复利是世界第八大奇迹

爱因斯坦曾这样感慨道："复利堪称是世界第八大奇迹，其威力甚至超过原子弹。"古印度的一个传说证实了爱因斯坦的说法。

古印度的舍罕王准备奖励自己的宰相西萨班达依尔，此人发明了国际象棋。舍罕王问西萨班达依尔想要什么，西萨班达依尔拿出一个小小的国际象棋棋盘，然后对国王说："陛下，金银财宝我都不要，我只要麦子。您在这张棋盘的第 1 个小格里，放 1 粒麦子，在第 2 个小格里放 2 粒，第 3 个小格放 4 粒，以后每个小格都比前一小格多一倍。然后，您将摆满棋盘上所有 64 格的麦子，都赏给我就可以了！"

舍罕王看了看那个小棋盘，觉得这个要求实在太容易满足了，当场就答应了。

不过，当国王的奴隶们将麦子一格格开始放时，舍罕王才发现：就是把全印度甚至全世界的麦子都拿过来，也满足不了宰相的要求。

那么这个宰相要求的麦粒究竟有多少呢？有人曾计算过，按照这种方式填满整个棋盘大约需要 820 亿吨麦子。即使按照现在全球麦子的产量来计算，也需要 550 年才能满足西萨班达依尔的要求。

复利竟有如此神奇的力量，那么究竟什么是复利呢？复利和高利贷的计算方法基本一致，它是将本金及其产生的利息一并计算，也就是人们常说的"利滚利"。如果拿 10 万元进行投资的话，以每年 15% 的收益来计算，第二年的收益并入本金就是 11.5 万元，然后将这 11.5 万元作为本金再次投资，等到 15 年之后拥有的资产就是原来的 8 倍，也就是 80 万元，而且这笔投资还将继续以每 5 年翻一番的速度急速增长。

这其实是一个按照 100% 复利计算递增的事例。不过在现实中，100% 的复利增长是很难实现的。即使是股神巴菲特的伯克希尔哈撒韦公司，在 1993 年到 2007 年的 15 年里，年平均回报率也仅为 23.5%。

不过，即使只有这样的复利增长，其结果也是惊人的。金融领域有个著名的"72 法则"：如果以 1% 的复利来计息，经过 72 年后，本金就会翻一番。根据这个法则，用 72 除以投资回报率，就能够轻易算出本金翻番所需要的时间。

比如，如果投资的平均年回报率为 10%，那么只要 7.2 年后，本金就可以翻一番。如果投资 10 万元，7.2 年后就变成 20 万元，14.4 年后变成 40 万元，21.6 年之后变成 80 万元，28.8 年之后就可以达到 160 万元。每年 10% 的投资回报率，并非难事。由此可见复利是多么地神奇。

要想财富增值，首先必须进行投资。根据"72 法则"，回报率越高，复利带来的效应收益越大。银行的存款利息过低，所以储蓄并不是增值财富的根本选择。要想保持高的收益，让复利一展神奇的话，那就需要进行高回报率的投资。

从复利的增长趋势来看，时间越长，复利产生的效应也就越大。所以，如果希望得到较高的回报，就要充分利用这种效应。进行投资的时间越早，复利带来的收益越大。在条件允许的情况下，只要有了资金来源，就需要进行制定并开始执行投资理财的计划。

复利的原理告诉我们，只要保持稳定的常年收益率，就能够实现丰厚的利润。在进行投资的选择时，一定要注重那些有着持续稳定收益率的领域。一般情况下，年收益率在 15% 左右最为理想，这样的收益率既不高也不低，稳定易于实现。找到稳定收益率的领域后，只要坚持长期投资，复利会让财富迅速增值。

但要注意到，复利的收益是在连续计算的时候，才会有神奇的效应。这就要求我们在投资的时候，要防止亏损。如果一两年内，收益平平还不要紧，一旦出现严重亏损，就会前功尽弃，复利的神奇也会消失殆尽，一切又得从头开始。利用复利进行投资时，需要谨记的是：避免出现大的亏损，一切以"稳"为重。

华人世界的首富李嘉诚先生自 16 岁白手起家，到 73 岁时，他的资产达到了 126 亿美元。对于普通人来说，这是一个天文数字，李嘉诚最终却做到了。李嘉诚的成功并不是一两次的暴利，而在于他有着持久、稳定的收益。

让李嘉诚的财富不断增值的神奇工具就是复利。复利的神奇在于资本的稳步增长。要想利用复利使财富增值，就得注重资本的逐步积累。改掉随意花钱的习惯，是普通人走向复利增值的第一步。

所以，我们要学会每天积累一些资金，现在花了 1 元钱，持续投资，将种子养成大树。所以说成功的关键就是端正态度，设立一个长期可行的方案持之以恒地去做，成功会离我们越来越近。

◎ 为什么税收可以避免

税收是国家为了实现其职能，按照法定标准，无偿取得财政收入的一种手段，是国家凭借政治权力参与国民收入分配和再分配而形成的一种特定分配关系。税收的种类多如牛毛。

改名税：比利时新的法律，父母可以任意给孩子改名，但必须交纳 200 比利时法郎的"改名税"。

乞丐税：法国巴黎的香榭丽舍大道，是世界上最有名的大道，外地乞丐和流浪汉纷纷涌到这儿时，使当局感到大煞风景。于是规定，只有交纳1.5万法郎税款的乞丐，方能获得准许在此大道上行乞。

狗税：匈牙利人喜欢养狗，自18世纪以来，一直征收狗税。

钓鱼税：在荷兰，湖泊日趋减少，而钓鱼者越来越多，为此政府制定《垂钓管理法规》，规定垂钓者应照章纳税，税额按区域等级而定。

未婚妈妈税：美国威斯康星州通过法令，对未婚但有私生子的少女征税。这样做是为了对未婚妈妈的家长施加压力，让他们管好自己的女儿。未婚妈妈满18岁以后征税停止。

吃饭税：在美国，公款请客吃饭，要按饭金的50%交税，并在饭后两小时内向税务局交纳税款。

小便税：在古罗马莱维尼斯帕西安时期，国家开征了小便税。理由是，有些厂家利用阴沟里的尿液制造氨水。

离婚税：美国加利福尼亚州规定，结婚不满1年，未生养又无贵重财产的夫妻，欲离婚只要向州政府法律部门寄30美元离婚税，并保证双方无争执地分割财产，其离婚即自动生效。

虽然这些看起来非常好笑，近乎荒诞，但也告诉我们，税收也是生活的重压。

富兰克林说过"人这一生中只有两件事无法避免：一是死亡，二是纳税"。税收是生活中每天都要发生的，当你领取工资或是购买商品时都要纳税。在你每赚到的一元钱中有1/5左右用来交税。

其实，如果你了解了税收法律法规，就能帮助你减少税收负担。野蛮者抗税、愚昧者偷税、糊涂者漏税、精明者避税。纳税人可以在法律允许的范围内，通过事先安排和筹划，充分利用优惠和差别待遇，以减轻税负，达到整体税后利润最大化。

我们每个人日常生活中也要交税。劳动所得要缴纳个人所得税，购买高档消费品要缴纳购置税，开车加油要缴纳燃油税……

避税和逃税不同，避税是在合理的方式下，减少税务支出，而逃税是在必须纳税的项目上不纳。合理避税也称为节税或税务筹划，指纳税人根据政府的税收政策导向，通过经营结构和交易活动的安排，对纳税方案进行优化选择，以减轻纳税负担，取得正当的税收利益。

合理避税有合法性、超前性、目的性等特点。要想合理避税，下面还有些高招，可以让读者借鉴。

1. 报酬分批次

在生活中，有这样一类提供劳动服务的人群，他们在业余时间做兼职，然后收取报酬。如果你的报酬是一次性付清，你最好分批次申报，分批次上银行领取。

小李空余时间为某单位提供电脑技术培训，该公司每半年或者一年给小李报酬，大约7万元。这时候，如果他按照一次的收入申报，那大约要缴纳税款1万多元，而若按分批次后申报纳税（每个月的平均收入几千元来申报），他就可以少纳税5000多元，减少了不少开支。

看来，一划分了次数，纳税的数额就降低了，所以纳税的次数就变得非常重要。

2. 奖金分批领

辛苦了一年，好不容易得了年终奖，看着大笔的数额，心里终于有了些欣慰。可是当你看到大笔的钱又进入了税务机关的手里时，你可能就觉得舍不得了。那该怎么合理策划，才能使年终奖不会大幅度地缩水呢？

同样地，对于年终奖，我们也可以分批进行领取。你可以向公司申请，让年终奖分批发放。这样在银行的工资卡里，你的钱就平摊在每个月了，可以减少所要纳的税款了。同理，其他奖金也可以这样领取。

3. 多缴公积金

这是一个合理利用政策的好办法。因为按照税务部门的有关规定，公民每月所缴纳的住房公积金是从税前扣除的，因此，大家可以充分利用公积金来免税。多缴点公积金，少纳点税，十分划算！

◎ 为什么鸡蛋放在一个篮子里不安全

西班牙人塞万提斯在《堂吉诃德》中的名言："不要把鸡蛋放在一个篮子里"，已经被广泛使用到投资领域。以投资股票为例，仅买一只股票，如果这只股票大涨，您会赚很多；如果这只股票大跌，您会损失很多。但如果您买十只股票，不太可能每只都大涨，也不太可能每只都大跌，在十只股票涨跌互相抵消之后，结果一般是小赚或者小赔。如此一来，分散投资使得结果的不确定性更小，也就意味着风险降低了。

春秋战国时期，齐国的相国孟尝君养了很多门客。其中有个叫冯谖的人，非常的足智多谋。

孟尝君曾派冯谖去自己的属地收债，冯谖发现当地很多人根本无法偿还债务，于是自作主张将这些人的债契全部烧掉。孟尝君知道此事后，非常生气，质问冯谖为什么这么做。冯谖告诉孟尝君，这是在替他收买人心，这样以后遇到困难，当地的老百姓也会帮他一把。

孟尝君起初并不相信，后来齐国国君觉得孟尝君年纪大了，没有什么用处了，就把孟尝君打发回了他的属地。属地的老百姓听说孟尝君回来了，都纷纷拿着礼物出门迎接。孟尝君才得以渡过难关。

孟尝君很感谢冯谖为自己做的早期投资，不过冯谖却告诉孟尝君："狡猾的兔子都有三个洞，这样才能免于祸害。现在，您只有一个洞，还不能高枕无忧，我再去为您挖两个洞！"

孟尝君觉得冯谖说得有道理，于是给了冯谖很多礼物。冯谖带着这些礼物去了魏国，他成功劝说魏王接纳了孟尝君。魏王准备让孟尝君来魏国担任相国，专门派了使者带着黄金千斤，车子百辆，去齐国聘请孟尝君。

冯谖在魏国使者到达齐国之前，先赶回去，告诉孟尝君一定要拒绝去魏国。于是，魏国的使者带着礼物在齐国来回了三次，都被孟尝君拒绝掉了。

齐国国君很快听说了这件事，他觉得魏国如此重视孟尝君，孟尝君肯定有过人之处。于是齐王派了大臣带着礼物，去向孟尝君道歉。孟尝君采纳了冯谖的意见，接受了齐王的礼物，重新当上了相国。此外，齐王还答应给孟尝君在属地建立宗庙。至此，冯谖为孟尝君打造好了三个"洞窟"，孟尝君得以在齐国安度晚年。

冯谖为孟尝君营造"狡兔三窟"的策略，其实就是经济学中的"不把所有鸡蛋放在一个篮子里"的投资理念。这样做的目的是能更好地分摊潜在的风险。

在我们的理财过程中，也需要有"狡兔三窟"的理念。投资的时候注重全面性，不过分倚重某一方面。这样才不至于一旦失手打翻某个"篮子"，会将自己所有的"鸡蛋"赔光。

在外资企业工作的李先生，是一位集邮爱好者。在20世纪80年代末的时候，李先生由集邮爱好转为邮票投资。1991年，邮票市场出现高峰时期，李先生将手里所有的邮票悉数抛售，获得一大笔资金。由此之后，李先生将自己所有的资金分为三等份：一份作为现金流，以备不时之需；一份用来投资股票；最后一份仍用于投资邮票市场。

1992年以后，邮票市场出现持续低迷。于是，李先生暂时不管手中的邮票，而将投资的主要精力放到了股市。尽管邮票市场不景气，但是由于李先生有股票市场的投资，所以他每年仍有不少收入。后来，当看到股市市场不稳定时，李先生又将资金进行分流，玩起了期货和金银纪念币。尽管每个投资领域都存在一定的起伏，李先生的资产却一年年地一直在稳步增长。

谈及投资，李先生说："我是套不怕，不怕套。我买邮票的时候，邮票被套，不过那时股票市场让我大赚一笔；后来股票被套的时候，我投资纪念币又弥补了这部分损失。此消彼长，这几年算下来，我的收益一直在增加。"

李先生之所以能够取得不错的投资回报，就在于他的投资策略。李先生采取的是互补型投资方式。归结起来，仍是那句"不把鸡蛋放在同一个篮子里"。如果都放在同一个篮子里，一旦篮子摔了，鸡蛋就可能全碎了，损失必然惨重。相反，如果把鸡蛋分散放在不同的篮子里，即使有一只篮子摔了，其他的鸡蛋仍会完好无损。

美国著名经济学家萨缪尔森是麻省理工学院的教授。有一次，他与一位同事掷硬币打赌，若出现的是他要的一面，他就赢得1000美元，若不是他要的那面，他就要付给那位同事2000美元。

这么听起来，这个打赌似乎很有利于萨缪尔森的同事。因为，倘若同事出资1000美元的话，就有一半的可能性赢得2000美元，不过也有一半的可能性输掉1000美元。可是其真实的预期收益却是500美元，也就是：$50\% \times 2000 + 50\% \times (-1000) = 500$。

不过，这位同事拒绝了："我不会跟你打赌，因为1000美元的损失比2000美元的收益对我而言重要得多。可要是扔100次的话，我同意。"对于萨缪尔森的同事来说，掷硬币打赌无疑是一项风险投资，不确定性很大，无异于赌博。任何一个理性的投资人都会拒绝的。

有人做过一个标准的掷硬币实验，结果显示，掷10次、100次与1000次所得到正面的概率都约为50%，不过掷1000次所得到正面的概率要比扔10次更加接近50%。重复多次这种相互独立而且互不相关的实验，同事的风险就规避了，他就能稳定地受益。当我们在投资的时候，也要像萨缪尔森的这位同事一样，稳扎稳打，而不要抱着赌徒的心态去冒险。具体来说，就是根据自身条件，选择合适的投资组合，不要把鸡蛋放进一个篮子里。

再厉害的理财专家，也有出现失误的时候。如果把所有的资金都集中在一个品种上，一旦出现问题就会给自己带来难以估量的损失。如果采取分散投资的方法，即便局部出现意外，也能保全多数。因此，"分散投资"已经成为理财的不二法则。

前面所说的"投资"，其实仍是一个"篮子"里的"鸡蛋"，所有的资金仍来自用于投资的部分。而我们的收入，并非只有投资的部分，还包括日常开支等，这些钱也需要利用"分散投资"的原则来做理财规划。

首先，需要在银行存一部分钱，这部分钱在整个理财中所占的比例不能过低。要存一部分定期，一部分活期。活期是为了方便，随需取用；定期则是为了安全。

其次，需要一些保障。不管是人身的还是家庭财产的，要投一部分钱在保险上，为自己和家人投保，避免由于意外、疾病等困境带来的重大损失。

最后，剩余的钱才拿来投资。投资的时候，注重"分散投资"，即使出现部分亏损，还不至于伤到元气。

◎ 为什么你会一夜暴富，也能转瞬变成穷光蛋

古希腊著名数学家、物理学家阿基米德，有一天对叙拉古的国王说："如果给我一个立足的地方，我将移动地球！"国王一听，感到非常吃惊，于是对他说："好呀，那你给我表演一下吧。刚好那边有一艘大船，随便你用什么工具和机械，只许你一个

人，把这艘船推下水吧！"

阿基米德叫工匠在船的前后左右安装了一套设计精巧的滑轮和杠杆，并让国王拉动一根绳索，只见船慢慢地动起来，最终移到了海里。岸上的群众见此情景欢呼雀跃，国王也对阿基米德的才识另眼相待。

实际上，阿基米德利用的是杠杆的原理。他设计了一套杠杆滑轮系统，推动了大船。杠杆原理告诉我们，动力臂大于阻力臂，就是省力杠杆。利用省力杠杆，我们可以十分轻松地处置数十倍，甚至数百倍于我们自身重量的物体。

阿基米德的杠杆原理后来被经济学家应用，成为"杠杆效应"。杠杆是一种用于投资的债务，当那笔债务用于投资，会加倍收益或是损失。杠杆是个乘数，是个超级放大器。当你交好运时，放大器很强大；当你倒霉时，它又很恐怖。

一对英国教师夫妇1990年辞去薪水微薄的教师工作，投资房地产。依靠"以房养房"，近20年来他们最多时坐拥900多套房子。然而日前，这对夫妇决定一口气将手中现有的700多套房子全部出手，从此转行，专门向世人传授"炒房心经"。

现年61岁的弗格斯·威尔森及其老伴朱蒂斯原本都只是薪水微薄的中学数学教师。1975年，他们省吃俭用以8200英镑买下第一套房子。这是一套位于梅特斯通市的三居室。幸运的是，他们选对了地点，20年后，当地因为邻近英法海底隧道的阿什佛德站，成为英国最热门的房地产市场。

看着当时英国房价飞涨，威尔森夫妇首次产生当"包租公""包租婆"的念头。于是他们把第一套房子租出去，用租金来付第二套房子的贷款，此后开始进入房地产市场。1990年初，夫妻俩正式辞去教师工作，全心投入房地产投资。

他们靠着准确的眼光购房、出租，然后依靠租金支付房贷。据悉，威尔森夫妇的投资始终坚守一个黄金定律，那就是不在自己不熟悉或者太远的区域置业。他们认定，理想的投资目标是价值约18万英镑的房子，因为太高很难租售出去。此外，房子一定要带宽敞的院子和停车位，因为这样更易保值、升值。

在近20年的投资生涯中，威尔森夫妇最多时手上拥有900多套房子，市值最高时达1.8亿英镑。然而由于全球金融危机的影响，去年他们的房子市值急剧缩水。所幸的是，多年来他们一直坚守买精品楼盘的原则，所以房价在下跌后不久便逐渐恢复了原位。

2009年夏，随着英国楼市渐渐复苏，加上阿什佛德至伦敦的高速铁路开通，当地的房地产价格迅速飙升。威尔森夫妇的房子不知不觉中又升值了100多万英镑。目前，这对"英国头号炒房夫妇"做出一个重大决定，趁着房价处于上升的状态，一口气将目前手中的700多套房子逢高出货，从此金盆洗手。

这对夫妇就是利用金融杠杆的作用，不停地把房地产投资滚大，从而享受租金回报。

金融杠杆简单地说来就是一个乘号。使用这个工具，可以放大投资的结果，无论最终的结果是收益还是损失，都会以一个固定的比例增加。所以，在使用这个工具之前，投资者必须仔细分析投资项目中的收益预期，和有可能遭遇的风险。

你只要交纳首付款并每月按时还贷，就能拥有价值几十万元，甚至上百万元的房子，这就是金融杠杆的效应。"金融杠杆"可以把你带上天堂，也可以把你送进地狱；可以让你一夜暴富，也能让你瞬间变成穷光蛋。关键是看如何认识它、使用它。

2009年5月16日的"2009陆家嘴论坛"上，宝钢董事长徐乐江以"输得很惨"形容这两年宝钢在不锈钢产业上的经营。

2008年，宝钢股份计提资产减值损失达58.94亿元，占其利润总额的72.28%。原本占宝钢业务比重不大的不锈钢部分，却由于其原材料镍的库存，导致实际亏损达到10亿元。

业内人士指出，套期保值本没有错，但是如果这些运用金融杠杆的企业违背了必须遵守的原则，则有可能造成巨额亏损。

并非实业干得不好，而在于金融业的运作——伦敦金融期货市场2007年把镍炒到52000美元/吨，2008年底又降到8000美元/吨。而历史上，镍的价格从来没有高过26000美元/吨。

2008年一年，宝钢对于镍亏损的计提在5亿元以上，但实际亏损多于10亿元。

备尝"镍库存"苦果的宝钢，已经将镍板库存量做到"量出为入"。目前的库存量与2007年的数字前后甚为悬殊。

在期货业界，国内大型央企特别是有色金属类央企做期货以达到跨市场套利的现象几乎尽人皆知。"现在钢铁行业利用金融杠杆的企业已经越来越多了。"一位钢铁企业老总感叹。相比老老实实搞生产的企业而言，能够利用金融衍生品进行操控则更是一种"高纬度刺激"。

宝钢集团的金融杠杆已经越"拉"越长，已非"炒炒股票，做做期货"这么简单：控股华宝信托；斥资近25亿元参股太平洋保险（集团）公司，成为太保集团的实际控制人；在金融业的投资还包括兴业银行、交通银行、浦发银行、新华人寿、华泰财险、国泰君安证券等。宝钢集团曾经试图控股深发展、成立合资保险公司，其钢铁与金融两业并举的扩张路径跃然而出。

然而高收益背后必然是高风险。宝钢的镍巨亏并非个例。此前的东航、国航套保亏损已经拉响了警报。

事实上，只有过度套保才是一种投机行为。上海兰格信息咨询有限公司行业分析师吕卓臻指出，套期保值的本意是"稳健经营，规避风险"，企业要想避免由于过度使用而造成更大风险，就应该遵循套保的原理。

宝钢需要镍，航空公司需要油，它们买入相应的原材料是为了锁定成本。这就是套期保值的第一个原理，即与自己的经营方式密切相关。而另一个重要原则是，控制自己的交易量，不要放大。同时，应该坚持只做正方向。

杠杆效应使投资者可交易金额被放大的同时，也使投资者承担的风险加大了很多倍。但只要我们有效地利用杠杆，无论是对于创造财富还是在现实生活中，我们都只需付出很小的努力，就可以获得丰厚的回报；反之，则可能终生劳碌，却一无所获。

买卖股票：股市有没有带头大哥

◎ 为什么资本大鳄索罗斯也割肉

乔治·索罗斯，号称"金融天才"，从 1969 年建立"量子基金"至今，他创下了令人难以置信的业绩，以平均每年 35% 的综合增长率令华尔街同行望尘莫及。他好像具有一种超能的力量左右着世界金融市场。他的一句话就可以使某种商品或货币的交易行情突变，市场的价格随着他的言论上升或下跌。他曾打垮英格兰银行，使泰币贬值造成亚洲金融危机。

有人将索罗斯称为"金融杀手""魔鬼"。他所率领的投机资金在金融市场上兴风作浪，翻江倒海，刮去了许多国家的财富，掏空了成千上万人的腰包，使他们一夜之间变得一贫如洗。故而成为众矢之的。但索罗斯从不隐瞒他作为投资家以追求利润最大化为目标，他曾为自己辩解说，他投机货币只是为了赚钱。在交易中，有些人获利，有些人损失，这是非常正常的事，他并不是想损害谁。他对在交易中遭受损失的任何人都不存在负罪感，因为他也可能遭受损失。

上帝并非一直垂青索罗斯，在 1987 年索罗斯遭遇了他的"滑铁卢"。根据索罗斯金融市场的"盛—衰"理论，繁荣期过后必存在一个衰退期。他通过有关渠道得知，在日本证券市场上，许多日本公司，尤其是银行和保险公司，大量购买其他日本公司的股票。有些公司为了入市炒作股票，甚至通过发行债券的方式进行融资。日本股票在出售时市盈率已高达48.5倍，而投资者的狂热还在不断地升温。因此，索罗斯认为日本证券市场即将走向崩溃。但索罗斯却比较看好美国证券市场，因为美国证券市场上的股票在出售时的市盈率仅为19.7倍，与日本相比低得多，美国证券市场上的股票价格还处于合理的范围内。即使日本证券市场崩溃，美国证券市场也不会被过多波及。

1987年9月，索罗斯把几十亿美元的投资从东京转移到了华尔街。然而，首先出现大崩溃的不是日本证券市场，而恰恰是美国的华尔街。

1987年10月19日，美国纽约道·琼斯平均指数狂跌508.5点，创当时历史纪录。在接下来的几星期里，纽约股市一路下滑。而日本股市却相对坚挺。索罗斯决定抛售手中所持有的几个大的长期股票份额。其他的交易商捕捉到有关信息后，借机猛向下砸被抛售的股票，使期货的现金折扣降了20%。

5000个合同的折扣就达2.5亿美元。索罗斯因而在一天之内损失了2亿多美元。据报载，索罗斯在这场华尔街大崩溃中，损失了6.5亿到8亿美元。这场大崩溃使量子基金净资产跌落26.2%，远大于17%的美国股市的跌幅。索罗斯成了这场灾难的最大失败者。

1998年1月和6月，趁印尼盾和日元暴跌时，对冲基金又分别沽售港元，但在香港特区政府的抵抗下，三次进攻均未摧毁港元。

不过，进入 1998 年 8 月，情势发生转变，外汇市场对港币的炒卖气氛积聚，各种谣言四起，市场信心岌岌可危。到了 8 月 5 日，在美国股市大跌、日元汇率重挫的配合下，对冲基金发起对港元的第四次冲击。

5 日至 7 日，对冲基金抛售的港元高达 460 亿。香港金管局奋起抗击，动用外汇储备接下 240 亿港元，其他银行也接下 46 亿港元，金管局还将接下的港币放回银行体系内，使银行银根宽松，缓解同业拆息率飙升，保持了港元及利率稳定。

与此同时，对冲基金在股市上也燃起战火。由于投资者忧虑港元继续受冲击，港元拆息扶摇直升，加上已公布中期业绩的蓝筹股公司表现不佳，恒生指数 8 月 6 日一开市就下跌近 100 点，随后一路走低以全日最低位 7254 点收市，下挫 212 点，跌幅近 3%。随后几日，对冲基金借机猛砸股市，恒指最终跌破 7000 点大关，至 8 月 13 日跌到 6600 点。大量沽空期指合约的对冲基金斩获不少。

1998 年 8 月 10 日至 13 日这四天，对冲基金继续在汇市冲击港元，同时又大肆沽空期指，抛出股票，借市场恐慌之际从资本市场牟取暴利。但这一阶段，表面看起来疲于应付的香港政府却正在计划着一场大反击之战。由于准备拿出来反击对冲基金的是约 960 亿美元的外汇基金和土地基金，是全体香港人多年辛勤劳作积攒下的家产，被看作保住香港经济的最后屏障，所以香港特区政府不得不小心翼翼、反复衡量。8 月 14 日，在这一场攻防战中一直处于防守的香港特区政府最终选择反击。

香港金管局数据显示，在 8 月 14 日至 28 日的两周内，政府吸纳的股票约有 1200 亿港元，相当于当时整个市场 7% 的市值，这些股票后来全部交由香港特区政府的"盈富基金"管理。

从 8 月 14 日香港特区政府大力干预股市与期货市场以来，香港股市总市值已经回增高达 3743 亿港元。恒生指数大升 1416 点，升幅达 21%。

香港政府通过发行大笔政府债券，抬高港币利率，进而推动港币兑美元汇率大幅上扬。同时，香港金融管理局对两家涉嫌投机港币的银行提出了口头警告，使一些港币投机商战战兢兢，最后选择退出港币投机队伍，这无疑将削弱索罗斯的投机力量。

中国政府也一再强调，将会全力支持香港政府捍卫港币稳定。必要时，中国银行将会与香港金融管理局合作，联手打击索罗斯的投机活动。这对香港无疑是一剂强心剂，但对索罗斯来说却绝对是一个坏消息。索罗斯听到的"坏"消息还远不止这些。1997 年 7 月 25 日，在上海举行的包括中国内地、中国香港特别行政区、澳大利亚、日本和东盟国家在内的亚太 11 个国家和地区的中央银行会议发表声明：亚太地区经济发展良好，彼此要加强合作，共同打击货币投机力量。这使索罗斯投机港币赚大钱的希望落空，只得悻悻而归。

据《香港经济日报》报道：索罗斯的旗舰量子基金 8 月 31 日（是日，美股大跌五百多点），一天输掉 5 亿美元，整个 8 月输掉近 10 亿美元。

......

此外他在俄罗斯金融市场也亏损了 20 亿美元，在欧元汇价上也损失了 10 亿美元。

2000年，索罗斯因投资美国纳斯达克市场而大受打击，并认为自己年逾花甲，不再适应金融风暴中的惊涛骇浪，果断宣布关闭量子基金，从此退出了他长达三十余年的高风险投资事业。

即使是这样一位天才的投资者，索罗斯仍然遭遇了巨大的失败，并且黯然神伤地退出了资本投资领域。在暗流汹涌的资本市场，没有人注定不会沉船，资本投资不是波澜不惊的。

◎ 为什么在熊市时没有带头大哥

2009年6月，有位股民把中国一位著名的股评家告上法庭，索赔13万元，理由是听信了股评家收费博客中对股市走向的预言，他在短短一个月内赔了10多万元。

世界顶级炒股大师巴菲特说过："要预测股市走向，跟预测一只鸟从一棵树上起飞后要落到哪棵树的哪根枝条一样困难。"另一位投资大师索罗斯也说："上帝也无法预测股市。"股市是亿万股民参与的市场，有亿万个操作思路，任何个人都难预测到全体的操作动向将导致的市场异动。所谓股评，很多都是正确的废话。看似正确，但是没用。在股市中，什么样的专家言论你都可以去听，但是，要有自己的分析和判断。

在股市的海洋里，无数股民希望跟着"股神"们慢慢实现自己的暴富梦想。有了"股神"，炒股才有希望。股民曾涛介绍，大家之所以相信"股神"，就是为了自己心中的暴富梦想。

由于中国股市很年轻，中国股民心态极不成熟，总幻想着"一夜暴富"，所以很多"大师"才有可乘之机。其实美国的大师级人物巴菲特平均每年的业绩增长只有22%，格罗斯的年利润只有 10％。

在股民的眼中，价值投资、技术分析都一无是处，只有跟着自己的"股神"炒才能够赚钱。跟着"股神"炒，赚钱不用愁。买啥啥涨，还不是涨一点，而是连着涨停，这就是"股神"曾经的风范。"股神"并不是一个人，而是遍布大街小巷。各个证券交易大厅内包括网上，都有股民们公认的"股神"。

2007 年"5·30"以后，"股神"们都像提前约好了一样，集体消失了。在股民最无助的时候，众"股神"集体蒸发了。

在网上拼命荐股的"股神"们也集体消失了，连带头大哥也关闭了博客，论坛、QQ 群每天也是静悄悄的，以往热闹的场景一去不复返。不少股民还一厢情愿地发着帖子央求"股神"快点归来。但是已经消失的"股神"们在大跌之中，从未露过脸。

在上午刚开始跌的时候拼命补仓，谁知道下午股票一个个都打在了跌停的位置上。由于深信"股神"，大家都坚信，跌只是暂时的，总有一天"股神"推荐的股票会涨起来。谁知道，不但没有大涨，"股神"推荐的股票，反而遭遇了一个又一个的跌停板。而这段时间，"股神"一直都没有出现。由于没有人知道他的真实姓名，所以大家也无法找到他，只是有股民不停地抱怨："最需要他的时候他就不在了。"

大盘连续五日上涨，让不少股民感觉到，大盘的牛气又回来了。跟着牛气一起回来的，还有众"股神"。曾经退隐江湖的他们，又开始活跃在江湖上，为股民们"谋财"，大举推荐股票。一直崇拜的杨"股神"也回来了。但是，经历过大跌，许多股民都改变了对"股神"的看法，转做价值投资而不轻易地追买消息票了。当股民们质问为什么"股神"在大跌时消失，那位杨"股神"只是说了句："股市也需要休息。"他依旧向股民们推荐股票，只是追买的人比以前少多了。

和杨"股神"一样，各大论坛和QQ群的"股神"们也回来了。荐股成了他们重披战甲所做的第一件事情，冷清几天的论坛和QQ群又热闹了起来。"买某某股票，要大涨""近期可关注某某股票"之类的话语，又开始在网络中流传，但是曾经被浇灭梦想的股民，已经没有了往日的热情。

牛市是一个造就"股神"的时代，在股市如日中天的时候，到处都有"股神"为股民们大荐股票，大胆预测。但在大跌之时，"股神"一度消失，在股民最需要帮助时，没有人出来为他们指明方向。

所谓的"预测"只是"股神"的谎言。近年来，许多表现神奇的股评人纷纷落马，其根本原因就在于，他们表面上是给散户荐股，实际上是"庄托"。业内人士说，这些"庄托"有一个共同的特点：他们推荐的个股通常会在当时异常放量，并在其后的一到两个交易日制造出阶段性高点。随后，该股会一路下跌。

"股神"一贯的操作手法是，先推荐几个成长性较好的股票，让听消息的股民们小赚一笔。然后，他们立即会转变成"庄托"的身份，大力推荐某一股票，目的就是让对他们深信不疑的散户跑去接股，只要吸引了一定的量，庄家就会在高位全身而退，让散户们流血。所以，这一类的股票，往往会在推荐的第二天高开低走，庄家在高位出货，接招的散户就被全线套牢。如果股民需要参考荐股，最好是看传统媒体的建议，比网络荐股可靠得多。

对于炒股博客，股民们最好只当其是参考意见。个股风险应该根据市场表现综合来评判，以控制风险为第一要义。特别是个股在高位放量时，应尽量不碰它。毕竟，个股在高位放量，其向下跳水的概率远大于再向上冲刺的概率。捂紧钱包，让庄家和"股托"表演去吧。

2000 年前后红极一时的股评人赵笑云就是一个典型例子。起初，他在各大报刊的荐股比赛中频频夺冠，尤其是在《上海证券报》举办的"南北夺擂"模拟实战中，他因创造了累计收益率2000%的战绩而名声大噪，人称"中国荐股第一人"。

2000 年 7 月 22 日，赵笑云开始在各大媒体大肆推荐"青山纸业"。然而，这只股票却在大量买家进入之后一路下跌，较高的换手率表明资金出逃的迹象十分明显。一时间，大批股民被套牢，舆论哗然。2002 年，赵笑云未能通过证监会关于证券咨询的年检，最后出走英国"留学"，至今未归。

股市上很多被奉为"股神"的人，貌似有着各种传奇经历，但实际上，都是他们杜撰的故事。等他在股市中走红后，他的身后就有成千上万名散户崇拜者，赚钱心切的机构也会不惜重金请他们操盘。

著名投资家巴菲特是不会预测股市并向股民推荐股票的，他不仅不会向股民荐股，还告诫人们："永远不要试图预测市场，因为没有一个人能准确预测股市的走向。"并且告诉人们，既然我们无法预测股市，那么最好的办法是放弃预测股市，寻找有投资价值的公司，坚持炒股的根本核心：股价是不可能被预测到的，但是公司的价值是可以预测的。股市想挣钱只能投资不能投机。因而，准备当面聆听巴菲特教诲的人不会指望他推荐具体的股票来投机获利，而只是想听一个高级投资讲座，为自己的投资提供参考与借鉴。

◎ 为什么股市最大的笨蛋是自己而不是别人

20世纪初，著名的经济学家凯恩斯为了日后能专注于学术研究，免受金钱的困扰，曾拼命外出讲课赚取课时费。凯恩斯当时被人称为"一架按小时出售经济学的机器"。他什么课都讲，包括经济学原理、货币理论、证券投资等。

然而，仅仅依靠讲课赚钱，显然是不够的。1919年8月，凯恩斯借了几千英镑开始进行远期外汇的投机买卖。过了4个月，他净赚了1万多英镑，这相当于他讲10年课的收入。凯恩斯发现了投机买卖的"暴利"，他开始"沉迷"其中。投机生意赚钱容易，但赔钱也快。在刚刚赚了10年讲课收入后的3个月时间里，凯恩斯又连本带利亏了个精光。

投机和赌博具有一样的特征：赢了想赢更多，输了要再赢回来。尽管输得血本无归，凯恩斯仍不放弃，他又涉足棉花期货交易，狂赌一通大获成功。凯恩斯后来几乎把期货品种全部做了一遍，而且开始涉足股票。直到1937年，凯恩斯宣布"金盆洗手"时，他已经积攒了一笔巨大的经济财富。同时，作为一名经济学家，凯恩斯在不断的投机买卖和股市沉浮中，还总结出了一个非常有名的理论——最大笨蛋理论。

凯恩斯的"最大笨蛋理论"，又称为"博傻理论"。这个理论认为，人们可以完全不顾物品的真实价值，即使它一文不值，也会愿意花高价买下，因为人们总是预期会有一个更大的"笨蛋"出现，他会花更高的价格，从自己手中将物品买走。投机行为的关键是判断是否有比自己更大的"笨蛋"，只要自己不是"最大的笨蛋"，赢利就不是问题。当然，如果找不到愿意出更高价格的"笨蛋"把物品买走，那最终拥有物品的人就是"最大的笨蛋"。

"博傻理论"揭示了投机行为背后的动机，而股市就是这一理论的最好体现场所。

在股市中，"博傻"是指在高价位买进股票，等行情上涨到有利可图时迅速卖出。这种操作策略，又被称为"傻瓜赢傻瓜"。从理论上讲"博傻"有其合理的一面，"博傻"策略认为"高价之上还有高价，低价之下还有低价"。游戏规则也很简单，就像击鼓传花，只要不在鼓声停下的时候拿到花都会"有利可图"。所有投身股市的人，都不希望自己是"最大的笨蛋"，但事情却并不因为人的主观意愿而改变，即使拥有非凡的智慧也难免成为"最大的笨蛋"。

1720年，英国股市非常"疯狂"。在一轮股票投机狂潮中，曾发生过一件有趣的事。有人出资创建了一家小公司，自始至终大家都不知道这家公司到底是做什么的。不过，公司在认购股权时，近千名投资者不管三七二十一开始疯狂抢购。

没有人清楚自己能从公司中获利多少，而是期望有更大的"笨蛋"出现。股票价格上涨，自己就能赚钱。面对如此疯狂的投资热潮，伟大的牛顿也参与了进来。很不幸，牛顿最终成为"最大的笨蛋"之一。面对尴尬境遇，牛顿不得不感叹道："我能计算出天体运行，但人性的疯狂实在难以估测。"

17世纪的时候，郁金香在荷兰的价钱和黄金等值。当时有一种名贵的郁金香，其价格高得离谱。很多人清楚，郁金香球茎的价值并没有市场价格那么高。但面对高涨的市场行情，没人愿意放手。人们已经失去了理性，疯狂地购买郁金香的球茎，然后以更高的价格抛售。所有人都认为自己不是最后买到郁金香球茎的那个"笨蛋"，郁金香的价格也在不断地攀升。

到1636年前后，拥有郁金香的"最大笨蛋"们终于出现了，郁金香的价格开始崩溃，很多人倾家荡产。荷兰因此爆发了一场金融风暴，引起荷兰大范围的经济萧条，甚至被迫退出世界强国的竞争。

2006—2007年的中国股市也出现过同样火爆的情况。沪指从2000点开始，一直不断攀升。当看到众多投身股市的人腰包鼓起来后，越来越多的人开始琢磨着自己也应该来分一杯羹。于是乎，全国男女老少一拥而上，投入"热火朝天"的股市中，人人都想着赚个"盆满钵盈"。

经济学始终是围绕着"供需"二字。"供需"调节着经济，不会有永远的暴利，也不会有永远的优势行业。社会的报酬水平总是会朝着一个均衡发展的方向转移，股市也不例外，更不可能例外。天下没有免费的午餐，股市在大涨到6000点后，很多人开始成为"最大的笨蛋"。

其实，老百姓也懂得这个道理。即使在全民炒股的热潮下，随便到证券市场上去拉一个人问一下，他保证也不会相信股市会永远的这么繁荣下去。但假如再问一下人们会不会继续炒股，答案也是惊人的一致：肯定继续炒！

一方面明知道这免费的午餐吃的并不会永远顺心，很有可能会被噎着；另一方面却还要拼命地吃。原因何在？道理很简单，大家都在"博傻"：在股市牛市的泡沫中，只要不是"最后一个傻瓜"就成。

所有人似乎都看到股市照当时的情况发展下去，吃亏的只能是"最后一个人"。于是大家都想着"博傻"，认为自己不会是"最大的笨蛋"。结果如何？2007年5月30日，沪指开始了一路狂跌，众多股民被套牢。众人心态的失衡，最终让自己成为"最大的笨蛋"。

◎ 为什么说炒股赌智慧而不是赌运气

几年以前，美国加州一名华裔妇女买彩票中了头奖，赢得8900万美元奖金，创下加州彩票历史上个人得奖金额最高纪录。当消息传开之后，一时之间很多人跃跃欲试，纷纷去买彩票。彩票公司因此而大赚了一笔。

从数学的角度来看，在买彩票的路上被汽车撞死的概率远高于中大奖的概率。每年全世界死于车祸的人数以万计，中了上亿美元大奖的却没几个。可是，即便赚钱的概率这样渺茫，还是有那么多人趋之若鹜地买彩票。这是因为人们对金钱的渴望。靠彩票一夜暴富的愿望实在太强烈，这种愿望甚至超出了理智的范畴。

2009年10月8日晚，中国福利彩票双色球第2009118期开奖出现"狂喷"，河南安阳一男子独中88注头奖，税前总奖金额达3.599亿元的消息，像一枚重磅炸弹，轰动了全国彩市。此次巨奖，高于此前国内彩票中奖的最高金额，一举创造了新中国彩票发行以来单张彩票获头奖金额最高的新纪录。

据中国邮政储蓄银行安阳市分行一名工作人员分析，用100元大钞扎起来的10万元人民币，重量在1.5公斤左右。如果不算扣税，这名幸运儿领到的约有3.6亿元现金，光是百元大钞就重约5400公斤，也就是5.4吨。这个中奖新闻如同原子弹，炸开无数人心中潜藏的"彩票富豪梦"。

自新闻发出后，无数记者用"长短炮"盯着彩票点，当地市民守着，全国人民盯着，到底哪个幸运鬼被这"天下掉下的金馅饼"砸中。当然也有很多人跃跃欲试，纷纷买彩，等待着"有朝一日"的奇迹。

但是赌博和投资也不能完全画上等号：投资要求期望收益一定大于0，而赌博不要求，比如买彩票、赌马、赌大小等的期望收益就小于0；支撑投资的是关于未来收益的分析和预测，而支撑赌博的是侥幸获胜心理；投资要求回避风险，而赌博是找风险；一种投资工具可能使每个投资者都获益，而赌博工具却不可能使赌客都获益。

投资也是一种博弈——对手是"市场先生"。但是，评价投资和评价通常的博弈比如下围棋是不同的。下围棋赢对手一目和赢一百目结果是相同的，而投资赚钱是越多越好。由于评价标准不同，策略也不同。

赌博的心态在投资中经常出现。有时候可能人们觉得投资本身就是赌博，有的人投资就能赚钱，有的人投资却总是赔钱，就认为是运气的因素。其实不然，除了运气外，还有一个因素就是理智的分析能力。很多人投资赔钱就是因为被赚钱的欲望冲昏头脑，失去理智造成的——而那些能够在投资中赚得"盆盈钵满"的投机商，靠的不是运气，而是他们的投资智慧。

对于炒股，小蔡一直都不愿意太投入地去研究，总想凭着运气和利用别人的智慧，可以从股市中得到自己想要的东西。

也许真的是运气帮助了他。2007 年 6 月 13 日，他以 9.16 元的价格买了 000685 公用科技 3900 股。谁知买入之后，股票一路下跌到 7 块多才止跌，后来连拉两个涨停，在 8.08 元停牌了一个半月。幸运的是，复牌后连拉了 13 个涨停，最高到了 31 块多。他打开涨停的第二天以 29 元的价格全部卖出，赚了两倍。000685 让他赚了 7 万 6 千多元钱。是运气让他在股市里赚到了第一桶金。

由于过于相信运气，2008 年小蔡在几个股票上分别跌了大跟斗，基本上把在 000685 上赚的钱全部还给了股市。

但是，这些经历也让他彻底明白了，炒股不能靠运气，还是要老老实实学习一些真功夫。现在，他基本接受了趋势投资这样的投资理念，大盘不好的时候，坚决不炒，看也不去看……

无论是巴菲特还是索罗斯，他们炒股都有着自己的智慧，有着自己的投资理论。他们不是在靠运气赚钱，而是在靠智慧赚钱。

其实盲目投资就和买彩票一样，如果只是赌运气而不用智慧去投资，则无论投资什么都不可能达到预期的目标。从某种意义上来说，赌博和投资并没有严格的分界线，这两者收益都是不确定的。同样的投资工具，比如期货，你可以按照投资的方式来做，也可以按照赌博的方式来做——不做任何分析，孤注一掷；同样的赌博工具，比如赌马，你可以像通常人们所做的那样去碰运气，也可以像投资高科技产业那样去投资——基于细致的分析，按恰当的比例下注。

十多年前，在上海证券交易所大门前，有一位卖《上海证券报》的老婆婆，她自己也开有上海的股东户头。当她的报纸每天卖不到 10 份时，她就叫人帮她填单买进 600601 延中实业（现在称方正科技），根本不管是啥价位，只要买进就行。当她的报纸每天卖出超过 100 份时，她就叫人帮她填单卖出，根本不管是啥价位，只要能卖出就行。结果是：从未输过！

老婆婆只是凭借对生活的细致观察，就成了炒股高手而且从未输过。而老婆婆的操作方法也非常简单：低位时吸入，高位时卖出。

股票总的面值相对而言是固定的。如果经济行情或者人们对股市的预期看涨，大量资金进入股市，股票的价格就上扬，股票便升值，指数也上升。如果经济行情或者人们对股市的预期看跌，那么大量的股票持有者就抛售手中股票，换取现金退出股市，于是股价下跌，指数下降，整个股市内的资金总量快速减少。

但很多人，希望快速赚钱，或者希望股市涨个不停，这样就应对股票进行价值分析。只有有长远收益的股票才会一路涨下去。

◎ 为什么说在市场的错误中才能赚钱

1996 年 10 月到 12 月初，1997 年 2 月到 5 月，沪深股市开始猛涨，当时几乎每人赚得"盆盈钵满"，有人甚至提出"不怕套，套不怕，怕不套"的多头口号。管理层当时接连发十几个利空政策，但是大多数股民不听，结果套得很惨。2001 年 6 月 14 日，沪指创新高 2245 点后，此时的媒体、股评人更加激动，大肆渲染多头市场的发展趋势，为股民描绘一个又一个创新高的点位，2500点，3000点……大多数股民还处于多头思维中。

2001年7月后，股市处于高速下跌阶段，此时严重套牢的大多数股民垂头丧气、万念俱灰。而媒体、股评人更加悲观，大肆渲染空头市场的可怕、创新低的点位。有人甚至提出沪指要跌到800点，400点……资金纷纷撤离观望。这时就可以判断大多数人的思维处于空头悲观态势。

股神巴菲特曾说："市场是不可预测的，聪明的投资人不但不会预测市场的走势，反而会利用这种市场的无知和情绪来规避市场风险，投资获益。"投机大师索罗斯也说："市场总是错误的。"

真正的大师都善于把握市场的情绪，在市场的错误中去买卖获利。由于股市上噪声太多，错误的信息、传闻、消息等会干扰股价的正常运行，所以市场不可能永远都是对的，有时也会犯错。我们要想在股市中规避风险、投资获利，就必须树立对待股市的正确态度并掌握股市的运行规律。

作为投资者必须要明白的一点是，有些优秀的公司，因为受众人所爱，所以本益比不会很低。因此，对于投资来说，只要是一家公司一直以来都在快速、稳定地成长，那么30~40倍的本益比也未必是过分。可口可乐就是这样一家公司。

巴菲特当初买入"可口可乐"的时候，其本益比是20多倍，在接下来的10年里却飙升到40~60倍。也就是说，巴菲特不但依靠可口可乐企业赢利而获利，更因本益比的飙升而得益。

因此，投资者在分析优秀公司时，应该翻查该公司有史以来的本益比资料，然后在股市低迷的时候，看看这家公司的本益比，是不是已经跌至前所未有的地步。

巴菲特就是凭借这种对市场规律的把握，对选股准则的把握，有效地降低了投资风险，保证了投资者长期的收益率。

德国的证券教父安德烈·科斯托兰尼曾说过这么一段话："一个投资者在股市的跌宕起伏中应该怎样做才能获得成功呢？在我们描述完巨大的繁荣以及巨大的崩溃后，这一问题很容易回答。他必须成为勇敢的一员，必须'反其道而行'。"这与巴菲特和林奇投资成功的基本原则是一样的：要逆向投资而不是跟随市场。

所谓"逆向投资"策略，就是当大多数人不投资时，投资；当大多数人都急于投资时，卖出。逆向策略的观念非常简单，只要能做到"人弃我取，人舍我予"就好了。但要实践逆向策略，必须克服人性的弱点，要能做到不从众，能够独立判断、忍受寂寞，才能制胜。大部分的投资人，都是当在遭亲友一致认同的情况下才开始投资；而炒股高手正好相反，知道大部分的亲友都担心恐惧时才开始考虑投资。逆向策略者相信，当大众对未来的看法趋于一致时，大部分是错的，同时反转的力量会很大。

逆向投资策略为何如此有效？理由很简单，如果市场中大多数人都看好价格会继续上涨，此时进场投资的人及资金早已因为一致看好而大量买进，所以价格通常因大量买超而产生超涨的景象。又由于该进场的人与资金都已经在市场内了，于是市场外能推动价格上涨的资金所剩无几，且市场中的每个人皆准备伺机卖出，导致整个证券市场潜在供给大于需求，因此只要有任何不利的因素出现，价格就会急速下跌。反之，如果市场中大多数人都认为价格会继续下跌，此时该卖的人早已因为一致看坏而大量卖出，所以价格通常因大量卖超而产生超跌现象。又由于该卖的人都已经不在市场内了，于是市场内想卖出的浮动筹码已少之又少，所以卖压很少，且市场外的每个人皆准备逢低买进，导致整个证券市场潜在的需求大于供给，因此只要有任何有利的因素出现，价格就会急速上涨。

那么我们该如何衡量大多数人的判断思维呢？一般来说，如果股市处于上升高速阶段，此时几乎每人都赚得"盆盈钵满"，大多数股民兴高采烈、忘乎所以。此时的媒体、股评人更加激动，大肆渲染多头市场的发展趋势，为股民描绘一个又一个创新高的点位。外场的资金也经不起诱惑而积极加入炒股大军，大有全民炒股的态势。这时就可以判断大多数人的思维处于什么态势。如果用逆向投资策略，此时就要做到"众人皆醉我独醒""众人皆炒我走人"。如果股市处于下跌高速阶段，此时几乎每人昨天还赚得"盆盈钵满"，转瞬之间就烟消云散，严重套牢了，大多数股民垂头丧气、万念俱灰。此时的媒体、股评人更加悲观，大肆渲染空头市场的可怕发展趋势，为股民描绘一个又一个创新低的点位。证券营业部门口的车也明显减少，入场的资金和赢利的资金纷纷撤离，大有全民空仓的态势。这时就可以判断大多数人的思维处于什么态势。如果运用逆向投资策略，此时就要做到"众人皆醉我独醒""众人皆空我做多"。

逆向操作并不是单纯的机械式的逆势而为，反对比盲目跟风风险更大。股票市场对于公司股价判断正确与否的概率，几乎是一样的，因此投资人唯一能与市场大众逆向操作的状况应为：股票市场对于事件的心理反应似乎已到了疯狂的极致；对于公司财务资料的分析大家都错了。尤其需要注意的是，当缺乏足够的论据支持自己的逆向操作观点时，千万不要与市场对立。

在确定何时买股票之前，选买点的重点是选择止损点。即在你进场之前，你必须很清楚若股票的运动和你的预期不合，你必须在何点止损离场。

股市大起大落对于短线操作既是个危机，又是个机会。只要保持清醒的头脑，盯住绩优股，抓住机会进场，确定自己的止损点，就能减少自己的投资风险而获利。一般地，购入某股票后，该股的支撑线或10%左右的参考点，即可设为一个止损点。如果股价上扬，则可随时将止损点往上移。止损点与实际价格不要贴得太近，一般以 10 周或 20 周移动平均线为参考。如果股票价格低于止损点，则说明挑选的股票进场时间错误，以致造成损失。此时应立即平仓卖出，以免损失过多。在做交易时，这种小的损失应被视为一种保险费，它至少可以减低机会成本的损失。如果股市下跌，短期无回档迹象，则短线操作者还可采用"先卖后买"的反向操作策略。即挑选那些市场失宠的股票先行卖出，在该股跌得更深时再重新买入。

◎ 为什么"高回报低风险"项目不保险

犯罪嫌疑人刘某，是上海捷昂投资管理有限公司的法定代表人。另一名犯罪嫌疑人杜某，仅仅比刘某大一岁。这个来自江西的年轻人，曾经和刘某在同一家投资公司做业务员。正是这段经历，使得他们两人走到一起，创办了上海捷昂投资管理有限公司。刘某和杜某虽然学历不高，也没多少投资理财的知识，但在投资公司干业务员的经历，让他们摸清了这类公司的业务模式——先用代客户理财的名义，四处打电话招揽客户，然后按照资金的多少收取一定比例的保证金或者管理费。在他们看来，这门生意简单容易，来钱又快。两个人一琢磨，就决定自立门户。

2007年2月，准备回老家过年的刘某，向工商部门递交了公司设立登记申请书。一个月之后，他就拿到了正式的营业执照。在事后的调查中发现，上海捷昂投资管理有限公司营业执照上的公司地址，只是一户普通的居民住宅，跟捷昂公司没有任何关系。而注册公司所需的10万元资金，也是专门的代理公司一条龙服务办理的，刘某仅仅花了3000多元的代理费用。在公司的持股比例中，刘某占70%，杜某占30%。不用自己出多少钱，也不用自己跑腿，刘某和杜某就轻轻松松成立了一家投资咨询公司。可这时候的公司毕竟只是空架子一个，没有什么业务。怎么去招揽客户，把钱吸引进来呢？刘某和杜某一合计，想出了一个既省钱又快捷的办法，他们申请注册了一个网站。于是，最牛的网上私募基金就这么诞生了。

在注册成立了公司之后，刘某通过安徽马鞍山市的一家网络公司，注册了一个叫"私募大世界"的网站，在这个网站的简介上，"私募大世界"又叫"中国私募基金联盟网"，版权归属于上海捷昂投资管理有限公司。他们在网站上做了一些不实的宣传，比如说他们是全国最大的一个私募基地，他们和全国八大基金公司有联合，他们有很强大的团队从事证券投资等。

本来成立才几天的公司，却摇身一变成了成立于1998年底，时间整整提前了8年。而下面的介绍更是夸张：拥有最凶悍的私募操作团队，拥有经验最丰富的观礼团队，拥有近百名国内实力超强的实战操盘手，拥有国内最翔实、最权威的研究报告和市场主流资金动向。

在"私募大世界"的网页上，到处充斥着某某股票涨停的信息和语言。比如某某股票逆市大涨，某某股票买入后连续涨停，某某股票 3 天暴涨 9 倍，理财客户今日 3 只个股涨停等，而在介绍操盘手的网页上，战绩更是突出。一只股票一个月获利 54%，一只股票 3 周获利 100%，另外一只 2 周获利 43%。

家住福建省福州市的陆先生，一直都是自己操作股票，而且收益还算不错。一个偶然的机会，他在浏览网页的时候，看到了"私募大世界"上面"留下手机号就免费赠送牛股"的广告，陆先生才抱着试一试的心理，在网上留下了自己的手机号码。

捷昂公司为陆先生提供了两种合作方式，一种是把股票账户和交易密码交给捷昂公司，由捷昂公司的操盘手进行股票买卖，赚取的利润两家三七分成，但之前要交纳账户资产 10% 的保证金；另一种是捷昂公司通过短信，发送股票买卖信息、指导客户投资，并收取账户资金 5% 到 10% 的管理费。陆先生按照捷昂公司的短信购买了一只股票，在高位时买入，却让他在低位时卖出，不仅资金被套了 3 个月，还亏损了上万块钱。

两个没有任何专业资质的毛头小伙，竟包装成了私募基金的"带头大哥"；花 3000 多块钱代理费注册的空壳公司，经过包装，竟成了国内"最牛的私募基金"。短短 4 个月时间，就在全国 30 个省市发展了近 700 名客户，聚集资金 1 亿多元。

随着投资者的损失面不断扩大，"最牛网上私募基金"的画皮很快被识破了。2007年8月，中国证监会稽查部门在掌握了上海捷昂投资管理有限公司的违法证据之后，将案件移交到公安部门。8月9日，上海市经济犯罪侦查总队立即以涉嫌非法经营罪对上海捷昂投资管理有限公司立案侦查。2007年9月28日，经上海市检察院批准，捷昂公司的主要负责人刘某和杜某被正式逮捕。

"私募大世界"网站承诺的高回报、低风险，打动了不少小散户。这些散户缺乏在股市搏杀的经验，寄希望于专业机构的帮助，来把握投资获利的机会。而"私募大世界"网站正是瞄准了投资者的这种心态。

可以说，有收益，就有风险。证券投资中的收益与风险几乎是如影随形的。投资者在期盼未来的回报时，一定要想到，这些未来回报中是蕴涵着各种不确定性的。用中国的老话来说就是"富贵险中求"。要得到投资回报，就要承受风险。

证券投资理论认为：承担风险是获取收益的前提，收益是对投资者承担风险的补偿和报酬。二者之间的关系可总结为：预期收益率＝无风险利率＋风险补偿。其中，无风险利率相当于把资金投资于某一种没有任何风险的投资对象时所能得到的利息率。

风险与收益是共生共存的，投资风险越高，所要求的回报率也就相应越高。股票收益率一般会高于债券，而长期债券要求的收益一般都高于短期债券。

当然，高风险要求高回报，但并不是风险高了就一定有高回报。风险就是获得未来收益的不确定性。这种不确定性有时会侵蚀您的收益，有时甚至使您丧失本金。

◎ 为什么选择投资时机比选择投资什么更重要

美国石油大亨哈默有着传奇的人生经历。1921 年初，哈默离开美国来到苏联。在看到苏联马拉尔地区大量的白金、宝石、毛皮卖不出去，但粮食却严重短缺的时候，哈默有了一个大胆的想法。

当时，美国粮食大丰收，粮价下跌。于是哈默以 100 万美元的资金，在美国收购了大批小麦，海运到苏联的彼得格勒。卖掉粮食后，哈默又从苏联采购了大量的毛皮和其他货物运回美国。哈默在一来一往中，赚取了大量的差价，获得丰厚的利润。

同时，哈默为苏联解决了粮食危机，还受到了列宁的特别接见。列宁鼓励哈默在苏联投资办厂，允许他开采西伯利亚地区的石棉矿。哈默成为苏联第一个取得矿山开采权的外国人。

美苏的易货贸易由此拉开。哈默专门组织起美国联合公司，集中了 30 多家美国公司。他成了苏联对美贸易的代理人。

哈默在苏联度过了将近 10 年，在这期间他从一个百万富翁变为了亿万富翁。不过，哈默的辉煌还在持续。1931 年他离开苏联回到了美国。

哈默返美时，正值 20 世纪 30 年代美国经济大萧条时期。即使这样，哈默还是在国家大形势上捕捉到了赚钱的机会。当时，罗斯福正在竞选美国总统一职。各种现象都显示，罗斯福将成为美国总统。罗斯福有个众所周知的嗜好——喝酒，如果他成功当选总统，那么，美国政府在 1919 年颁布的禁酒令将很可能被废除。

哈默由此得出结论，美国对啤酒和威士忌的需求将激增，而用来装酒的酒桶将会存在巨大的市场空间，因为当时的市场上并没有足够的酒桶出售。

于是，哈默立即从苏联订购了几船优质木材，在纽约码头设立了一座临时的桶板加工厂，并在新泽西建立了一座现代化的酒桶厂。

不出哈默所料，罗斯福成了美国总统。在罗斯福上任不久后，便宣布废除禁酒令。而此时哈默制桶公司的酒桶正源源不断地生产出来，哈默的酒桶被各地酒厂高价抢购一空。哈默几乎垄断了整个美国的酒桶市场，获利丰厚。

哈默更是乘胜追击，开始进军酒业，经营威士忌酒生意。哈默接连购买了多家酿酒厂。他的丹特牌威士忌酒一跃成为全美一流名酒，年销售量高达100万箱。

哈默的成功，在于他始终围绕在国家大形势的周围，他能够把握住宏观市场的发展趋势。由此为自己带来了巨大的财富。

在我们生活的世界上，每天都会发生很多看起来毫不相干的大事。如果能够利用经济学的视角去关注这些事件，便会发现其中蕴含着的丰富市场信息。通过分析这些信息，对市场环境及时作出反应。抓住先机，便能实现个人创富。

股市上有句谚语："不要告诉我什么价位买，只要告诉我买卖的时机，就会赚大钱。"因此对于股票投资者来说，选择买入时机是非常重要的。买入时机因投资时期长短、资金多少等因素有所不同，但也是有规律可循的。

1. 当有坏消息如利空消息等传来时，由于投资者的心理作用，股价下跌得比消息本身还厉害时，是买进的良好时机。

2. 股市下跌一段时间后，长期处于低潮阶段，但已无太大下跌之势，而成交量突然增加时，是逢低买进的佳时。

3. 股市处于盘整阶段，不少股票均有明显的高档压力点及低档支撑点可寻求，在股价不能突破支撑线时购进，在压力线价位卖出，可赚短线之利。

4. 企业投入大量资金用于扩大规模时，企业利润下降，同时项目建设中不可避免地会有问题发生，从而导致很多投资者对该股票兴趣减弱，股价下跌，这是购进这一股票的良好时机。

5. 资本密集型企业，采用了先进生产技术，生产率大大提高，从而利润大大提高的时候，是购买该上市股票的有效时机。

选择好的时机买进股票难，但在好的时机卖出股票更难。因此，卖出股票也必须掌握一定的技巧，否则不仅不能赚钱，还可能无法脱手。以下几种情况是卖出的好时机：

1. 买进股票一周后，价格上涨了 50% 以上，此时出售，投资收益率远高于存款利率，应当机立断，该出手时就出手。

2. 长期上涨的行情，要适可而止，切莫贪心，赚一倍即出手。

3. 突然涨价的股票，并且涨幅较大，应立即脱手。在这种情况下，股价很可能受大户操纵，若不及时出售，一旦大户抛售完手中的股票将悔之晚矣，再想卖出就困难了。

4. 股价上涨后，行情平稳之际宜卖出股票；成交量由增转减时，宜卖出股票。

5. 视具体情况而定，对各种不同类型的股票加以灵活对待。

对于持续稳健上升的优质股，出现以下情况时应卖出股票：在过去一年股份企业中无人增购本企业股份；企业利润增长率与销售利润率明显下降，靠削减开支维持赢利，且企业目前又没有开发出有市场前景的新产品。

此外，对于发展缓慢型股票，出现以下情况，应出售股票：企业连续两年销售不景气，产品库存量大，资金周转缓慢，兼并亏损企业而使自身资金长期被占用，并在短期内无法使兼并企业扭亏为盈；股价上涨30%以上或在大户操纵下股价上涨10%以上。

对于复苏上涨型股票，当其发行企业已成为众所周知的发展型企业，人们纷纷购买股票时，是卖出的好时机。

第四篇

努力与回报：薪水中的经济学

谁偷走了我们的工作

◎ 为什么上帝要和我们抢饭碗

充分就业也称作完全就业，在一定的货币工资水平下所有愿意工作的人都可以得到就业的一种经济状况。实际工资调整到劳动供求相等的水平，从而使劳动市场处于均衡的状态。在宏观经济学中被称为"充分就业的状态"。

"充分就业"是由英国经济学家凯恩斯于 1936 年在其著作《就业、利息和货币通论》中提出的范畴。凯恩斯认为，充分就业是由有效需求决定的。如果有效需求不足，从而造成非自愿性失业，社会即不能实现充分就业。

有人说经济危机时上帝的手失灵了，每次经济危机都会伴随着大量的失业，企业破产、公司被迫解雇员工，上帝要抢走我们的饭碗。

在西班牙马德里南部圣欧仁妮平民区全国就业登记所排队的长龙中，30 岁的厄瓜多尔女子杰西卡说："我离开我的国家时，从来没有想到会面对今天这样的情况。"

杰西卡于 2001 年抵达西班牙，自此以来一直都有工作。她的最后一个合同是在马德里的批发市场当搬运工，这个合同在两周前结束，她从此就再也没有活干了。她说："我将可以领取几个月的失业补助金，然后我就不知道该怎么办了。"

美国劳工部表示，2009 年 7 月份非农就业人数减少了 24.7 万人，而经济学家的预期为减少 32 万人。失业率从 6 月的 9.5%下降至 9.4%，而经济学家的预期为上升至 9.6%。这是美国的失业率15 个月来首次下降。一般情况下，失业率上升，便代表经济发展放缓衰退；失业率下降，

代表整体经济健康发展。金融风暴的降薪裁员波及房地产、航空、石化、电力、IT、证券、金融、印刷等一系列行业。在降薪裁员潮袭来时，最无招架能力的是外出打工的中西部民工。民工输出大省四川、安徽、河南等地都不同程度出现了民工返乡潮。大量中小型加工企业的倒闭，也加剧了失业的严峻形势。

2008 年 12 月 1 日，渝黔高速路东溪收费站来了一个特殊自驾车队，车队由 4 辆载货三轮摩托车组成，驾乘人员无不蓬头垢面。每辆车上，横七竖八摆放着板凳、被褥等居家用品。《重庆晚报》报道，这是一群在广东汕头打工的四川农民工，受金融危机影响，他们丢了工作，不得不驾驶三轮车奔波数千里回家。其中的一位秦师傅说："我们的大部队还在后面，出发时，车队共有14 辆三轮车。"4 辆三轮车上，包括司机，共搭载了 11 人。一辆车便是一个家庭单元。他们都来自四川巴中平昌县，驾车男子大多在广东汕头当货三轮司机，女的则在私人塑料作坊打工。受金融危机影响，大家丢了工作，没有生活来源。众人商议：不如暂时回老家。舍不得车费、舍不得花费数千元钱买来的赖以为生的三轮车、舍不得丢掉任何一件家什……于是众人商议：开三轮车奔波 6000 里回家。

11月1日，深圳市2009年度高校应届毕业生就业双向选择大会在深圳会展中心举行。400多家单位进驻"双选会"现场，提供近2万个就业岗位供毕业生挑选。当日进场应聘的人数超过了15万人次。由于人数太多，华南理工大学营销专业一位姓向的同学排了一个半小时的队，才有机会把资料递给中航集团的面试人员。

2008年冬，因为次贷危机而显得格外寒冷。不仅高校毕业生就业面临巨大压力，农民工返乡达到高潮，就连那些原本打算领完年终奖或双薪然后跳槽的人，也纷纷选择了"卧槽"。调查显示，2008年27.1%的人延迟了跳槽计划，更有9.7%的人索性取消了跳槽计划，取而代之的是"卧槽"。在既定岗位，以避开金融海啸的"风口浪尖"。因为他们的感受与毕业生是一样的：工作太难找了。

每一次经济危机都伴随着大量的失业。所以奥巴马当上美国总统后，一直致力于为美国人提供工作岗位，解决就业问题。而中国在经济危机之后，也把就业工作作为政府工作的重中之重，提出要积极解决农民工返乡、大学生就业难等问题。

◎ 为什么不同职业的价值需要公平看待

20世纪，也许谁都不会相信21世纪有些高学历的大学生会成为低收入人群，会成为需要社会特殊关照的对象，但现实总是上演着一幕幕的荒诞剧。

20世纪末实施的高校扩招的后果之一，就是造就了大量的"大学毕业即失业"人员及"大学毕业生低收入群体"。低收入的大学毕业生聚居群体，被形象地称为"蚁族"。他们有如蚂蚁般"高智、弱小、勤奋、群居"；虽都接受过高等教育，但收入却并不高。据不完全统计，全国有上百万规模的"蚁族"。大学毕业生聚居群体，是继农民、农民工、下岗工人之后出现在中国的又一群体。

陈华就是生活在聚居村里的一名普通"蚁族"。他就读于中央党校工商管理专业，2004年考研未果，手忙脚乱地毕了业，留在北京找工作。刚开始找工作时手头没什么钱，住宿吃饭是他最大的问题。手里的大部分钱都用来交付房租，有个星期的饭费他只花了10来块钱，除了馒头什么都吃不上。这样坚持了两个月，他找到了他的第一份工作——推销，底薪800元。他的想法具有代表性："当时有点饥不择食，反正先养活自己再说吧。"先养活自己是"蚁族"最基本的要求。

"蚁族"既有来自重点大学的毕业生，也有来自地方院校、民办高校的毕业生；他们主要从事保险推销、电子器材销售、广告营销等临时性工作，有的甚至处于失业和半失业状态，全靠家里接济度日；他们平均月收入低于2000元，大多数没有"三险"和劳动合同；他们的人均居住面积不足10平方米，主要聚居于城中村、城乡接合部或近郊农村，形成独特的"聚居村"。

他们聚集在房租低廉的京郊，白天，像蚂蚁一样汇聚到市中心；傍晚，拖着疲惫的身躯回到京郊的高低床上。为了生存，也为了梦想。不仅在北京，他们也分布在上海、广州、武汉、西安等大中城市。

唐家岭是海淀区最靠边的一个村子，这里看不出任何京都的气息，是典型的城乡接合部。但交通的便捷，生活成本的低廉，大量合法和违法建设的出租房屋，使刚刚毕业的大学生在此落脚成为可能，形成聚居。

北漂几年后，刘成良和高中同学阿峰取得联系。阿峰从中国地质大学毕业后，在广州一家公司做事，由于不堪忍受公司内部复杂的办公室政治想辞职。刘成良于是劝阿峰来北京，"我当时住在三环以内的地下室，就介绍他来了唐家岭。"初到唐家岭，阿峰挺失落的，一切又得从头开始。奥运前，刘成良被国家工商行政管理总局招去做了安保人员，朝九晚五，包吃包住，除了每月工资1200元稍有遗憾外，工作也不繁重。后来，他的工作调整为专门负责信访接待。2009年7月，他又辞了工。那时，阿峰已找到一份稳定的工作，月薪涨到了3000~4000元。在女朋友的要求下，阿峰搬离了唐家岭，但已提前交付了一年房租，房东不肯退，于是刘成良接下了这个15平方米的单间。他说，现在就算闭着眼睛，也能摸清在外人看来迷宫般曲折幽深的胡同。刘成良很快在上地中关村一带的一家小公司找了份策划的活。工资不高，平均1200元/月。"跟刚毕业的大学生差不多"，据他自己打听，住在这里的大学生，60%~70%都是月工资1200~1500元，干的也多是销售、电脑编程、软件测试、文员或者电脑推销员等活。

2009年6月从河北过来的张永刚和两个同学合租住在唐家岭。13平方米，一张双人床、一个地铺、一个小衣柜、两个电脑桌、一个洗手池、3个人，小屋子满满当当。张永刚说："一个月房租400元，冬天再加100元的取暖费，都是3人平摊，每人每月还得交10元水费，其实就是保护费，上次有个同学过来玩就被强行收了 10 元钱。"我们仨在软件公司工作，前两天刚签了合同，每月无责底薪 1500 元，外加 200 元补助。"张永刚说，"还好公司给交三险。隔壁卖保险的王哥是责任底薪加提成，其他什么都没有。说到生活，一般都是自己做着吃，省钱。也就能养活自己，还没能力报答父母。"永刚有些无奈地感慨："上下班最痛苦的就是挤公交，经常挤得公交车门都关不上。经常免费加班，不愿意干就走人，很多人争着干，公司根本不愁招不到人。"而略有起色的工作又让他们充满了期待，"慢慢混吧，情况稍好点我们就去租个居室房。"永刚的同学憧憬着。

按照资本的投入及收益来看，高学历应该是高收入。但"蚁族"的出现呈现了高学历低收益。"蚁族"的出现与高等教育大众化带来的"去精英化"有关，大学生由优势群体转为相对弱势群体。

近年来，大学生毕业期待薪酬停滞不前，甚至有下降趋势，便是对此的反映。从低收入的大学毕业生聚居群体身上，我们可以明显感知，大学生身价下跌的严重程度。社会已经形成大学毕业之后没有实现正常就业以及不得不从事中低学历要求的、待遇较低职业的大学生群体。

导致大学生群体成为"蚁族"的经济学原因是劳动力过剩。简单地说，就是大学生的需求远远小于大学生的供给而导致大学生身价的下降。

在就业竞争日益激烈的今天，劳动力过剩已经不仅仅是一个困扰低学历者的问题，一大批高学历者也加入失业大军的行列中，并且增长的趋势令人担忧。社会学家杰克思在《谁将出人头地：在美国取得经济成功的决定因素》一书中，对美国高等教育与社会分层之间的关系进行了较为详细的分析。他认为，在上大学费用急剧膨胀的今天，人们之所以上大学，最重要的原因之一就是希望把学位作为一张获取地位高、收入多的工作的门票。而这张门票却不再有效了。"蚁族"向上流动的机会相对要少，渠道也没那么顺畅。尽管不至于沦为最底层，但在社会地位上却处于"要上不上，要下不下"的尴尬境地。

看到大学毕业生所遭遇的困境，有企业家呼吁："高校和有关教育部门在就业问题上不能只关注数字，更应该看到数字下面毕业生真实的生存状况和他们渴望教育体制改变的无力挣扎。"

大学生供给的过多造成了"蚁族"一群的现状，也许短时间内这个现状难以解决和消除。新上任的教育部长袁贵仁提出"大学生就业要和高校校长的考核相挂钩"，这让我们看到高校教育对大学生就业做出了一些回应。从大学生自身出发，大学生应该结合社会的需要，努力锻炼自己的本领，改变毕业即被过剩的局面。

◎ 为什么月嫂难求而白领过剩

在我们的传统认识里，认为一个人的工资跟一个人的学历是成正比的。但在今天看来，白领的工作并不保险，而保姆的工资也不是低廉的代名词了。

要添丁了，是人生中的一件大喜事。但对于大连的市民吴先生来说，却成了一件大难事。因为他的妻子快要临产了，可是找了半年多还是没有找到月嫂。

吴先生说："妻子的预产期是 7 月初，可现在四处托亲朋好友找月嫂，却一直没有消息。"他也咨询了不下十家的家政公司，都说让他等，可这一等就是半年多了。眼看妻子就要临产了，还是没有一家家政公司给他回过话。

无奈之下，吴先生就只有亲自登门去家政公司"抢月嫂"。"我一共去了7家家政公司，都说让我先登记，再回家等回话。"吴先生说，他每到了一家家政公司，都向人家解释他的妻子快生了，等不了太久，如果有人愿意，他可以出高价聘请的。可是没想到的是，这些家政公司的工作人员都告诉他，现在有很多人比他还要急啊，现在请月嫂必须提前两三个月就预订。甚至有一家家政公司还拿出了登记表给他看，他发现，登记在册要找月嫂的人已经有10多位了。

据了解，因预订月嫂的人很多，其收入也跟着水涨船高。"比去年同期涨了10%到20%。"一家家政公司的有关负责人说，去年一年月嫂的工资就涨了4次。

随着保姆工资走俏，"保姆"也成了大学生的择业选择。"从2008年8月到12月，平均一个月就有五六百人前来应聘，其中90%以上都是大学生，还有28个是硕士。"广州市一家家政公司的副总经理这样说道。川妹子家政公司首都大学生家政事业部，2008年暑假报名参加大学生高级家政助理培训班并被录用的学员已达200人，与往年相比人数增长了七八倍。这批学员大部分来自北京著名高校，都是在校生，其中不乏硕士研究生，具有素质高、英语水平高的特点。

研究生小张："我从小就做家务活，也特别喜欢孩子，以前还做过英语老师。在假期中做大学生保姆就想多接触一下社会，锻炼自己与人交往的能力。以后这些人际关系可能会对找工作有帮助。"

当总经理叫李莉去他的办公室时，她正谈笑风生地和同事们交流在网上买房、抢车的经验。她放下内线电话，整整衣裙，走到总经理的办公室前。推开门的一刹那，她还以为他会像过去半年中每一次和她的单独谈话一样，表扬我的业绩，然后布置下一步任务。

谁知，她错了。

总经理开门见山地对她说："由于经济危机，已经波及公司的业务。公司从节约开支的角度出发，不得不开始考虑适当裁员。"

她的心里"咯噔"一下，有种不祥的预感。

果然，总经理停顿片刻，终于说出口："公司准备先从试用期的员工中开始裁员，由于你的试用期还没过……"

她叹了口气："总经理，我明白您的意思，可是，我什么时候正式离职？"

他说："再过5天。"

她走出经理的办公室，将要离开银行的消息，也随之传播开。

将近半年了，周围的同事和她已经相熟，接下来的几天，时不时有人关心地问她："接下来你怎么办？"当然，也有不少和她资历差不多的新人，她们忧心忡忡。

2008年经济危机失业高峰所波及的群体，正是城市的白领阶层，以及正准备迈入这一阶层的众多大学毕业生。白领的需求过剩，一些白领转而做蓝领了。广州市市容环卫局下属事业单位的一次公开招聘中，13个环卫工职位竟然引来286名本科生、研究生争相抢夺。无独有偶，一个终日要与病死畜禽打交道的职位，竟也引来19名本科生和7名研究生角逐。

最后1名博士、4名硕士和6名本科生被录用。

一方面是劳动力供给远远超过了经济增长带来的劳动力需求，出现总量型失业。另一方面是在经济体制改革和产业结构调整过程中，由于劳动力自身素质、技能不适应，出现大量岗位空缺，如许多企业和地区技能劳动者短缺、保姆短缺等。

无论是做白领还是做月嫂，最重要的还是赚取薪水、创造价值。离开工作，谈白领、蓝领就没有价值和意义了。当月嫂工作的附加值上升了，月嫂的薪水自然高过了白领。2009年6月，在深圳就出现了10万年薪的天价保姆。

◎ 为什么不向美丽征税

前段时间，江苏省某著名高校的毕业生小周做了一个"大眼睛、双眼皮"的美容手术，花了几千元。是接二连三的应聘失败，让他痛下决心走进医院的。小周曾到几家公司应聘市场销售的工作，笔试成绩都很理想，但一过面试关，他就被淘汰了。几家公司的招聘人都说他"眼睛小、没神"，形象和气质不适合这份工作。

现在，很多大学毕业生都做了美容整形手术，他们当中女生居多，也有不少男生悄悄加入。毕业生们都希望借助靓丽一新的外表，在激烈的求职竞争中为自己增添一份自信。

如果你有过找工作的经历，相信你一定不陌生，你的同学里面、竞争对手里面，通常是长相英俊、漂亮的更容易受到青睐。

演员奥兰多·布鲁姆（Orlando Bloom）在《魔戒》之中只是一个配角，但在获得奥斯卡各项大奖的《魔戒》各路人马中，他赚钱最快、最多，到现在已经赚了32亿港币。究其原因，只因为他长得帅。而大家都愿意为漂亮埋单。于是，有人依据公平原理，提出应该向美丽征税。这样的建议，应该会受到大多数人的赞同吧。

很多长相普通的人在遭遇帅哥、美女时，一般会安慰自己：我虽然长得不漂亮，可我会比他们生活得更好。但一项最新研究结果可能会打击到他们：漂亮的人不仅仅外表漂亮，还更有钱、更成功，也更容易相处。美国的一项最新研究显示，那些他们认为最美的人比那些看上去长相平平的人，收入至少会多7%。长相漂亮的人会让人们产生好感，乐于与他们合作。

基于美貌更容易帮人们在同事间建立合作关系，所以漂亮的人赚钱多。研究人员排除了这样一个可能：越成功的人越自私。事实上，研究人员发现，平均而言，漂亮的人比长相一般的人更不自私。人们之所以更喜欢同漂亮的人合作，是因为人们认为他们更有帮助。研究显示，人们一向会对漂亮的人做出更积极的判断，同时和他们建立更好的合作关系。另外，39%的帅哥和美女被认为有帮助，只有16%长相一般的人被认为有帮助，相貌丑陋的人的这一比率则降为6%。

1994年，得州大学的汉默希和密歇根大学的比德尔共同撰写了一篇关于容貌对经济的影响的著名文章，并发表在经济学术期刊《美国经济评论》上。这篇文章基于三项调查，其中两项在美国展开，另一项则在加拿大。调查者们上门拜访了许多居民，了解他们的教育、培训和工作经历，并在此基础上，谨慎地对每一个受访者进行容貌吸引力的评分。评分体系包括从一等（最好）到五等（最差）五个档次。在美国开展的两项调查拥有更多受访者，其中大约有 15% 的人被评为长相"十分平庸"或者"不好看"，也就是得到了评分体系中的四等或者五等。

调查结果显示，得到一等和二等评分的男人，他们的收入要比容貌为中等水平的人高出 5%。而长相"十分平庸"或者"不好看"的人，他们的收入要比容貌中等者低 9%。在职业女性中，结果也大体相同。这项调查把受访者的教育程度、工作经验及其他影响收入的因素作为评分时的调节指标，以便更直观地体现容貌对收入的影响。

汉默希和比德尔承认，对于某些特殊职业如推销员，给予长相好的人较高的报酬是很正常的。但这并不能解释容貌造成收入差距。他们认为，这种收入差距的根本原因，是雇主的偏见——对于帅哥或美女的偏爱。尽管用人单位没有明文规定长相好的人优先录用，但这是事实。从汉默希和比德尔的调查研究中可以发现，相貌的经济利益是普遍存在的。那么，这种普遍存在的根源在何处？

经济学家认为，人的收入差别取决于人的个体差异，即能力、勤奋程度和机遇的不同。漂亮程度也是其中的差异之一。

漂亮包括先天的禀赋和后天的培养。属于天生能力的部分包括脸蛋、身材，它可以使漂亮的人从事长相平平的人难以从事的职业，如演员或模特。漂亮的人少，供给有限，自然市场价格高，他们的收入自然也高。

除了脸蛋和身材，漂亮还包括一个人的气质，这种气质是人内在修养与文化的表现。两个长相接近的人，也会由于受教育程度不同表现出不同的漂亮程度。受教育多，文化程度高，收入水平高，这就是正常的。漂亮也可以反映人的勤奋和努力程度。一个工作勤奋、追求上进的人，自然打扮得体、举止文雅，这些都会提高一个人的漂亮得分。

对大多数醉心于专业钻研、工作、商战的男人来说，他们也需要注意装扮，毕竟相貌的"利益"不容小觑。

◎ 为什么捡废纸会成为进入职场的敲门砖

一个微不足道的动作，或许会改变人的一生。这绝不是夸大其词，可以作为佐证的事例随手便能拈来。美国福特公司名扬天下，不仅使美国汽车产业在世界独占鳌头，而且改变了整个美国的国民经济状况。谁又能想到该奇迹的创造者——福特当初进入公司的"敲门砖"竟是"捡废纸"这个简单的动作？

那时候福特刚从大学毕业，他到一家汽车公司应聘，一同应聘的几个人学历都比他高，在其他人面试时，福特感到没有希望了。当他敲门走进董事长办公室时，发现门口地上有一张纸，很自然地弯腰把它捡了起来，看了看，原来是一张废纸，就顺手把它扔进了垃圾篓。董事长对这一切都看在眼里。福特刚说了一句话："我是来应聘的福特。"董事长就发出了邀请："很好，很好，福特先生，你已经被我们录用了。"这个让福特感到惊异的决定，实际上源于他那个不经意的动作。从此以后，福特开始了他的辉煌之路，直到把公司改名，让福特汽车闻名全世界。

　　一只蝴蝶在巴西扇动翅膀，有可能在美国的得克萨斯州引起一场龙卷风。福特的收获看似偶然，实则必然。他下意识的动作出自一种习惯，而习惯的养成来源于他积极的态度。这正如著名心理学家、哲学家威廉·詹姆士所说："播下一个行动，你将收获一种习惯；播下一种习惯，你将收获一种性格；播下一种性格，你将收获一种命运。"

　　"蝴蝶效应"是气象学家洛伦兹1963年提出来的。为了预报天气，他用计算机求解仿真地球大气的13个方程式，意图是利用计算机的高速运算来提高长期天气预报的准确性。

　　在1963年的一次试验中，为了更细致地考察结果，他把一个中间解0.506取出，提高精度到0.506127再送回。而当他到咖啡馆喝了杯咖啡后回来再看时大吃一惊：本来很小的差异，结果却偏离了十万八千里！再次验算发现计算机并没有毛病。洛伦兹发现，由于误差会以指数形式增长，在这种情况下，一个微小的误差随着不断推移造成了巨大的后果。他于是认定这为："对初始值的极端不稳定性"，即"混沌"，又称"蝴蝶效应"。

　　一天夜里，已经很晚了，一对年老的夫妻走进一家旅馆，他们想要一间房间。前台侍者回答说："对不起，我们旅馆已经客满了，一间空房也没有剩下。"看着这对老人疲惫的神情，侍者又说："但是，让我来想想办法……"

　　随后侍者又说："也许它不是最好的，但现在我只能做到这样了。"老人见眼前其实是一间整洁又干净的屋子，就愉快地住了下来。

　　第二天，当他们来到前台结账时，侍者却对他们说："不用了，因为我只不过是把自己的屋子借给你们住了一晚。祝你们旅途愉快!"原来如此。侍者自己一晚没睡，他就在前台值了一个通宵的夜班。两位老人十分感动。老头儿说:"孩子，你是我见到过的最好的旅店经营人。你会得到回报的。"侍者笑了笑，说:"这算不了什么。"他送老人出了门，转身接着忙自己的事，把这件事情忘了个一干二净。没想到有一天，侍者接到了一封信函，里面有一张去纽约的单程机票并有简短附言，聘请他去做另一份工作。他乘飞机来到纽约，按信中所标明的路线来到一个地方，抬头一看，一座金碧辉煌的大酒店耸立在他的面前。原来，几个月前的那个深夜，他接待的是一个有着亿万资产的富翁和他的妻子。富翁为这个侍者买下了一座大酒店，深信他会经营管理好这座大酒店。

这个讲的是全球赫赫有名的希尔顿饭店首任经理的传奇故事。如今，希尔顿饭店被称为"旅店帝国"。目前拥有 200 多座高楼大厦，包括纽约市的华尔道夫、阿斯托利亚大酒店，芝加哥的帕尔默大酒店，佛罗里达州的"枫丹白露"，美国赌城拉斯维加斯的希尔顿大酒店和法兰明高大酒店，以及香港的希尔顿大酒店，上海的希尔顿饭店……已成为世界财贸界巨头，乃至国家首脑争相光顾的地方。

希尔顿能够一举成名，靠的就是一件渺小的事情。而他把希尔顿酒店打造成世界酒店的大佬，也是"蝴蝶效应"的印证。

福特捡废纸能够得到一份工作，并最终打造了一个汽车帝国。而希尔顿酒店首任经理为一对老人提供了周到的服务，得到一座酒店，并打造了一个酒店帝国。一屋不扫何以扫天下? 如果你想做一件大事，那就从做好一件小事开始。

曾经有一个年轻人请教神父天堂和地狱的区别？神父把这个年轻人先是领到了地狱。这里人们围坐在一个长方形餐桌前就餐，每个人手里都拿着一个 2 米长的饭勺，人们相互谩骂、互相争抢着各自喜爱的食物。身上、餐桌上洒满了各种美食，各个都是面黄肌瘦的。然后，神父又对他说："现在我们再去看看天堂吧。"当他们走入天堂时，人们也正在围坐在一个同样的长形餐桌旁。人们各个红光满面、精神焕发，相互之间谦谦有礼；每个人都询问对方需要什么，并亲自用 2 米长的饭勺喂到对方的嘴里，微笑着征求对方的意见。年轻人不解地问神父这期间的奥秘所在？神父说："并不是他们人人都是思想境界高尚的人，只有他们更多地为别人服务，他们自己才能得到别人给他提供更多的服务。"

◎ 为什么不把自己明码标价

小雨，一名来自山东农村的女孩。2005 年，离开家来到济南市打工。初到济南，她对大城市的生活感到茫然，不知道做什么，只要找个能维持生计的事做，就满足了。在朋友的介绍下，她来到太阳岛一家餐馆打工。由于工资待遇不高，在干了几个月的服务员工作后，她辞职了。

后来，在朋友的介绍下，她又来到一家超市上班。工作了近一个月，才从同事那里弄明白，待遇是 800 元一个月，包吃包住。

其实职场中的很多人，就像这位农村姑娘一样，不是主动和老板说我的工作值多少钱，而是被动地等待老板发工资，他给多少我就要多少。身在职场，少不了听周围的朋友抱怨自己的老板

"抠门"："凭什么给我那么低的薪水啊？我再熬个半年立马走人，让他后悔。"但是很少有听到过哪位跟老板谈加薪，并且鲜有成功案例。为什么职场人士都愿意通过跳槽的方法来加薪呢？何不学学下面这位职场新人的创意呢？

有一位刚从某高校管理专业毕业的学生，为了找到合适的工作，他对自己进行了一番"包装"。他在自己的简历中对自己的能力及不足进行了"明码标价"：基本价值：+1800元——作为一名国家直属重点院校的本科毕业生，在16年的求学生涯中耗费了家庭大量的金钱与感情，需要足够的物质来回报家人以及提供个人生活基本费用，并用于支付工作技能的进一步发展。

技能价值：-500元——作为一名刚毕业的学生缺乏"一技之长"，所能干的工作似乎任何专业的人都可以胜任。但个人的优势只有在进入企业经过一段时间的磨炼后，才能有所发挥。为了感激企业给予这个机会，应该减去500元的薪金。

性格价值：+300元——开朗、活泼的性格，能最大限度地提升团体的士气，在愉快的氛围中又能保持工作的高效。

经验价值：-500元——经验欠缺，短期内不能给企业带来效益。但是请相信，作为一个具有扎实专业知识和较高综合素质的社会新鲜人，能很快完成从学生到管理工作者的过渡。

……

这份"报价单"中，这位毕业生对自己的各项素质进行了评价，一共有10余项，分别给出了或正或负的价值数额。最后，他给自己评定的市场价值是2000元。

这样的简历显然符合经济学道理。求职本身就是一种市场行为，求职者为卖方，企业为买方。求职者能将自己的特点一一介绍并明码标价，他的优劣企业一看便知。这和商家推销产品是一个道理，这种产品是干什么用的、有什么特点、价值多少等，让人清清楚楚。

很多毕业生在对自己进行评价时，尽是"本人刻苦努力，成绩优良，尊敬老师，团结同学，积极参加各种社会活动，只要能给我一次机会，我一定努力工作"之类。至于到底是怎样一个人，擅长什么，能干多大的事，该拿多少钱，则让人摸不着头脑。

同时，在分析自身的基础上，如果发现你自身的表现连续一段时间（比如连续半年或者一年）一直很稳定，公司的整体业务也没有问题，而你自己的工资水平确实低于市场水平或者说与自己的工作职责不相符，并且你一直为此而烦心甚至影响了工作热情和工作效率，那这时候你完全可以考虑与老板谈你的加薪问题了。

相对于那些不懂得经济学的毕业生，将自己明码标价的这位毕业生以经济学的眼光衡量自己，优势要明显太多。

一个在全国报刊上发表过几十篇文章的业余作家，离开自己居住的小城镇，来北京发展，他希望谋求一个编辑的工作岗位。面试时，主考官问他有无经验，业余作者如实作答，没有做过相关的工作。面对主考官，业余作家表现得非常谦虚，姿态很低，表示只要能给他一次机会就心满意足了。业余作家面试了多家单位，却没有一家录用他。很快两个多月过去了，业余作家还是没有找到工作。业余作家泄气了，难道北京的工作这么难找吗，北京做编辑的人一个个都是大作家吗？

就在业余作家准备放弃时，意外地碰到了大学时的一个同学，当时他已是某知名杂志社的编辑部主任了。业余作家给他谈起自己的情况。这位同学听完后，大声说道："像你这水平，哪能找不到工作！你知道原因在哪吗？关键在于你的姿态，你把自己放得太低了！"

于是在大学同学的安排下，业余作家将自己的履历表重新"粉饰"了一番。由没有工作经验转变成了某报社的出色编辑，只因所在报社由于国家有关政策停办了，不得不重新求职。期望月薪不低于3000元。面试的时候，业余作家一改往日的谦虚姿态，以不卑不亢的自信姿态一下子就赢得了某出版社的青睐，第二天就让他上班。上任后，由于业余作家本身底子不错，一些技术性的东西有了那位同学的帮忙，很快就适应了工作，赢得了单位领导的高度认可。

其实，很多人因为过于"诚实"也曾有过业余作家同样的经历。与其我们遮遮掩掩降低自己的身价，我们为何不"粉饰"一下抬高自己的身价呢？老板挑选人才，永远是挑那些名头响亮的人作为自己的下属，一来可以给公司贴金，二来是人们的心理在作怪。

◎ 为什么洋打工者也来中国抢饭碗

与十几年前，一些人希望拿绿卡去美国生活、工作和居住不同的是，中国正在成为世界求职者的热土。在20世纪，洋打工者成群结队到中国来工作是一件不敢想象的事，武汉柴油机厂聘请了一位德国专家做厂长成为新闻媒体竞相报道的题材。

而今天，这样的事情已经见怪不怪了。"在过去的几年里，我已经看到越来越多的年轻人来中国就业。"中国最大汽车零部件公司之一的亚新科工业技术的创始人Jack Perkowski说。"1994年我来到中国，那是美国人到中国的第一波浪潮。"他说，"在过去的几年里来到中国的美国年轻人，正是美国人到中国的第二波大浪潮的一部分。"

John是在最近这波大浪潮中来到中国的美国年轻人。2007年他从美国维思大学（Wesleyan University）获得了学士学位。两年前，他决定到中国上海的一家教育旅游公司——China Prep，做暑期兼职。

"我对中国根本不了解。"从事市场研究和项目开发的John说，"人们认为我是疯了，到中国却不会普通话。但我想不落俗套地做点事情。"两年后，在非营利部门和北京一家大型公关公司工作后，他精通普通话，并在北京一家经营网络游戏的社会媒体公司——XPD Media担任经理。

2007届耶鲁大学毕业生Grace Hsieh说，自从她两年前来到中国，她看到越来越多的耶鲁大学毕业生到北京工作。Grace Hsieh目前是北京一家公关公司的客户经理。

2006年，Berman毕业后初到北京，任中国第一个独立于政府的现代舞蹈团项目总监，这是一个23岁年轻人在美国难以企及的职位。Berman说她受聘于她所熟悉的西方现代舞蹈，而不需要深入了解中国。"尽管缺乏语言能力和在中国的工作经验，我却得到了机会来管理旅游、国际项目以及策划和实施我们每年的北京舞蹈节。"经过在中国的两年生活和工作后，Berman女士精通普通话。她随舞蹈团游遍中国、欧洲和美国。

这些洋打工者的故事从侧面揭示了这样一个事实：中国正在成为外国人就业的热土！他们给中国人提了个醒：老外来中国抢"饭碗"了！这里隐含着一个"劳动力市场"。劳动力市场，市场体系的组成部分，是交换劳动力的场所，即具有劳动能力的劳动者与生产经营中使用劳动力的经济主体之间进行交换的场所，是通过市场配置劳动力的经济关系的总和。随着全球经济化，中国的劳动力市场也变成了全球市场。哪里有价值洼地，哪里就有流动性。当上海有工作可循，而美国等其他国家机会较少的时候，中国劳动力市场就会吸引很多的世界人才到中国来。

当今，美国大学毕业生面临着接近两位数的失业率，更多美国大学毕业生选择到上海和北京来就业。这些大学毕业生中甚至有对中国了解不多或根本不了解的。吸引他们的是中国经济的快速增长，中国较低的生活费用以及绕过美国第一份工作通常需要缴纳的会费的机会。

据估计，在上海约有 5.4 万名洋打工者，这些人来自 152 个国家，名列前 10 位的分别是：日本、美国、韩国、新加坡、德国、法国、加拿大、马来西亚、澳大利亚和英国，约占总数的82%。从人员结构来看，"洋打工"队伍呈现"三高"特点：一是职位较高，高级管理人员占 25.4%，首席代表占 3.1%；二是学历较高，89%的人持有大学以上学历，其中博士占 2.6%；三是在外企任职的比例较高，他们主要在外商投资企业或外企常驻代表机构工作，这部分人占到 83.6%。

Perkowski最新的企业——JFP Holdings，是一家总部设在北京的商业银行，至今还没有发布过任何职位需求，却已经收到超过

60 封求职简历，其中 1/3 是来自想到中国工作的美国年轻人。

美的中层以下的岗位，几乎处处都是"能者上，庸者下"。美的集团总裁何享健说："美的（20世纪）70 年代用顺德人，80 年代用广东人，90 年代用中国人，21 世纪用全世界的人才！"

随着全球化的竞争进一步加快，同时世界优秀人才也参与抢滩新兴劳动力市场，越来越多的优秀人才加盟中国人才市场。每一个员工还面临着全球优秀员工的竞争。一个工作岗位的待遇越有诱惑力，其面临的竞争也越激烈，薪水也越来越不好赚。

◎ 为什么努力工作仍然需要智慧

正在树下吃草的驴子，忽然听见树上的蝉在唱歌，驴子一下子被美妙动听的歌声所打动。它想一定是蝉吃了什么与自己不同的食物才发出如此悦耳动听的声音。于是，它便羡慕地问："蝉小姐，你平时都吃些什么，唱出来的歌声这么美妙？"蝉答道："我平时只喝露水。"驴子听了心里非常高兴，它以为终于找到了唱出美妙歌声的秘诀，回到家里便也只吃露水，但没过多久就饿死了。

驴子的可悲下场，是因为它不清楚自己强壮的身躯，怎么与弱小的蝉一样只吃露水而生存呢？它一味认为自己只要照着蝉的方式，就可以唱出美妙的歌声。其实我们人类也一样。有些时候，你无论怎么努力工作也可能无法取得别人那样的成功。其根源就在于职位本身不同。

一个人的成功或多或少会有一些偶然性，家庭背景、出生地、运气、机遇、性格等偶然性因素都可能对一个人的职业发展产生重大的影响。在经济学看来，一个人成功的标志或衡量标准是其获得了最大的人生效用，金钱或效益、权力或地位、工作、健康、爱情和家庭等都是其获得效用的手段。为了分析的方便，我们假设衡量职业发展成功的标准就是获得物质财富的多少。

有一天，铁匠在路上偶然遇到微服私访的总统。

他拦住总统问："你每天工作几个小时？"

总统回答："8个小时。"

铁匠说："我每天要工作12个小时，我比你辛苦。"

铁匠又问："你现在口袋里有多少钱？"

总统说："我有1000美元。"

铁匠说："我只有10美元。"

铁匠十分不解，自言自语："我比总统还辛苦，我为什么没有他富有？"

现实生活中，有些人拼命工作却只能谋求生活，而有些人付出很少，得到的回报却很多，也获得了人生的成功。这些人或因继承家族遗产，或通过垄断和行政特权，或者依靠机遇和运气，或者凭自身某些天赋，而获得了比他人更多的财富和成功。这些都是成功的外部条件，超出了经济学的分析范畴。

在不考虑外部约束条件的情况下，成功主要取决于其自身的两种行为选择：一是是否根据自身人力资本的变化，选择了最能发挥其比较优势的工作岗位，即是否选择了高效岗位；二是是否在已选择的工作岗位上，尽力发挥了其积极性和创造性，即选择高效劳动。

高效岗位和高效劳动决定一个人职业发展成功的高度和速度。我们假设人的资源只有时间资源，抛开工作环境、技术设备等客观条件的影响，那么，就可以推论出一个人最快获得职业成功的条件：占有高端岗位，进行积极有效劳动。这也是铁匠没有总统富裕和更受人尊重的原因。

我们知道，一个人要想在职场上获得尽可能多的效用，获得尽可能多的财富，他就必须参与社会分工协作，必须为社会或他人生产有用的产品或提供有用的服务。这种有用的产品或有用的服务越多，他就能获得越多的回报，获得更大的职业成功。

一个人的成功既取决于主观努力，也取决于客观条件，还取决于对客观条件的有效利用。因此，如果你要想获得职场成功，不仅要依赖客观条件（比如你的人脉资源、资本实力、高效职位等），更要依赖自身努力（比如积极主动的做事态度、平和的心态、对成功的渴望和追求等），还需要有以下共同特征：

1. 选择了既符合社会需要又符合自身比较优势的人生定位（目标和方向）。

2. 在人生的各个阶段能很好地把握住机遇，选择了专业化水平或效率较高的工作岗位。

3. 在每一个工作岗位上充分发挥了自身的积极性和创造性。

4. 选择有利于自身成长的制度和技术环境，并在环境中不断学习、探索和总结，不断提高自身的人力资本。

◎ 为什么大多跳槽者会遭到专家批评

北京某高校硕士毕业多年的陈娟，原本在一家日资银行就职，薪水不菲，也令外方老板颇为赏识。但没多久，她就跳槽到了一家泰资公司。短短几年里，"不安分"的她竟然换了3份工作。每每有人调侃她的"跳动症"时，她就说："刚刚过去的奥运会，我们国家的运动员都得了蹦床冠军，为何不让人自己先'跳'一把？"

这是一个强调个性体验的时代，想"跳"一把的北京白领丽人绝非陈娟一个。很多人跳槽是为了换一种生活方式，寻求流动跳跃的感觉，寻找时代弄潮儿的体验。

"跳槽"，即指"换工作""换单位"。如果你去跳槽，那就说明你放弃了当前工作的收益，并同时放弃了这个机会可能带来的潜在收益。这些被放弃的所有收益就是你跳槽的机会成本。

不同的人，其跳槽的机会成本是不同的。对于一般人来讲，跳槽的机会成本有哪些呢？

第一是时间的机会成本。如果想跳槽成功，就要花费时间搜集并分析招聘信息，对市场上的招聘企业作出正确的判断。这个过程中，跳槽者要付出时间、精力等成本，还要承担等待、焦虑等心理压力。当信息不明朗时，还会为如何抉择而感到痛苦。

第二是薪资的机会成本。跳槽意味着你放弃本有的薪资，以及因此而可能获得的潜在薪资、福利等待遇。假如你本有的月薪是5000元，加上奖金、补贴和保险等，可能近8000元。如果你不能在辞职的当月找到工作，那么这8000元即是你跳槽所付出的机会成本。

第三是人际关系的机会成本。当你在一个环境里工作，获得的报酬不仅是货币工资，还包括学习锻炼的机会和人脉关系。人脉就是你的资源和钱脉，它同时也是你遇到困难和问题时的"活期存折"。

第四是升迁的机会成本。当你在一个新的环境里，往往很难一下子得到真正重用，尽管在职务或薪资上可能比原来高，但新的单位需要重新对你的人品和工作能力有一段时间的考验。

每"跳"一次都希望比上一次升一次职位、涨一次工资。短暂的看来，眼前微小的愿望获得了满足，但高位、高薪绝不是频繁跳槽的结果。曾经有过一项统计：在高级人才中，频繁跳槽的人与其他人相比，薪金方面的比例是1:2。同时频繁跳槽者个人资源的积累和自身能力的培养都必然大打折扣。

那我们都为什么会跳槽呢？调查显示：与同事沟通不好、太累、离家太远、被领导批评、男（女）朋友不同意、待遇不合理、工作没挑战、没原因就是不想做，等等，都有可能成为我们跳槽的理由，也让很多企业领导人大伤脑筋。

这种轻易做出的跳槽选择，饱受人力资源专家的批评。且不说，这些年轻的朋友没有想到企业为培养自己所付出的代价，自己的离职将给企业带来的损失，他们更没有为自己的职业生涯、事业发展做出铺垫。放弃一次事业机会，或许觉得自己还年轻，或许会认为还能有更好的机会。实际上，随意跳槽，不仅对企业是损失，对个人同样是很大的损失。

虽然跳槽有机会成本，但并不是反对跳槽。能够跳槽和允许跳槽其本身是时代进步的表现。人才只有在不断的双向选择中才能真正实现资源优化配置，才能产生最大效用。像古时的韩信、现在的唐骏都在一次又一次的跳槽中实现了自己的利益最大化。

从经济学角度分析一下跳槽可能会产生的机会成本，只是提醒职场人士在跳槽之前要通盘考虑和分析，让自己的职业变动决策更加理性、科学和正确。把成本搞清楚了再作决策也不迟。

聪明人为什么更容易受困

◎ 为什么有时人才没有得到应有的重视

《史记》有传，屈原早年受楚怀王信任，任左徒、三闾大夫，常与怀王商议国事，参与法律的制定，主张章明法度，举贤任能，改革政治。同时主持外交事务，主张楚国与齐国联合，共同抗衡秦国。在屈原的努力下，楚国国力有所增强。但由于自身性格耿直，加之他人谗言与排挤，屈原逐渐被楚怀王疏远。

公元前305年，屈原反对楚怀王与秦国订盟，但不为重视，楚国彻底投入了秦的怀抱。楚王听人谗言，远离屈原，使得屈原亦被逐出郢都，流落到汉北。流放期间，屈原感到心中郁闷，开始文学创作，作品中洋溢着他对楚地楚风的眷恋和为民报国的热情。其作品文字华丽，想象奇特，比喻新奇，内涵深刻，成为中国文学的起源之一。

公元前278年，秦国大将白起挥兵南下，攻破了郢都。屈原在绝望和悲愤之下怀抱大石投汨罗江而死。屈原空有一身才华，不为当政者重视，最终才无用武之地，国破人亡。后人极其唏嘘感叹，将"怀才不遇"作为屈原一生命运的最好注脚。

中国怀才不遇的鼻祖可以说是屈原了。屈原是中国最伟大的爱国主义诗人之一，也是我国已知最早的著名诗人和伟大的政治家。他创立了"楚辞"这种文体，也开创了"香草美人"的传统。《离骚》《九章》《九歌》《天问》是他的主要作品，其中《离骚》是我国最长的抒情诗。

我们的周围总是有这样的一群人：他们有着令人羡慕的天赋与才华，却总是在碌碌无为的工作中焦灼不安；他们空有满腹经纶，只能无奈于"知音少，弦断有谁听"；论能力，他们是佼佼者，个中翘楚；他们是人们常说的"千里马"，却又不得不接受怀才不遇的事实。

王先生原是一家跨国公司的营销副总监，有丰富的营销和管理经验，能力非常强，业绩也很突出。某企业花了半年时间把王先生挖了过来，并任命他为营销总监。新到任的王总监花了三个月的时间把工作搞得有声有色、颇有成绩。然而，就在大家普遍看好这位年轻的营销总监时，他却毅然决然地辞职而去。

王先生谈起辞职原因，说到四点：

1. 企业不信任，不放权，有总监之名，无总监之实，基本上相当于一般的区域经理，工作无法正常有效地开展实施。

2. 在讨论企业重大决策时，视建议为抵触和不服从的表现。

3. 推行公司已经认可的改革而危及部分人的利益时，公司领导不支持，甚至将计划放在一边不闻不问。

4. 出现小的工作失误时，公司领导对其全盘否定。

在这种情况下，虽然王先生尽力将工作做到最好，但最终还是只能带着"怀才而不遇伯乐"的无奈离去。

与怀才不遇相反的情况是"小人得志"。一般而言，在"怀才不遇"的君子眼里，得志的都是小人。"小人"们总是善于拍马溜须，吹喇叭抬轿子。王先生辞职原因中也影射出，为什么他的建议被视为抵触和不服从？为什么他的改革无法推行下去？不难想象，公司中总有些小人在领导身边溜须拍马，影响领导的决策。

为什么偏偏这些毫无能力的小人反而容易得志？其实也很简单，没有人不喜欢知音。高处不胜寒，位置高高在上的人也希望有"朋友"，所以，清高的"才子"当然比不过前前后后端茶倒水的"小人"了。

这就是职场中的"劣币驱逐良币"。职场中，春风得意的总是那些趋炎附势的小人，而真正的有识之士，却吃力不讨好，甚至遭遇被"劣币"排挤的下场。

人生很多时候就是如此，优未必能胜，劣也不一定败。社会生活中的"劣币驱逐良币"现象比比皆是：挤车的人总能捷足先登，排队的人总也上不了车；大锅饭盛行的单位，年轻力强、水平高的人都另谋高就去了，老弱病残和平庸之辈都留下来坐享清福；不贪污受贿、损公肥私的人只能吃苦受穷，独善其身的人却成为异己分子被排除出局；社会上泛滥的假文凭不像真文凭那样需要花费无数的心血与才智才能取得，但在求职中却能蒙混过关，那么人们怎么还会努力追求真文凭呢？

金无足赤，人无完人。每个人都有自己的核心优势和竞争力，也有自己固有的缺点和劣势。才非天生，绝大多数的才能为后天所学。由于天赋等各方面的条件，人各怀有其才，只不过是"大才"还是"小才"而已。在大多数情况下，"才"无非是人们谋求生存的一个技能。一般的人，只要不自我夸大所怀之才，又能满足自己的生存状态，就不会常常有"怀才不遇"的感叹。

比尔·盖茨说："生命是不公平的，但你要去适应它。"是的，"怀才"者也要适应环境，否则只能"不遇"了。如果某一环境确实让自己感到"怀才不遇"，就快速地离开那里，外面的天地无限广阔。所谓"才"，当然也包括了适应环境、克服困难、脱颖而出的能力。

◎ 为什么有些人更容易获得经济上的成功

浙江是手工业的摇篮。改革开放以前，年轻人都会去学一门手艺，就只是他认为自己有学问，必须高人一等，死活也不学手艺。当同龄人都到外地淘金一年赚回好几千的时候，他依然守着生产队每天 4 角钱的报酬。看着别人盖起新瓦房的时候，他后悔了，当初为什么不去学手艺呢？要是去学一定比别人强，凭自己的聪明至少要比别人多赚好多。

改革开放了，手艺人纷纷开始扩大规模或者改行经商办厂的时候，多少人看重他的才华，邀请他加盟。但他看不起那些先富起来的人，觉得他们的水平太臭，自己不可能屈居他们下面，要做也要自己去做，这样凭自己手艺打天下的小作坊努力一年也可以的。为了梦想，为了第一桶金，也迫于家庭压力，他终于下决心去学艺。

几年的手工业生涯没有给他带来本质的变化，而身边的同学都成了小老板了，万元户、十万元户，甚至百万元户也有了。他又在后悔当初没有加盟。当他再想加盟到别人企业的时候，别人的企业已经有了规模，人员配置早已齐全。也有老板嫌他背时了，很小的企业他又不想委屈自己。

他也想着自己满腹经纶，哪肯轻易认输，自不甘寂寞，也不肯低人一头。看着当年读书最差的人都发了财，心里憋着一股劲，他下决心要混出个人样来。查找资料，收集信息，他确实找到了很多致富路子。为了保险起见，他把致富信息告诉身边的人，和别人讨论。遗憾的是等别人因此发了财，他依然没有动手。现在他唯一能骄傲的一句话就是："某某发了是我提供的路子，是我出的点子。"

贫穷使妻子走了，女儿也被别人收养，孤苦伶仃的他才 40 多岁就像 60 岁的老头，额头的皱纹记录了他懊悔的半生。看着他落魄的身影真是百感交集。

在经济学上，你付出了就会得到回报的，付出的越多，得到的也就越多。一位年长者说："有些聪明人总觉得自己很傻，所以才拼命地学习，勤奋地工作；有些傻子，觉得自己很聪明，其实很傻。幸运之神从不会无故光顾于任何人，她总是垂青于为之付出汗水的辛勤的人们。"

罗伯特·谢明从小就被视为"傻瓜"，如今却成长为一位活跃的投资者及赚钱高手，不但是个百万富翁，也是优秀的推销员和畅销书作家。为什么在"聪明人"看起来遥不可及的成功与财富，一个"傻瓜"却轻松得到了？正是当时让他成为"傻瓜"的那些品质造就了他今天的辉煌。

下面是洛克菲勒大王留给他儿子的信，他在信中还定义了"傻瓜"和"聪明"人，并希望儿子做一个"聪明的傻瓜"，这样才能领导好公司。

儿子，我知道你是布朗大学的优秀毕业生，你在经济学与社

206

会学方面的知识可谓优秀。但是，你应该清楚，知识原本是空的，除非把知识付诸行动，否则什么事都不会发生。而且，教科书上的知识，几乎都是那些皓首穷经的知识匠人在象牙塔里编撰出来的，它难以帮你解决实际问题。我希望你能去除对知识、学问的依赖心理，这是你走上人生坦途的关键。

你需要知道，学问本身并不会怎么样，学问必须加以活用，才能发挥作用。要成为能够活用学问的人，你必须首先成为具有实行能力的人。那么实行能力从哪里来呢？在我看来它就潜藏在吃苦之中。我的经验告诉我，走过艰难之路——布满艰辛、不幸、失败和困难的道路，不仅会铸就我们坚强的性格，我们赖以成就大事的实行能力亦将应运而生。在苦难中上下攀爬的人，知道什么叫千方百计地去寻找方法、手段，让自己得救。处心积虑地去吃苦，是我笃信的成功信条之一。

也许你会讥讽我，认为没有比想吃苦再傻的了。不！没有不幸体验的人，反而不幸。很多事情都是来得快去得也快。那些实现了一夜成名、一夜暴富梦想的人，有谁不是很快就销声匿迹了？吃苦所得到的，是将你的事业大厦建立在坚实的地面上，而不是流沙里。人要有远见，只有长时间的吃苦，才有长时间的收获。

我相信你已经发现了，自你到我身边工作以来，我并没有给予你重担去挑。但这并不表明我怀疑你的能力，我只是希望你善于做小事而已。做好小事是做成大事的基石。如果你从一开始就高高在上，就无法体会部属的心情，也就不能真正地活用别人。在这个世界上要活下去、要创造成就，你必须借助人力，即别人的力量。你必须从做小事开始，才会了解当部属的心情。等你有一天走上更高的职位，你就知道如何让他们贡献出全部的工作热情了。

儿子，世界上只有两种人头脑聪明：一种是活用自己的聪明人，例如艺术家、学者、演员；一种是活用别人的聪明人，例如经营者、领导者。后一种人需要一种特殊的能力——抓住人心的能力。但很多领导者都是"聪明的傻瓜"，他们以为要抓住人心，就得依据由上而下的指挥方式。在我看来，这非但不能得到领导力，反而会降低很多。要知道，每个人对自己受到轻视都非常敏感，被看矮一截会丧失干劲。这样的领导者只会使部属无能化。一头猪好好被夸奖一番，它就能爬到树上去。善于驱使别人的经营者、领导者或大有作为的人，一向宽宏大量，他们懂得高看别人和赞美他人的艺术。这意味着他们要有感情的付出。而付出深厚感情的领导者最终必赢得胜利，并获得部属更多敬重。

受自尊心、荣誉感的支配，很多有知识的人对"不懂"总是难以启齿。好像向别人请教，表示自己不懂，是见不得的事，甚至把无知当罪恶。这是自作聪明，这种人永远都不会理解那句伟大的格言——每一次说不懂的机会，都会成为我们人生的转折点。

自作聪明的人是傻瓜，懂得装傻的人才是真聪明。如果把"聪明"视为可以捞到好处的标准，那我显然不是一个傻瓜。

直到今天我都能清晰地记得那一次装傻的情景，当时我正为如何筹借到15000块钱大伤脑筋，走在大街上我都在苦思冥想这个问题。说来有意思，正当我满脑子闪动着"借钱、借钱"的念头时，有位银行家拦住了我的去路，他在马车上低声问我："你想不想用50000万块钱，洛克菲勒先生？"我交了好运吗？我有点不相信自己的耳朵。但在那一瞬间我没有表现出丝毫的急切，我看了看对方的脸，慢条斯理地告诉他："是这样……你能给我24小时考虑一下吗？"结果，我以最有利于我的条件与他达成了借款合同。

装傻带给你的好处很多很多。"装傻"的含义，是摆低姿态，变得谦虚，换句话说，就是瞒住你的聪明。越是聪明的人越有装傻的必要，因为就像那句格言所说的——越是成熟的稻子，越垂下稻穗。

儿子，有了爱好，然后才能做到轻巧。现在，就开始热爱"装傻"吧！

爱你的父亲

洛克菲勒希望儿子不要假装聪明，而是要学会"装傻"，难得糊涂，对于他来说，任何一个人太过于"聪明"就会付出很大的成本。比如，会让下属工作积极性不高、会让别人觉得你太过张扬……

洛克菲勒的故事也印证了这样一个事实："傻瓜"领导"聪明人"，"傻瓜"比"聪明人"赚钱多。

◎ 为什么有些人总是原地踏步

"为什么要放羊？"

"为了卖钱。"

"卖钱做什么？"

"娶媳妇。"

"娶媳妇做什么呢？"

"生孩子。"

"生孩子为什么？"

"放羊。"

这段对话，就形象地为"内卷化"现象作了注解。

20世纪60年代末，一位名叫利福德·盖尔茨的美国人类文化学家，曾在爪哇岛生活过。这位长住风景名胜的学者，无心观赏诗画般的景致，而潜心研究当地的农耕生活。他眼中看到的都是犁耙收割，日复一日，年复一年。原生态农业在维持着田园景色的同时，长期停留在一种简单重复、没有进步的轮回状态。这位学者把这种现象冠名为"内卷化"。

"内卷化"的结果是可怕的。它会让人在一个层面上无休止地内缠、内耗、内旋，既没有突破式的增长，也没有渐进式的积累，让人陷入一种恶性循环之中。你越是缺乏自信，你越难以成功，你越不能成功，你就越缺乏自信，直至"破罐子破摔"。

在 2009 年即将过去的时候，很多人在自己的日记里可能会这样写道：一切都没有变化，我还是原地踏步，没有起色。2009 年就这样过去了，好快，不由得感慨。时光匆匆流过，我还一事无成，也快老去了。

格林大学毕业之后在一家保险公司做业务代表。这是一项很让人头痛的工作，因为很多人都对保险业务员敬而远之。所以，格林的工作开展起来很困难。

办公室的其他业务员整天对自己的这份工作抱怨不停，"如果我能找到更好的工作，我肯定不会在这里待下去。""那些投保的人，太可恶了。整天觉得自己上当了。"当然，这些人只能拿到最基本的薪水。只有在业务部经理催促下，或者是"胡萝卜+大棒"的政策下，他们才有一点点进步，否则就是原地踏步或者在退步。

唯有格林和他们不一样。尽管格林对现状也不是很满意，薪水不高、地位不高。但是格林没有放弃，因为他知道，与其说是放弃工作，不如说是在放弃自己。在这个世界上，没人强迫你放弃自己，除非你主动为之。因为格林还相信，努力是没有错误的。努力会让平凡单调的生活富有乐趣。

于是，格林主动去寻找客户源。他熟记公司的各项业务情况，以及同类公司的业务，对比自己公司和其他同类公司的不同，让客户自己去选择。虽然一些人很希望多了解一些保险方面的常识，但是他们对保险业务员的反感使他们在这方面的知识很欠缺。格林知道这些情况之后，主动在社区里办起"保险小常识"讲座，免费讲解。

人们对保险有了更多的了解，也对格林有了好印象。这时，格林再向这些人推销保险业务，大家没有反感，反而乐于接受。格林的工作业绩突飞猛进，当然薪水也有了很大的提高。

同是职场中人，为什么有的人终其一生屡受挫折碌碌无为，有的人却事无不成、业绩辉煌？其实，生活给每个人的机会都是一样的，能否成功的关键就在于你是否能在舞台上将自己扮演的角色发挥得淋漓尽致。

其实，作为个人来讲，进入"内卷化"状态，根本原因就在于精神状态和思想观念。人们常说，信心决定命运，观念决定出路。一个人如果总是自怨自艾，不思改变、不求进取、不谋开拓，民无信心，军无斗志，只能是原地不动，还有可能倒退；总是因陋就简，循规蹈矩，按部就班，只能进入周而复始的轮回状态。

人们都羡慕那些杰出人士所具有的创造能力、决策能力以及敏锐的洞察力。但是他们也并非一开始就拥有这种天赋，而是在长期工作中积累和学习到的。在工作中他们学会了解自我、发现自我，自动自发，使自己的潜力得到充分的发挥。

如果你已经是想到了你在追求"自我实现"，如果你已经把你的想法在你所在的职位或从事的工作中的任何一个环节上体现出来了，你会被你的热情本身所感动。即使是每天按时上班，也会充满了活力。从这个角度来说，你的事业就是你的工作，你的职业就是你事业的开端。

◎ 为什么补鞋匠的地位举足轻重

在以色列，有这样一则寓言：

一天，克尔姆城里的补鞋匠把一个顾客杀了。于是，他被带上了法庭，杀人当偿命，法官宣判处以他绞刑。判决宣布之后，一个市民站起来大声说："尊敬的法官，被你宣判死刑的是城里唯一的补鞋匠！我们只有这么一个补鞋匠，如果你把他绞死了，谁来为我们补鞋呢？"

于是，克尔姆城的很多市民也都异口同声地呼吁着。法官赞同地点了点头，重新进行了判决。"克尔姆的公民们，"他说，"你们说得对，由于我们只有一个补鞋匠，处死他对大家都不利。城里有两个盖房顶的，就让他们其中的一个替他去死吧！"

虽然这是夸张的寓言故事，但现实生活中，这样的故事并不鲜见。当一个基金公司里只有一个人是资深财经分析师时，无疑他会成为整个公司的"香饽饽"；当年的章子怡代表着中国电影冲进好莱坞时，甚至有人将她与孔子并提。这就是"稀缺"中的"稀缺"，即目前情况下，她无可替代。用经济学术语，即他没有替代效应。

在我们的工作中，替代效应总是在发挥作用。那些有技术、有才能的人在企业里是"香饽饽"，老板见了既是加薪，又是笑脸，为什么？因为这个世界上有技术、有才能的人并不是很多，找一个能替代的人更是不容易。而普通员工，企业很容易从劳务市场上找到替代的人，中国是人力资源大国，你不愿意干，想干的人多的是。对于别人的薪金比自己高，不要吃惊和不平。只要使自己具有不可替代性，自己的待遇自然会提上来。

很多人慨叹，说自己刚进公司时，老板对自己是器重，当把才华全都献给公司的时候，自己的末日也就来了。这其实也怨不得老板，是替代效应在起作用。市场是无情的，面对员工的停步不前，如果老板不让新员工替代才能用尽的老员工，市场就会让别的企业替代这个企业。在错综复杂的市场中，如果你总能做到思维超前，自然不会被别人替代。

弥子瑕是卫国的美男子，他很讨卫灵公的喜欢。有一次，弥子瑕的母亲生了重病，弥子瑕假传君令让车夫驾着卫灵公的座车送他回家。卫灵公知道了这件事，反而称赞道："真是一个孝子！"又有一次，弥子瑕陪卫灵公到果园散步。弥子瑕伸手摘了一个蜜桃，当他吃到一半的时候，把吃剩的一半递给卫灵公。卫灵公毫不在意这是弥子瑕吃剩的桃子，说："你忍着馋劲把可口的蜜桃让给我吃，真是对我好啊！"

弥子瑕年纪大了以后，容颜逐渐衰老，卫灵公就不那么喜爱他了。弥子瑕得罪了卫灵公，卫灵公不仅不再像过去那样迁就他，而且还要历数弥子瑕的不是："他过去曾假传君令，擅自动用我的车子；目无君威地把没吃完的桃子给我吃。"

后来卫灵公终于找了一个借口，把弥子瑕治了罪。

弥子瑕前后遭遇截然不同的待遇，是因为以前他的美貌获得卫灵公的喜欢，后来容颜衰老就不再获得卫灵公的喜欢。换句话说，以前他是不可替代的，后来已经成为可替代的人了。这其实涉及经济学上的替代效应。

现实生活中，具有"无可替代"的"稀缺"非常难。因为社会在发展，任何人或者事物都面临着可能被替代的后果。所以，不要总认为自己是独一无二的。我们的社会在创新，企业在创新，我们自己也要时刻为自己充电创新。只有努力学习更新自己，让自己在一定时间内一定空间内具有不可替代性，自然就会成就自己的不凡人生。

孙海大学毕业时家人托关系让其进入了一个国营进出口公司。两年后，他离开了这家公司。之后进入了一家五星级酒店。由于当时正好刚拿了一个MBA，非常顺利地，孙海被任命为总经理助理兼办公室主任。

在这家酒店，孙海负责人员聘用，工资、奖金的发放，公司制度的制定及对外联络等。但是老板是个十分武断的人，不喜欢听到不同意见。

孙海为人直爽，对一些看不惯的管理问题总是直言不讳，为此不仅没得到老板的垂青还得罪了不少同事，工作很不愉快的他决定辞职。

孙海辞职后，发誓一定要找一个比原来更好的工作，非经理职位不做。但多次投递简历，得到回应的寥寥无几。

生活中，像孙海这样的例子不在少数，因为各种各样的原因动辄就换工作，频繁跳槽。当然也不排除在经济危机的处境下，不同行业的公司都以减产、降薪、裁员等方式来化解危机带来的经营风险，无疑又增加了就业的难度。众多职场人如何顺利地度过经济寒冬，怎样让自己的职业生涯有更好的发展呢？

最关键的是我们必须用"稀缺"来塑造自己的职业竞争力，这样才能化危机为转机。孙海的主要问题在于"稀缺"竞争力不强，不管是从专业知识还是管理水平都不具备竞争的优势。再加上频繁跳槽，行业和职位相关度均不高，所以他在职业选择上游移不定，就无法积累某个领域的核心知识和经验，在个人竞争中无法形成自己的"稀缺"竞争优势。

2008年金融危机大幅度爆发以来，世界经济恢复的格局尚未呈现，企业招聘需求随之呈现出疲软状态，证券、银行、保险、房地产等招聘岗位相对较多的行业与往年相比也大幅缩水。求职者找工作难度明显增大，求职者甚至在签合同之际被企业"放鸽子"。职场人也采取了相应的自救措施。据调查，有26.3%的人因金融危机推迟了自己的跳槽计划，有5%的人干脆取消了自己的跳槽计划，有近70%的人选择了做"卧槽一族"。

2009年7月，王梅去一家公司面试。当时部门经理对她非常满意，甚至聊到了公司一年能享受几次旅行等福利待遇，意指她很快可以上班了。没料到之后却没了动静。事实上，王女士的情况还并不算太糟糕，有很多求职者甚至连面试机会都很难得到。在旅游行业从事行政管理的张亮说，他通过各种渠道投出200多份简历，只得到3家公司的面试机会，"算了一下，发出简历和得到反馈的比率连2%都不到，现在找工作真的是太难了！"

因此，无论是在职者还是求职者，都应该用"稀缺"来打造自己相对优势的竞争力。越是在"非常时期"越要做个价值连城的"金牛",从而成为企业中不可替代的人。

"金牛"之所以价格不菲,是因为它用昂贵的黄金打造而成。这就需要你锻炼和突显核心能力。"稀缺"竞争力不是泛泛地了解一些知识和经验,至少在专业知识上,你要比同行知道得更多,做得比别人更好。

如果你除了自身具有一技之长外,还能够以一顶三,身兼数职,不仅能够出色地完成本职工作,更可以兼任其他岗位的工作,成为企业"稀缺"的复合型人才,无论是在求职还是在企业中"卧槽",都能减少被别人替代的概率,那你的职业安全指数才能保证你顺利度过经济寒冬。

◎ 为什么女模特比男模特收入高

1995 年,美国一家时尚杂志计算了诸多国际名模的薪水。出生于 1966 年的女模特辛迪·克劳馥,成为整个 20 世纪最赚钱的模特,年收入高达 650 万美金。到 2005 年,时装女模特海蒂·克鲁姆的年收入已突破 750 万美元。这还不是最高的收入,著名女模特吉赛尔·邦辰 1500 万美元的年收入更让众人跌破眼镜。2005年,有 5 名顶尖女模特跻身《福布斯》杂志"2005 年度收入最高名人百强排行榜"。与女模特的风光相比,该榜单上却没有一名男模特。

女模特的工资如此之高,说明其在消费市场非常受欢迎。那么,厂家为什么更愿意把钱消费在她们身上呢?

经济学帮我们回答了这个问题。在劳动力市场上能够进行交易的并不是人本身,而是人力服务。人力服务的流通同样受制于供求关系原理，当一种服务的需求量上升时，提供此类人力服务的工资水平也会"水涨船高"。这一点完全符合竞争性劳动力市场的基本原则：员工的工资与他们为企业在盈亏平衡点之上所创造的价值大致呈正比关系。

时装模特们提供的正是一种人力服务。服装厂商们雇用时装模特的目的很明确，就是更好地展示自己的服装产品。模特的工作，就是将厂商生产出来的衣服，在众多潜在买家面前更完美地展现出来。

大多数的衣服如果穿在身材出众、长相漂亮的人身上会更加引人注意，所以厂商必然会挑选最好看的男女模特来宣传自己的产品。在模特圈里，无论男女，总是长得好看的薪水高。

由于社会对男女两性的美丽标准不同，简单地认为女模特薪水高是因为她们比男模特长得好看，是不符合经济学道理的。

女模特工资更高，最根本的原因在于市场的需求。在服装行业，女装市场要远远高出男装市场。以美国为例，女人们每年买衣服的钱，要整整高出男人 2 倍。而其他国家的这个差距还要明显。

根据供求关系以及劳动力市场的基本原则，既然女装市场的需求如此可观，那么对于生产厂商来说，女装的潜在市场价值更值得期待。厂商因而会找到一个更高的盈亏平衡点，以此为根据来决定对女装市场的投入成本。而在最能展现女装的女模特身上投入更多，一切就显得合情合理了。

比如，一些拥有众多读者的时尚类时装杂志，在引导消费者选择怎样的服装和化妆品上有着巨大的影响力。往往这类杂志每一期都会刊登着数量众多的女模特照片，这样能够更好地引起读者的关注。而服装的生产厂商们当然希望自己的产品能够被人关注，所以他们会不惜大价找一些顶尖的女模特来做自己服装的代言人，以便吸引更多潜在买家的注意。有了这些杂志读者的关注，服装厂商的潜在效益也会随着增加。

与之相对应的是，男模特在杂志上的附加值就显得小很多。多数男性并不会过多关注时装杂志，他们甚至都很难说出一本男性时尚杂志的名字。即使服装厂商聘用了男模特拍摄服装照片，投入的成本虽然要比女模特少，但带来的效益是远比不上女模特的。这样一来，厂商当然不愿意花钱雇用男模。

同样的道理，在化妆品领域，厂商们也多会找女模特来做广告，一个漂亮女模特带来的潜在效应对于厂商来说是难以估量的。大多数男人根本不使用化妆品，市场的潜在消费需求很小，因而能够参与这一劳动力市场的男模数量不多，价格也就不会太高。

身高 1.90 米、外形出众的周雷鸣曾经是武汉模特圈里炙手可热的人物，也是武汉为数不多的 A 级男模之一。现在的他却在广州一所学校里担任体育老师。问及模特行业的感觉，周雷鸣惋惜地说："男模太难混了。"每名男模平均每场秀的出场价为 300 ~ 500 元，去武汉参加一次车展，辛辛苦苦站一整天的收入也只有 500 ~ 800 元，而且还没扣除模特公司的佣金。拍摄杂志的费用在每本 1000 ~ 2000 元/天。在周雷鸣最辉煌的阶段，一天能接 3 场的服装秀，但是即使这样，一个月也只能赚上 4000 多块。

周梦吟，年仅 20 岁就已有 5 年的模特从业经验。15 岁那年，梦吟刚刚中专毕业，当时认识了一个摄影师，然后带着她走进了模特这一行。刚刚开始，梦吟基本上接不到什么活，最久的一次，半年都没有人请她。无奈之下，梦吟只能请身边的摄影师多多推荐自己。"有时候，商家选择我们这些代言人，就像选择商品一样，把照片摆在面前一个一个的评头论足。"但是，为了能接到代言，梦吟总能成为最耐心的那一个。凭借自己的努力，梦吟渐渐打开了局面。她十分能吃苦，无论在什么样的情况下都能保持她的敬业精神。有一次，正是寒冬季节，摄影师要求她光脚站在冰冷的沼泽里，冷水一直漫到膝盖，她还是坚持露出专业的微笑。有时候，穿着 12 厘米的高跟鞋，要在山路上攀爬一整天拍照，脚上已经磨出血泡，梦吟也毫无怨言。她自己都说，能有今天，全都是靠吃苦的精神。她最辉煌的业绩莫过于创下了单个代言数万元的高价。如今的梦吟已经可以月收入 2 万元。

模特界基本就是女模的天下。男模也有知名的，像 20 世纪 80 年代的胡兵和李学庆，但男模这个群体有那么点尴尬，人少，出名的更少。很多干脆就转行。

面对着诸多领域都不如女模特的情况，男模特的工资水平自然和女模特相差甚远。一般情况下，男模的出场费只有女模的 1/3，顶级男模的出场费也不过能到顶级女模的一半左右。

在经济市场中，商品的价格除了生产成本外，更多地取决于市场的供求关系。男模与女模的生产成本，实际上相差并不大。造成两者工资收入差异的根源，显然是市场的供求关系。而决定供求关系的正是作为消费者的我们，我们的购买力实际上才是决定男女模特工资的关键所在。商家愿意花更多的钱在女模身上，目标很明确，他们希望以此交换到更大的利益。

◎ 为什么你月薪只有 800 元，而他月薪却有 8000 元

小杨和小李两人从小一起长大，后来又考上了同一所大学，大学毕业后两人进了同一家公司上班。

工作一年后，两人的工资有了很大的不同：小杨的工资已经达到 8000 元，而小李却依然拿着 800 元的薪水。

这天，两人的大学老师来看望他们。在和公司老总交流后，老师得知了两人工资上的差距。老师表示出了很大的疑问，就问公司老总："他们两人在学校的时候，成绩都差不多，怎么工作一年后会有如此大的差别？"

老总听完老师的话，没有马上回答，只是微笑着说："老师，您稍微等一下。我现在叫他们两人来做一件相同的事情，您观察下他们的表现，就知道答案了。"

于是，老总把两人同时找来，然后对他们说："公司准备订一批服装作为工装，现在请你们去调查一下市场上的服装情况，看看有没有合适的服装适合咱们公司用，希望你们能够尽快给我答复。"

小杨和小李得到任务后，就离开了。一小时后，小李先回到了公司。

小李向老总报告："市场上有种款式的服装卖得很不错，我们可以订购。"老总问道："批发价是多少呢？有多少供应商？订购多少有优惠？"小李只能说出批发价，其他的一概不知，他还辩解道："这些问题您没有让我打听。"老总看看一旁的老师，老师一

副若有所思的样子。

这时，小杨正好回来了。老总就问小杨调查得怎样，小杨回答道："是这样的。市场上有种款式的服装不错，我已经问过了，批发价是300块钱一套，一共有10多家供应商，其中有一家表示，如果起订在50套以上的话，一套还可以优惠50块钱。在去之前，我已经计算过了，公司有100多人，工装起订应该在100套以上，所以优惠应该还可以更大。另外，我这里还有几个供应商的联系方式，详细细节咱们还可以继续和他们沟通。"

听到这里，老总微笑着连连点头。

小杨和小李的不同汇报结果，相信任何人都已经明白，为什么他们的工资会有如此大的差别了。其实，在任何一家公司，都能够看到这两种人。两者之间的工资差异完全取决于他们各自的付出，个人的"投入"决定了公司的"产出"。

在人力市场中，小杨和小李都属于人力资源。很显然，小杨更懂得付出和努力，所以他具有的人力资本要比小李更能给公司带来市场回报。小杨的个人努力是一种"投入"，因此带来的"产出"则是老板给予的高薪。对于企业老板来说，他们也更愿意雇用像小杨这样的人才，因为付出的同时会为公司带来更大的效益。

积极提升自身的能力，会为自己赢得更好的回报。在"投入"达到一定数量时，有时候回报和产出会来得意想不到。

曾有一位飞机维修工程师，退休后一直赋闲在家，偶尔会为一些企业做下技术顾问。他是飞机维修的专家，在国际知名飞机制造企业工作多年。

有一次，一家航空公司的飞机出了故障，很多技术人员都不能找到原因的所在。航空公司最终决定请退休在家的老工程师来看看。

老工程师先是听取了飞机检修员的问题汇报，然后又亲自去飞机的几个部位看了看。最后，老工程师随手拿起一个扳手，将几个地方的螺丝换了换位置。弄完之后，老工程师拍拍手，对陪同的航空公司人员说："问题解决了，你们可以测试下。"说完，老工程师就回家去了。

航空公司的人员有些不相信，问题居然这么简单就解决了。技术人员再一次对飞机进行检查，结果显示：一切恢复正常。

后来，航空公司收到老工程师寄来的一个账单，账单上显示服务费是10000美元。航空公司的负责人有些意外，他亲自拜访了老工程师。见到老工程师后，负责人问道："您老一共就只在飞机上看了5分钟，拧了几个螺丝，为什么价钱这么高?"

老工程师笑一笑，回答道："拧螺丝只值1美元，但是在哪拧、怎么拧值9999美元。我5分钟发现的问题，为你换来了一架运行完美的飞机。"负责人听完老工程师的回答，哈哈一笑，不再多说，马上拿出填好的支票。

老工程师之所以能够轻而易举地获得航空公司的高额服务费，在于他之前的工作积累。如果没有多年的维修经验支持，老工程师也不能轻易发现飞机存在的问题。航空公司的负责人正是明白了老工程师早期的"投入"积累，才会心甘情愿地为他付出万元的支票。

在现代社会中，那些舍得付出，懂得投入的人，才会赢得更多的回报。任何一家企业，只有那些愿意为企业付出、具有高素质与高技能的员工才会更受器重。

社会是不断进步发展的，在按劳分配的基础上，按生产要素分配的比重扩大是一种必然趋势。经济市场是残酷的，要想在竞争中获得升迁，得到更多的价值回报，就必须不断地学习，不断地加大对自身的"投入"。当"投入"有了一定的积累后，享受"产出"就成为理所当然的事情。

◎ 为什么表达需求有助于问题的解决

"傻"有很多注解，职场上就有一种，以黄牛般默默无闻的苦干家为主体。

有人认为这是美称，这是温暖的赞扬。诚然，但当这种"傻"没有得到认可和回报的时候，一味"傻"下去意义何在？大概很少有人愿意空着肚子自我陶醉，毕竟嘴巴还是要吃饭的！

北京的惠普大厦，有位老者抱着一台年久失修的打印机来到了维修柜台，当时柜台人员很热情地接待了这位老者。当工作人员看完这台惠普打印机后不禁皱起了眉头，说："老先生，这台打印机已经出厂很多年了，目前都已经更新换代了多次，确实没法再帮您修了，即使修好了也没什么利用价值了。"老者什么都没说，出门后一屁股坐在大厦门前的广场上，鼻子一把泪一把地哭起来，很是伤心。一会儿就围上来一群人。惠普工作人员见状，迅速请那位老者进屋，又是端茶又是倒水的。最后的处理结果是，老者得到了一台惠普最新款的打印机。

这位老人用哭的办法得到了一台新打印机，这就是会哭才能得到你自己想要的。同样在工作中，员工如果想要加薪一定要会在老板面前哭。这里的"哭"就是让老板知道你的重要性。只有你让老板知道你很重要，老板才会给你加薪。

可是，纵观职场，发现"黄牛者"不在少数。他们总是埋着头踏踏实实地耕耘着自己的那一亩半分田，他们甚至乐呵呵地接过同事强塞的活，他们抱着绝不给老板惹麻烦，什么问题都自己解决的理念。

结果呢？辛苦耕耘，最后却只能埋在人群堆里，即使跳起来也进不了老板的视线。眼瞧着别人风光无限，而自己始终灰头土脸。于是忍不住埋怨老天爷近视眼，看不见自己挥洒的汗水……接着嘀咕、暗骂老板有眼无珠，见不着自己的忠诚、勤奋、踏实、敬业和能力……

实际上，问题完全出在你自己身上。想一想，老板日理万机，必然不能事无巨细，如果你只顾闷着头干活，老板怎么知道这中间你究竟做了多少？在他的概念里，他接收的只是一个结果，至于过程，几近空白。而且，就算你完成了工作，由于环境和局面的复杂性，老板也未必喜欢你，你不出声，人家又怎能知道你想要什么呢？

这是战术上的策略问题，也是经济学的信息问题。老板不知道你做的事，无从推出"你很重要"的信息。也就是说，你与老板之间没有一个良好的信息互递渠道，而突破这一僵局的起点，就是你首先让自己主动起来。

那该怎样做呢？不妨尝试杜拉拉的招数，据说会非常有效！

首先，把每一阶段的主要工作任务和安排都做成清晰简明的表格，发送给老板，告诉老板如果有反对意见，在某某日期前让你知道，不然你就照计划走——这个过程主要就是让他对工作量有个概念。

其次，不要以为不给老板找麻烦，什么困难都自己解决，老板就会欣赏你。这样只能使老板轻视你，因为他根本不了解工作的难度。合适的做法是遇到问题时先带着你的解决方案去找老板开会，让他了解困难的背景，等他听了头痛的时候，再告诉他你的两个方案，分析优劣给他听，他就很容易在两个中挑一个出来了。

再次，在每次大一点的项目实施过程中，学会主动地在重要阶段给老板一些信息，就算过程再顺利，也要让他知道进程如何，把这当中的大事 brief（摘要）给他。最后出结果的时候，再及时地通知他，这样他也不需要问你要结果。

最后，在和其他部门工作的时候，一定要清晰简洁而主动的沟通，尽量考虑周到。写 E-mail 或者说话，也要小心，避免出现有歧义的内容，这样就避免了与他人之间的摩擦。这样的结果就是你的老板会认为你很牢靠，不会给他找麻烦。

随着职场竞争得越来越激烈，诸如"你值多少钱""你到底几斤几两"之类的问题已经不再"伤人"。相反，由于这些问题够直接、够泼辣、够现实，越来越受大家的欢迎。很多人都在问别人的同时应自我叩问：我到底值多少钱？

这是值得你深思的问题，是你在职场市场上的价值衡量问题。

齐林，28 岁，自 22 岁大学毕业就进入某大型电子集团工作，几年下来已经从一个业务员上升到区域经理，薪水也从 1000 元升到年薪百万元。

　　这位职场上的常胜将军如此回答自己步步高升的秘诀："要想晋升和高薪，就要弄明白影响自己职场身价的竞争到底有哪些因素。"他笑着说："将自己看作商品，才能实现最大化自身利益。任何一个人进入职场，身价都会受到同类人才数量、市场价格水平、自身资源稀有性、人才竞争环境四个因素的影响，只有善用分析自己在这四项因素中所处环境的优劣，才能从中自抬身价。这就是你的职场市场价值。"

　　由此我们可以总结出影响市场价值变化的因素：商品总量、价值总额、商品的稀缺性、正常公平交易。

　　由此也能总结到：同类人才数量类似于商品总量——总量越多，商品越不值钱；市场价格水平类似于价值总额——价值总额越大或者市场价格水平越高，个人越可能获得高薪；自身资源稀有性类似于商品的稀缺性；人才竞争环境类似于公平交易——暗箱操作从来不按市场规律办事。

　　我们处于一个时时对比、事事对比的时代，要想出类拔萃，就必须经历别人对你的各种考量。当商品市场化、企业市场化、甚至婚姻市场化时，人才也不可避免市场化。如同一件商品一样打造自己，建立核心竞争力、创造稀缺，建立定价，精准走向市场，才能让你的市场价值越来越高。

给员工高薪，老板有没有钱赚

◎ 为什么老板给 CEO 高薪有道理

因 2007 年 6600 多万元"天价年薪"备受舆论压力的中国平安保险（集团）股份有限公司董事长马明哲，决定 2008 年不领薪酬，以"零薪酬"的方式表达诚恳接受社会批评之意。

2007 年报显示，中国平安连续两年成为最贵 A 股高管的聚集地。掌门人马明哲的税前薪酬达 6616.1 万元，其中底薪 400 余万元，约占 7%，其余 93% 是奖金与期权。

以马明哲为首的高管层的高薪，缘于平安的薪酬制度及长期激励计划。随着 2007 年中期该公司长期激励计划的首次支付，4.93 亿元的奖金被超过 400 名中国平安员工分享，这使马明哲的税前年薪达到天价的 6600 多万元。

2008 年，世事巨变。金融海啸，股灾，投资失利，融资时机不当等，一夜间把马明哲这个一年前的金融明星推入负面批评的旋涡，他的高薪成为舆论火力轰击的焦点。

尽管马明哲作出 2008 年连底薪都不领取的决定，但因他引发的"年薪门"争议依然继续。问题的焦点在于：CEO 应该得到多少薪酬？

和CEO同样高薪的是球星。贝利、马纳多拉、齐达内、罗纳尔多、卡卡、贝克汉姆，这些球星不仅名声显赫，而且身价不菲。

一个超级巨星的身价是多少？乔丹在第二次退役前年薪达到3000多万美元；罗纳尔多的转会费是5000万美元以上。球星周薪10万美元，年薪就是500万美元以上，并不在CEO的收入之下。

有趣的现象是：人们对这些球星似乎没有任何意见，认为他们应该得到这样的高收入。

与球星相比，CEO们显然在公众那里受到了不公正待遇。有人对此鸣不平：一个足球明星的年收入可以达到几千万美元，一个拳击手一场比赛也可以得到几千万元，一个篮球明星做一个品牌广告就得到几千万美元，为什么一个CEO就不能得到几千万美元的收入呢？

这些仗言者认为，给银行家比较高的收入，可以激励他们进行管理，提高效益，为股东创造价值，为社会创造价值。他们对社会的贡献是足球明星、拳击手和篮球明星没法比的。

中国平安分管人力资源的副总经理王利平针对"年薪门"事件，也曾表示："平安的目标是成为国际一流的金融集团，为了达到这个目标，要有国际化的人才；而要吸引这些人才，自然也要有国际化的薪酬水平。"平安是最早大规模聘请海外高管的内地企业，平安前100名高管中，有近60%来自海外。有人说：张子欣当年加盟平安前据说年薪就是800多万港元，不拿出与国际接轨的高薪，他们会来吗？

也有人肯定了高薪的好处。比如，有些CEO没有明拿高薪，在暗地里却大肆贪污受贿，这比高薪更可怕。因为，高薪毕竟是透明的，而贪污受贿却是暗箱操作，是无底洞。拿不该拿的钱，分不该分的公款，而这往往是以损害公司利益为代价的，就会出现权力寻租。

我们重新回归到原始问题上，去讨论"CEO应该得到多少价值"这个问题。其实，公众可能更关心形式，而非实质。他们关心那个涉及金额巨大的数字、关心数字之间的比较、关心怎么定出这个数字胜过考虑经理人究竟值多少钱。

理性的态度是不要为这些年薪数字所迷惑，而是去分析他们为公司为社会到底创造了多大价值。我们都知道董事长的年薪体现了他对于企业的贡献程度。这在概念上探讨容易，但要具体把贡献和薪酬联系起来，却是个相当复杂的工作。

在中国，特别是在IT界，天价"打工者"虽说不多，但也有一些。然而，我们却很少听到有人说，他们拿得太多了，根本不值这么多钱。

为什么能拿这么多？这自然有道理，一句话："物有所值。"

◎ 为什么股票期权会成为郭士纳的核动力

有一年夏天，曹操率领部队去讨伐张角，天气热得出奇，骄阳似火，天上一丝云彩也没有，部队在弯弯曲曲的山道上行走，两边密密的树木和被阳光晒得滚烫的山石，让人透不过气来。到了中午时分，士兵的衣服都湿透了，行军的速度也慢下来，有几个体弱的士兵竟晕倒在路边。

曹操看行军的速度越来越慢，担心贻误战机，心里很是着急。可是，眼下几万人马连水都喝不上，又怎么能加快速度呢？他立刻叫来向导，悄悄问他："这附近可有水源？"向导摇摇头说："泉水在山谷的那一边，要绕道过去还有很远的路程。"曹操想了一下说："不行，时间来不及。"他看了看前边的树林，沉思了一会儿，对向导说："你什么也别说，我来想办法。"他知道此刻即使下命令要求部队加快速度也无济于事。脑筋一转，办法来了。他一夹马肚子，快速赶到队伍前面，用马鞭指着前方说："士兵们，我知道前面有一大片梅林，那里的梅子又大又好吃，我们快点赶路，绕过这个山丘就到梅林了！"士兵们一听，仿佛已经吃到嘴里，精神大振，步伐不由得加快了许多。

这是个我们熟知的故事——望梅止渴。曹操在适当的时候给予士兵的期权激励是这次行军成功的关键。期权是通过赋予管理者，以当前的价格购买未来公司股票的权利，来激励管理者努力经营的机制。期权是曹操惯用的伎俩。但是股权购买权作为激励的工具，在经济学上是很有道理的。公司经营得越好，经理们的报酬就越高，因此经理们就有动力使公司的市场价值达到最大。如果一个经理成功地将公司的价值提高了1亿元，那么他可能获得100万元的期权奖励。虽然只有1%，也足以激励他领导公司走正确的发展道路。如果说曹操原来用"望梅止渴"的方法激励将士还是一种虚幻的"期权"，那么现在对于经理们的股票期权则是可以兑现的激励。

1993年郭士纳入主IBM公司时，该公司亏损达160亿美元。在郭士纳任CEO的9年期间，IBM持续赢利，股票价格上升了10倍，成为全球最赚钱的公司之一。郭士纳使用股票期权制，成为

IBM公司的"核动力"。

总裁郭士纳在薪酬制度的改革中，推行了一种与过去完全不同的理念。实行完全的绩效工资制，而不论员工的忠诚度和资历如何。它也是一种差别工资制，也就是说，将公司所有的薪酬支出都建立在市场的基础上。员工会因市场的变化以及自己各不相同的工作绩效而呈现出不同的工资水平，员工的奖金也建立在业务绩效以及个人的贡献基础上。并且实行的股票期权奖励也会建立在个人的关键性技能以及公司的竞争风险基础上，随着后者的变化而不同。值得一提的是，在股票期权奖励上，郭士纳做了三个重大改革。

第一，扩大公司股票期权的授予范围。1992年有1294名员工获得公司股票期权，到了2001年有72494名被授予了公司股票期权，而且授予非高层经理的股票期权数量是高层经理所获得数量的2倍。

第二，对高层经理授予更加直接、建立在股票基础上的工资待遇制度，构成高级经理薪水最大的一块。

第三，高级经理必须将自己的钱投入公司的股票中，才能够被授予股票期权。股票期权在IBM除了可以扮演通向公司外部的连接器外，还为大多数IBM人提供了一个统一的激励性工资待遇的机会——一个主要由公司的整体运营情况而决定的机会。正如郭士纳所说："我希望IBM人都能够像一个股东那样思维和行动——能够感觉到来自市场的压力，并充分利用资产和制定战略以便为公司创造竞争优势。"

股票期权是公司董事会给予公司员工在一定时期内按某种协

议价格购买一定量本公司股票的权利。由持有者向公司购买未发行在外的流通股，即是直接从公司购买而非从二级市场购买。薪酬制度的重点从依据职位付酬转移到依据员工的贡献来付酬。企业关注鼓励参与和承担义务、论功行赏。非传统报酬方式或替代性报酬方案主要包括了能力或技能薪酬和计点奖励、团体激励和利益分享等。

股票期权是一种不同于职工股的崭新激励机制，它能有效地把企业高级人才与其自身利益很好地结合起来。实行股票期权制的目的，是要在公司人员与企业长期利益之间建立一种资本纽带，将个人命运与企业命运牢牢地捆在一起。

世界上第一个股票期权计划在1952年产生于美国。1974年，这个计划得到美国联邦和州政府的认可。而后股票期权制在美国开始迅速发展。据有关资料统计，20世纪90年代初，美国在全球排名前50位的大公司中，有80%的企业已向其高级经理人员实行经营者股票期权（ESO）的报酬制度，高收入中来源于ESO的比重越来越大。到1999年几乎100%的高科技公司、大约90%的上市公司都有股票期权计划。硅谷绝大部分企业采用经营者股票期权报酬制度，还采用员工持股制度，如微软公司等。股票期权的分配形式除美国外法国等国家也较流行。

期权确实是一种很有价值的激励机制。但是，经济学家们对股票期权的激励机制仍然存在争议，认为这种方式是以现有股东的所有权被稀释为代价的。特别是当美国的安然公司丑闻出现以后，很多人更认为"都是期权惹的祸"。不过，对安然公司我们应该有冷静的认识。安然公司的那帮老总，为了得到个人的私利，不惜通过弄虚作假的会计信息，把公司做得虚胖浮肿，自己从中渔利，本身就已经突破了"诚信"的道德底线。

俗话说得好："家贼难防！"如果职业经理人没有诚实信用的道德约束，任何激励约束机制都是难以奏效的。

◎ 为什么聘请专业人士帮忙的做法越来越普遍

"对不起，这个星期的家政服务都订满了，你挑个别的日子吧。"1月7日上午，在滨河路中段一家家政公司，负责接待的王女士忙着向客户解释。临近春节，许多家政公司的家政服务非常火爆，市民想在周末预约，更是难上加难。

王女士说："由于其中绝大部分客户都预约周末进行家政服务，再加上一部分服务人员提前返乡，所以直到除夕前的周末基本上都安排满了。在客户预约时，如果平时家中有人，我们都会和客户商量安排在其他时间。"

每年年底家政服务就开始升温了，部分市民还特别要求由2～4名家政服务人员去家里彻底打扫。为什么我们现在不自己打扫卫生了？

一些市民平时很忙，没时间打扫卫生。春节快到了，为让家里干干净净，他们便来家政公司预约周末打扫卫生。更重要的是，很多人觉得相对于专业的家政员工来说，自己做家政既费时又浪费，还不如花钱请人去做。

家住上海长宁区的女工李红下岗后，从事家政工作。每天早上6时到一户外籍人士家做西餐早点，打点琐碎事情；下午到一对白领夫妇的寓所做3小时保洁工作；傍晚5时至7时到另一户家庭做晚餐。一个月收入约人民币 1400 元。

在上海，工作节奏越来越快，许多家庭不愿意把有价值的时间花费在做家务上，雇用保姆变得越来越普遍。据香港《文汇报》援引香港中通社报道，上海约有 90 万户家庭雇用保姆，其中至少有 10 万个家庭有 2 个以上的保姆。

有个人询问了自己的 16 名亲戚，问他们是否知道如何换轮胎，有 9 人回答不会，剩下的 7 人说会，但其中又有几个人承认自己从来没换过。此外还存在这样一个清晰的模式：9 名回答不会换轮胎的人，比回答说会换的那 7 个人都要年轻。为什么会换轮胎的人越来越少呢？

要从经济学的角度回答这类问题。首先要看相关成本和效益上出现的变化。学习如何换轮胎的成本，在过去几十年里似乎并未出现太大变化，而且由于支撑汽车用的千斤顶在设计上有了改进，其成本甚至还稍有下降。

但学习如何换轮胎所带来的效益，则出现了显著的变化。一是轮胎设计上的改进，使得轮胎漏气的情况比过去要少得多。不少汽车还装有防漏气轮胎，即便轮胎气压低得不像话时，汽车也能安全行驶。还有一个显著变化是，现在大多数人开车都带着手机，哪怕维修人员距离很远，呼叫起来也很方便。

考虑到以上两点，学习如何换轮胎的效益较之从前变得少了；轮胎质量更好，用得上这项技能的机会比从前少得多，即便轮胎漏了气，找人帮忙也容易。出于这样的变化，不少年轻司机认为，学习如何换轮胎的效益比不上为此付出的成本。

◎ 为什么晋升要看业绩而不看能力

1998 年计算机本科毕业时，李万钧选择进入名气很大对他又有吸引力的软件行业的老大——微软公司作为走向社会的第一步。初进微软，他只是技术支持中心一名普通的工程师。当时上司考核他们的标准是量化的，比如每个月完成了多少任务，解决了多少客户的问题，等等。这些都记录在公司的报表系统每月给他出的"成绩单"上。

每月只有在得到这个"成绩单"之后，他才能知道自己上个月做得怎么样，在整个队伍里处于什么样的水平。这让急于上进的李万钧感觉这种报表系统有缺陷。他想，如果可以比较快地得到"成绩单"报表，从数据库内部推进到每天都有一个报表，从经理的角度，岂不是可以更好地调配和督促员工？而从员工的角度，岂不是会更快地得到促进和看到进步？于是，他花了一个周末的时间，利用微软服务器上的一种脚本，编写了一个具有他所期望的基础功能的报表小程序，并在公司领导经过工作区时展示了一下这个小程序。公司领导马上认识到这些想法和小程序的价值，鼓励他完成这项开发，并花了很多时间与他探讨经理们希望看到哪些数据。

一个月后，他的作品——基于 WEB 内部网页上的报表系统，开始在公司内部投入使用。由于在报表系统上出色的创新性工作，2000 年唐骏将一个重要的升迁机会给了李万钧。那一年由于有了更多企业级的产品，微软公司决定除电子邮件和电话外，还在主要城市为一些大企业提供直接上门的现场服务。

虽然他在报表系统方面的"副业"与之并无直接的联系，但唐骏从中看到了他的一些潜在品质，认为他可以从更高的管理角度思考问题，便让他组建亚洲现场支持部。就这样，年仅24岁的他就被提拔为微软历史上最年轻的中层经理。

2001年，李万钧转任亚洲地区业务分析经理。2002年6月，微软中国向总部推荐李万钧做微软总部技术支持业务的高级财务分析工作。李万钧再一次成为这个团队中最年轻的成员。

有人说，晋升要看能力，因为这样可以实现员工和职位之间的匹配；也有人说，晋升要看业绩，因为业绩反映了员工对企业的贡献。这两种观点并不矛盾，为员工提供哪种晋升路径，主要看企业处于什么阶段。一般而言，对于面对生存压力、还未形成长期发展战略的企业而言，晋升应该多看业绩；而对于那些实力较强、管理比较规范的企业，以能力为晋升依据则更为妥当。

然而，有些经济学家却一概而论，指出人力资源管理的一个基本原则是"晋升看能力，奖励看业绩"。他们认为，晋升主要是考察能力和岗位需求的匹配度，所以应该以能力为导向；业绩反映的是员工对公司所做的经济贡献，所以应该根据业绩对员工进行奖励。

他们还假设了一种情况：如果只按业绩提拔员工，被提拔的员工可能并不具备新岗位需要的能力——他的业绩是在原来岗位上产生的，在新岗位能否有出色的业绩是个未知数。如果他不能适应新岗位的需要，就会产生"彼得效应"，即被升职的员工在新的岗位上不能产生与过去一样辉煌的业绩。

爱德华·拉泽尔对此持有不同观点。他在1981年提出了关于晋升的"竞赛理论"，即所谓的"晋升看业绩"。他将企业内部员工之间的竞争描述为一场竞赛，获得胜利的员工将得到提拔，获得高薪。"竞赛理论"在得到很多学者肯定的同时，也招致了很多批评。

批评者们认为，首先，他的理论忽视了岗位的动态和变化：一个员工在目前的工作岗位上成绩突出，就可以推论他会在更高的岗位上有所成就——这种假设和推断是天真的、幼稚的、不成立的。岗位的变化必然带来工作性质、工作难度的变化，与这种变化匹配的是新的能力要求，而不是旧有的能力和技艺。

其次，他们认为"竞赛理论"以表面的公平掩饰事实上的不公平，牺牲了企业总体效率。"晋升看业绩"往往导致企业选择善于创造直接经济效益的人去担任需要很强协调能力的管理工作。这等同于让千里马成为马夫——千里马因为跑得快，应该驰骋沙场，而不应该去担任马匹的管理工作。避免浪费优势和突出才能。

企业领导者该怎么做选择？回答这个问题之前，我们先看激励的导向。相对物质而言，职位的高升对员工激励的导向作用更大。因为提拔不仅意味着工资的增加，还是能力和身份地位的体现。换句话说，提拔不仅使员工获得了物质增加，还获得精神享受，尤其是尊重感需要的满足。在绩效管理中，业绩最好的员工理应得到最有价值的奖励。因此，晋升作为激励的一种手段，以业绩为导向是符合绩效考核理论的。由此可以促进员工的工作行为一切以业绩为导向，从而使企业获得最大经济效益。

我们应该换个角度来考虑以业绩为导向的正确性。假设企业实行的是以能力为导向的晋升制度，很大可能造成的结果是：员工不再将业绩作为最重要目标，他们会努力让领导感受到他们的管理才能，以及会通过拍马屁等手段来获得人际关系上的优势。与此同时，那些有可能创造最好业绩的员工，因为缺乏晋升的激励而会变得消极怠工，或者直接选择跳槽。这样，企业将会出现的局面是：业绩不好的人热衷于与上级搞好关系，有业绩能力的人选择离开。

根据以上分析，我们就会明白企业为什么要实行绩效考核，以及为什么大部分企业喜欢用业绩作为员工晋升的主要依据等诸如此类的问题。任何人都应该明白，虽然晋升和能力相关，但和业绩更密切一些。你要想获得晋升机会，你唯一要做的事情就是要使自己的业绩更漂亮一些。

◎ 为什么放错地方的金子就是石头

一位乡村邮递员，名叫希瓦勒，每天奔走在各个村庄间。有一天，他在崎岖的山路上被一块石头绊倒了。

他发现，绊倒他的那块石头样子十分奇特。他拾起石头，左看右看，有些爱不释手了。

于是，他把那块石头放进邮包里。人们看到他的邮包里除信件之外，还有一块沉重的石头，都感到很奇怪，便好意对他说："扔了石头吧，你还要走那么多路，石头很沉的。"

可他炫耀地说："你们见过这么美丽的石头吗？"

人们都笑了："这样的石头，山上到处都是，够你捡一辈子。"

回到家里，他端详着自己爱不释手的这块石头，突然产生一个念头：如果用这些美丽的石头建造一座城堡，将多么美丽啊！

从那时起，他每天都在送信途中捡几块好看的石头。虽然他很快便收集了一大堆石头，但离建造城堡的数量还差得很远。

于是，他开始推着独轮车送信。只要发现中意的石头，就装到独轮车上。他再也没有过上一天安闲日子。白天，他是邮差和运输石头的苦力；晚上，他是一个建筑设计师，按照自己天马行空的想象来构造城堡。

20多年后，在他偏僻的住处，出现了许多错落有致的城堡，有印度神教式的、有基督教式的……当地人都知道有这样一个性格偏执、沉默不语的邮差，在干如同小孩建筑沙堡一样的游戏。

1905年，美国波士顿一家报社的记者到此地采访，偶然发现了这群城堡，令他惊叹不已，为此写了一篇介绍希瓦勒的文章。新闻刊出后，希瓦勒迅速成为新闻人物。许多人都慕名前来参观，连当时最有声望的大师级人物毕加索也专程参观了他的建筑。

在城堡的石块上，希瓦勒刻下的话还清晰可见，有一句就刻在入口处的一块石头上："我想知道一块有愿望的石头能走多远。"

据说，这就是当年那块绊倒过希瓦勒的石头。

在众人看来满山遍野的石头，其价值几乎可忽略不计，但在邮递员希瓦勒这里却被缔造成了奇迹城堡，价值增值不可估量。我们可以感性地说，是主人翁的爱和梦想让石头成了城堡。而在理性的经济学家那里，如何来解释这种价值的巨大变化呢？

在经济学上，任何物品要想成为商品拥有价值，都必须具有可供人类使用的价值。毫无使用价值的物品是不会成为商品的。作为一个普通石头，人们用它来建筑房屋、修公路等的时候，它的使用价值就很有限，再加上漫山遍野都是石头，边际效应很小，自然，它的价值就很小；可当一个石头被赋予"愿望"的标签时，就变得具有"稀缺性"，这些"有愿望的石头"在邮差20多年的历练下被建筑成"错落有致的城堡"，不仅具有使用价值，还有了美的欣赏价值，具有了资源的稀缺性，边际效应增加，价值自然大幅增加。

这与英国管理学家德尼摩的"德尼摩定律"有着异曲同工之妙。德尼摩致力于解决管理中如何"知人善任"的难题，并在多年研究之后总结出了"德尼摩定律"理论：凡事都应有一个可安置的所在，一切都应在它该在的地方。

德尼摩进一步解释说，每个人，每样东西，都有一个它最适合的位置。在这个位置上，它能发挥它最大的功效。运用到实践中，对个人来说，"德尼摩定律"要求应在多种可供选择的奋斗目标及价值观中挑选一种，然后为之而奋斗。这样才可能激发我们的热情和积极性，也才可以心安理得。"选择你所爱的，爱你所选择的"，道理也是在此。

对一个企业来说，"德尼摩定律"要求管理者要按员工的特点和喜好来合理分配工作，最大化的发挥员工的价值。如让成就欲较强的优秀职工单独或牵头完成具有一定风险和难度的工作，并在其完成时给予及时的肯定和赞扬；让依附欲较强的职工更多地参加到某个团体中共同工作；让权力欲较强的职工担任一个与之能力相适应的主管。同时要加强员工对企业目标的认同感，让员工感觉到自己所做的工作是值得的，这样才能激发职工的热情。

日本东芝株式会社致力推行"适才所用"的用人路线，在企业内部实行内部招聘，让职员自己申报最能发挥自己专长的职位。公司以最大的努力实现职员的要求，使职员各得其所。在此基础上，公司要求职工人人挑重担，"谁能拿得起100公斤，就交给他120公斤的东西"。公司认为只要用人所长，就能发挥其最大的聪明才智，就能挑起更重的担子。正是这种按人才的不同特长进行工作分配的做法，使东芝公司做到了"人尽其才，才尽其用"。

"汽车大王"福特能取得成功，是和他注意招揽人才，并善于根据人才的特点和要求，让他们发挥最大作用的做法密切关联的。广告设计师佩尔蒂埃在产品的营销方面有相当的天赋，而且迫切需要有一个可以一展雄心的机会。福特发现了这一点，让他负责T型汽车的营销策划，取得了巨大的成功。

纵观中外企业界，每一个成功的企业，无不聚集着若干乃至一群为企业贡献知识与智力的人才。当然，光拥有人才还远远不够，重要的是把人才放在合适的位置上，为人才找到最合适发挥自己价值的位置和机会。只有这样，才能使他们获得一种满足感和成就感，产生对企业认同的向心力。实现人才的价值，才能实现你的企业的价值。

所有的东西都有它的价值，关键看你如何发现与运用。当你把它看作一批无用的废料时，那你只能得到一批废料的价值；当你把它当作财富看时，它真的能为你获得不菲的价值。一样的石头，一样的人，可以一文不值，也可以价值连城。在你的手里，它们会有几分价值呢？

◎ 为什么老板奖励那些不守纪律的员工

经常看到绿地、花园边上树立着牌子："偷盗花草罚款。"但花草被偷事件仍时有发生。有一个植物园写着："凡举报偷盗花木者，奖励若干。"令人诧异的是，这个植物园花木保护得很好。

从这个例子中可以看出：与惩罚相比，激励更有效。

其实这样的例子有很多。一些调皮捣蛋的学生，总让老师无计可施。老师让班长监督那些调皮捣蛋的学生，发现一次即受严重的批评，甚至开除。但作用并不大，因为调皮捣蛋的学生太多，即使班长再敬业，也监督不过来。后来，教师采取了一项措施：不守纪律的学生，如果规规矩矩，不违反纪律，就给予奖励。这样，那些学生都守起纪律来了。

公园的情况与此类似。尽管偷盗花木被惩罚，但被管理者发现的风险并不大，毕竟不是每个地方都站着管理者。但当对举报者进行奖励时，公园的游人受此激励都成了管理者，偷盗花木被发现的可能性变大了，成了一件风险极大的事，居心不良者当然不敢下手了。在这种情况下，对公众监督的激励当然要比对偷盗花木者的惩罚有效得多。

激励与惩罚要达到的目的是相同的。但这两种机制产生作用的方式不同，成本也不同。采用激励机制时，其作用是自发的，行为者按激励所要达到的目的行事，简单而有效。给举报者奖励，就自发地把游人变成了不领工资的管理者。这种激励措施，无须管理者监督。采用惩罚机制时，其作用是消极的，还需要更多支出，例如，用专门监督人员及必要的设施等。这又引出了两个问题。一是监督者也是人，他们也有个人利益，可能收取被监督者的贿赂，共同作案，这类事情现实中也不少见。即使用机器监督，操纵者还是人。二是只要收益大于成本，被监督者就会用各种方式逃避监督。

严厉的管理者看到员工犯错，总是会立刻加以批评；可当员工做得出色的时候，却迟迟不予表扬。反之，敦厚的管理者却是热心表扬，迟于批评。哪一种风格更有效呢？由于没有正确答案，新上任的管理者在培养最适合自己的风格时，大多会先做实验。可这类实验往往带着先入为主的偏见。它们会让不少管理者得出结论：表扬效果比较差，批评更管用。可实际情况并非如此。

"万杰隆"是以生产运动休闲服饰为主的民营企业，曾邀请到"国球少帅"刘国梁先生出任企业形象大使。对一些企业来说，实行严格的惩罚制度，特别是把"罚款"作为管理员工的不二手段。但在万杰隆却没有"惩罚"二字。公司老总许木杰有一个深入人心的理念，就是认为员工永远没有错。员工一旦出现失误，那只能是企业对员工教育不到位，或者是没有交代好事情的原委。

有一回员工出了差错，给厂里造成不少损失。当时，老板急得红了眼，可硬是没骂人。他说："许总告诉中层干部，出现了问题，关键是探讨解决问题的办法，而不是埋怨和指责。许总认为，如果不是主观性问题，对于员工出现的问题，要多加理解，碰到问题要多出手援助。既然大家都在公司，就不要见外，大家都是一家人。"

人性永远渴望着激励，好的激励会激发人内在的潜能，发挥出不可估量的作用。相反，如果经常惩罚一个人，必然会出现不正常的行为。反映在企业管理上，一个带着惩罚的心态工作的员工，肯定会缺少积极性的，工作效率自然低下，产品质量在无意中会出现问题。这便是中国企业经常出现质量问题的原因。

和棒球选手一样，员工不可能随时都保持同样的绩效标准。有的时候，他们的绩效比长期平均值要高一些，有时候要低一些。不管得到管理者什么样的反馈，员工在某个星期绩效低于正常水平，下一个星期很可能会提高——回归一个更为正常的成绩。反过来说，不管上司表不表扬，员工这个星期超水平发挥，下个星期很可能会回潮。结果，对员工失误偏重于批评的管理者，会把其后的绩效改观（其实本来就会出现）错误地认为是自己严厉的批评产生了效果。反过来，在员工表现出色时给予表扬的管理者，则会错误地将其后的回潮（也是本来就会出现的）归功于自己宽厚的管理风格。

实验表明，至少在某些环境下，鼓励性的管理风格比严厉的批评风格更容易激发出员工良好的表现。这一类的证据，可能比因"回归平均"而产生偏差的偶然印象更可靠。

激励优于惩罚的道理并不复杂，但实施起来并不那么容易。一些民营企业（尤其是中小企业）的老板仍然改不了对"惩罚"的崇拜。愿意制定制度，设立专门岗位，对员工规定各种惩罚条款，却舍不得给员工增加工资。

企业领导者在经营过程中，如何设计一个有效的激励机制的关键就是如何理解员工的偏好。当人力资源主管建立各种各样的激励机制时，必须能够预见激励对象对此作出怎样的反应，无论是设计薪酬制度，还是出台招聘、解雇、职称、职位、工作环境等政策，只有深入理解员工的偏好，才能找到符合企业发展需求的最优方案。

作为经济学中的重要原理之一，激励现象存在于人们的任何决策和行为中。就个人而言，根据行为科学理论，只有尚未满足的需要才有激励作用，已经满足的需要只能提供满意感。需要本身并不能产生激励，对满足需要的期望才真正具有激励作用。当员工因为一个小小的成就而尝到甜头，受到激励后，就会作出相对比较大的成就。"激励"会使员工在追求成功的道路上产生良性循环。企业自然也会从中受益。

◎ 为什么工资只许升不许降

资本主义市场经济都应该遵循这样的经济规律：商品供过于求就要降价。但工资在美国市场就是个例外。它很少受到经济萧条的影响。经济不好，老板可能少涨或不涨工资，也可能干脆解雇部分员工，但却很少给现有员工降薪。

按理说，公司盈利减少，工资就该下降。为什么工资偏偏不遵守供求关系的经济规律呢？减薪对公司来说同样可以节约成本，为什么美国公司可以一批又一批地解雇员工，却不愿意采用给现有雇员减薪的办法呢？减薪可以避免或基本避免裁员，大家都实行弹性工资岂不是两全其美？

经济学家用"工资刚性"来解释这种现象。"工资刚性"从某种意义上说，取决于人性中的某种天性，比如人们往往会把"失去"看得比"得到"更重要。

2007年5月11日，德国某电信运营商的固话部门有超过一万名员工举行罢工。这些员工主要来自该公司计划转移到T-Service新服务部门的员工。此次罢工主要集中在德国西部的北莱因—威斯特法伦州、黑森州和下萨克森州，公司的呼叫中心、线路安装和技术服务部门。转岗后工资降低，是这次罢工的主要原因。

其实早在 2007 年 4 月，该公司就已经遭遇了数千名员工的"警告性"罢工活动，波及全国 13 个州。这两次罢工的目的是一致的，旨在继续反对公司董事会抛出的改制计划，抗议降薪 41%。罢工员工担心，公司多年管理不善的损失要由他们来承担。他们希望通过罢工来施加压力，在企业改制过程中自身权益能得到维护。

类似的事件在任何国家都不鲜见，并且原因是出奇的相同——都是因为员工对薪资的向下走向表示不满。这就引发了一个值得关注的问题：为什么工资只许升不许降？

"工资不能降"的问题看似简单，其实它是经济学家们多年来面对的一个著名难题。在劳动力市场中，工资应像所有其他商品一样，由劳动力供求关系决定。劳动力需求量大，工资就高，反之工资就低。但实际情况是，工资对外部经济环境的变化反映滞后，常常不能灵敏地反映劳动供求关系的变化并作出及时调整。

经济学家把这个现象称为"工资刚性原理"。他们认为，工资本来也是可以上下浮动的。但是企业认为，如果工资降得太低，员工会选择离职——因为他们认为不工作比低薪工作更好。所以减薪有害，它会让公司想留住的有价值员工另谋高就。

另外的经济学家们解释说，公司内部一些年老资深员工不愿意降薪，他们向管理层施压要求解雇"新招来的"员工。事实上，美国公司近年来的裁员几乎首先裁掉那些资深员工。资深员工高昂的薪酬成为公司扭亏转盈的负担，而不是那些工资相对较低的新员工。

耶鲁大学经济学教授杜鲁门·彪利对"工资刚性"提出来最令人信服和最具创意的解释。彪利是美国最杰出的数理经济学家之一。他曾任《数量经济学学刊》编辑多年。在具有无穷性质的一般均衡理论、宏观经济学的微观基础方面做出了重大贡献。他研究了无数种商品经济中均衡的存在性、具有无穷性质经济的核与均衡的等价性、劳动力市场、最优货币数量重大理论问题。

他说："除了一个例外，我的发现不支持任何现有的经济学解释。这个例外就是减薪会极大地损害员工的士气，打击他们的工作积极性。"经济不好就减薪，这会让员工产生管理层趁火打劫的嫌疑。尽管解雇也会打击积极性，但它的影响与减薪相比没有那么严重和漫长。

受访的管理人员认为，减薪会把员工搅得心烦意乱无心工作。一位经理在采访中说："遭到解雇的员工可能心情更加不好。他们已经出了公司的大门，心情再糟也不是我该操心的事。我更关心留在公司内的员工心情如何。"

另外，在西方国家，企业和员工的工资报酬往往是通过契约的形式事先规定的，如果随意变动，则会受到当事人的控告和法律的制裁。而企业裁员导致的社会失业问题，则主要由政府来承担。减薪不仅会损害在职员工的利益，而且也会损害失业员工的利益。因为，他们无法保证当他们再次就业时，他们是否还能得到原来的报酬。

经济问题，往往不是一条是非曲直都很分明的"数学"题。

森林遇险怎么办：博弈论中的经济学

博弈是好事还是坏事，拼勇气不如拼智慧

◎ 为什么两个嫌疑人自愿坐牢

一天夜晚，某富翁家中被盗。警方在调查案件的过程中，逮捕了两名嫌疑犯——斯卡尔菲丝和那库尔斯。但是两人都矢口否认偷过东西。由于缺乏足够证据指控他们所犯下的罪行，所以无法将他们定罪。于是警方将两人隔离，以防止他们串供或结成攻守同盟，并分别跟他们讲清了他们的处境和面临的选择：如果他们两人中有一人认罪，则坦白者立即释放，而另一人将判5年徒刑；如果两人都坦白认罪，则他们将被各判2年监禁；最后，如果两人都不认罪，因警察手上缺乏证据，则他们会被处以较轻的妨碍公务罪各判3个月徒刑。

此时两个罪犯会怎样做？他们如何将自己个人的刑期缩至最短？

由于两名囚徒被相互隔离，根本不能得知对方的选择。而在这几个选择中，他们基于对彼此的怀疑，显然会排除最后一个选择。而从个人的理性选择而言，检举背叛对方所得刑期，总比沉默要来得低。

这样，我们可设想一下，困境中两名理性囚徒的抉择：若对方沉默、背叛会让我获释，所以会选择背叛。若对方背叛指控

我，我也要指控对方才能得到较低的刑期，所以也是会选择背叛。

结果，两人理性思考的结论相同，那就是选择背叛。

所以，这场博弈中唯一可能达到的"纳什均衡"，就是双方都背叛对方，最后二人同样服刑2年。

这就是博弈论中经典的"囚徒困境"。

在"囚徒困境"中，最基本的一个前提假设就是，双方都是完全理性的。即双方都以自己利益的最大化为目标，并基于此做出果断的判断和选择，不犯逻辑上的错误。经过理性认识、推理分析等多方面的理性行动后，人们最终做出的行为也必将符合完美性要求，即属于完全理性。在主流经济学中，一直将"完全理性"作为其体系的一个重要前提假设：行为人具有理性的思维，完全按照经济学的逻辑来进行个人经济行为的选择。

回头看，"囚徒困境"中，双方的确都是按照这样的形式来分析和决定自己的行为的。根据推断采取行动对于各自而言是完全理性的，但得到的结果却是错误的。

在生活中的每个角落，其实都存在着"囚徒困境"。不过，由于人们并没有注意去观察，将这些现象都忽略了。下面我们就以平日里最常见的企业广告竞争为例。

甲乙两个公司通过广告相互竞争。若甲公司提高广告质量，乙公司不提高，则当甲公司广告被顾客接受时，会夺走乙公司的部分收入。但若二者同时推出质量类似的广告，收入增加很少但成本增加。而若两家都不提高广告质量，谁的生意都不会被对方夺走。

于是，双方可以这样选择：

达成协议，谁也不再提高广告的质量——合作。

一方提高广告质量，抢夺对方市场——背叛。

两方都提高产品质量，展开更激烈的争夺——互相背叛。

试想一下，甲乙两个公司会如何选择？

从个人理性的角度看，两个公司就像两个囚徒一样，不信任对方、无法合作。想当然，被选择的选项还是背叛。这样，当背叛成为支配性策略时，两公司将陷入广告战，而广告成本的增加损害了两公司的收益。走到最后，甲乙公司便陷入"囚徒困境"。

甲乙公司互相背叛，选择增加广告质量。这对于唯利是图的商人来说，是正确的选择。但这一举动，增加了两个公司的负担和资源的浪费。他们在彼此信息不对称、不信任的氛围下，让企业的个体利益占据了主导地位，最终换来两者都费力不讨好的结果——让竞争更加剧烈。

通过这两个例子，"囚徒困境"的作用已经完全被展现在我们眼前，这足够引起人们的思索。每当面临利益攸关的选择时，人们是否也会做出利己的选择？是否成为"被困的囚徒"？

在一个大学的酒吧里，4个男生正商量着如何去追求一个漂亮女生。旁边一个男生却在喃喃自语："如果他们4个人全部去追求那个漂亮女生，那她一定会摆足架子，谁也不睬。之后再去追其他女孩子，别人也不会接受，因为没有人愿意当'次品'。但如果他们先去追其他女生，那么漂亮女生就会感到被孤立，这时再追她就会容易得多。"

男女双方在彼此互相追求的阶段，就是博弈论的经典模型"囚徒困境"。如果双方一见钟情，彼此爱慕，当然是好。但是很多时候都是只知道自己喜欢对方，却不确定对方是否喜欢自己，这种情况下就拿不定主意该怎么办。

因为此时会有如下考虑：一是如果自己先表白，而对方对自己没有意思，自己脸上会没光，尤其是女性容易这么想；二是尽管能断定对方对自己有意，也不愿抢先表白，因为抢先表白的一方，在今后的感情生活中往往会比较被动。这样一来，双方陷入"囚徒困境"都不愿抢先表白，按捺着不动，也许就错过了一场美丽的恋情，甚至一段美好的姻缘。

现实中，大多数情况是，男生主动出击，抢先表白。但此时的男生仍然不知道女生的真实想法（女生的逃避是矜持羞涩，还是拒绝），而女生也不知道男生的真实想法（是真心爱自己，还是玩玩而已）。也正是由于双方的信息不对称，一方使劲地追，一方又使劲地躲，双方仍然处在"囚徒困境"之中。

因此，经济学家认为，若想有情人终成眷属，最好的方法是有一方主动表白，而另一方能积极回应。当然，若是自己羞于表白，找个中间人沟通也可以。但不管哪一种方式，关键是让男女双方的真实信息得以呈现，确定双方是否"郎有情，妹有意"。爱情是迷宫，更是囚徒的困境，只有够聪明的人，才能走出困境，收获幸福。不过，我们毕竟不是经济学家。很多人都说，正因为爱情一开始的这种朦胧猜不透，才让爱情有了更多的回味和美丽。如果"三下五除二"迅速搞定，那样的爱情回忆起来，也少了几分光彩。

"囚徒困境"在生活中也有不少例子，如两国之间的关税。对于两个国家而言，在关税上可以有以下两个选择：提高关税，以保护自己的商品；与对方达成关税协定，降低关税以利各自商品流通。当一国因某些因素不遵守关税协定，独自提高关税（背叛）时，另一国也会作出同样反应（亦背叛），这就引发了关税战。两国的商品失去了对方的市场，对本身经济也造成损害（共同背叛的结果）。然后两国又重新达成关税协定。

◎ 为什么不能第一个摘花

在一大户人家门前的路两旁摆满了很多鲜花，很长一段时间都很整齐，花也开得很鲜艳。可是有一天，一个过路的女孩看见花好看，就顺手摘了一朵。渐渐地，摘花的人越来越多了。后来干脆有人把花盆一起搬走了……

很多男人同情茶花女的悲惨命运，但他们却更想占有茶花女。被污辱的漂亮女孩让人同情，更让男人产生邪念。

早晨上班时分，路口人流如织，等红灯的人们焦急地望着交通信号灯。终于有一个性急的小伙子等不及了，开始横穿马路。在这种情况下，如果交警或协警不制止这个"愣头青"，其他人就会像潮水一样紧跟其后，视红灯若无物。

在干净整洁的广场上，你不好意思随手丢弃纸屑或烟头，而是四处寻找垃圾箱。但如果是一地污物、满街尘土，你会毫不犹豫地将烟头弹出一个漂亮的抛物线，任其跌落。

一面洁白的墙上，如果出现了第一个"办证"的涂鸦，在不能及时清除的情况下，这面墙很快就会长满"牛皮癣"。

环境既有约束力也有诱导性。个体的行为在无约束的情况下，会引起"多米诺骨牌效应"，犹如蚁穴之不掩，会造成大堤溃决。社会学家将这种现象称为"破窗效应"。

美国斯坦福大学心理学家菲利普·辛巴杜（Philip Zimbardo）于1969年进行了一项实验，他找来两辆一模一样的汽车，把其中的一辆停在加州帕洛阿尔托的中产阶级社区，而另一辆停在相对杂乱的纽约布朗克斯区。停在布朗克斯的那辆，他把车牌摘掉，把顶棚打开，结果当天就被偷走了。而放在帕洛阿尔托的那一辆，一个星期也无人理睬。后来，辛巴杜用锤子把那辆车的玻璃敲了个大洞。结果呢，仅仅过了几个小时，它就不见了。以这项实验为基础，政治学家威尔逊和犯罪学家凯琳提出了一个"破窗效应"理论，认为：如果有人打坏了一幢建筑物的窗户玻璃，而这扇窗户又得不到及时的维修，别人就可能受到某些暗示性的纵容去打烂更多的窗户。久而久之，这些破窗户就给人造成一种无序的感觉。

从"破窗效应"中，我们可以得到这样一个道理：任何一种不良现象的存在，都在传递着一种信息，这种信息会导致不良现象的无限扩展。同时必须高度警觉那些看起来是偶然的、个别的、轻微的"过错"，如果对这种行为不闻不问、熟视无睹、反应迟钝或纠正不力，就会纵容更多的人"去打烂更多的窗户玻璃"，就极有可能演变成"千里之堤，溃于蚁穴"的恶果。

人性中还有一个弱点，就是从众性。对第一个闯红灯者不予制止，就会给所有等红灯的人这样一个暗示：违反规则不会受到惩罚且能获益。他们还会这样想：反正我不是第一个，前有车后有辙，再说法不责众嘛！

在日本，有一种称作"红牌作战"的质量管理活动。日本的企业将有油污、不清洁的设备贴上具有警示意义的"红牌"，将藏污纳垢的办公室和车间死角也贴"红牌"，以促其迅速改观，从而使工作场所清洁整齐，营造出一个舒爽有序的工作氛围。在这样一种积极暗示下，久而久之，人人都遵守规则，认真工作。实践证明，这种工作场所的整洁对于保障企业的产品质量起到了非常重要的作用。

对于个体来说，"破窗效应"的启示是：不要受不良的心理暗示，下滑就是跌落甚至堕落。尽量培养自己好的行为习惯，虽然费力，但于己、于人、于社会都有好处。爱护每一扇窗户，及时修补第一扇破碎的窗户，尤其是自己的心灵之窗。

制度化建设在企业管理中已经是老生常谈了。但是，现实的情况往往是制度多，有效的执行少。长此以往，企业的发展会很尴尬。对公司员工中发生的"小奸小恶"行为，管理者要引起充分的重视，适当的时候要小题大做，这样才能防止有人效仿，起到"修补破窗"的作用。

美国有一家公司，规模虽然不大，但以极少炒员工鱿鱼而著称。有一天，资深车工杰瑞在切割台上工作了一会儿，就把切割刀前的防护挡板卸下放在一旁。没有防护挡板，虽然埋下了安全隐患，但收取加工零件会更方便、快捷一些，这样杰瑞就可以赶在中午休息之前完成2/3的零件了。不巧的是，杰瑞的举动被无意间走进车间巡视的主管逮了个正着。主管雷霆大怒，令他立即将防护板装上之后，又站在那里大声训斥了半天，并声称要作废杰瑞一整天的工作。第二天一上班，杰瑞就被通知去见老板。老板说："身为老员工，你应该比任何人都明白安全对于公司意味着什么。你今天少完成了零件，少实现了利润，公司可以换个人换个时间把它们补起来。可你一旦发生事故，失去健康乃至生命，那是公司永远都补偿不起的……"

离开公司那天，杰瑞流泪了。工作了几年时间，杰瑞有过风光，也有过不尽如人意的地方，但公司从没有人对他说不行。可这一次不同，杰瑞知道，这次碰到的是公司灵魂的东西。

在管理实践中，管理者必须高度警觉那些看起来是个别的、轻微的，但触犯了公司核心价值的"小的过错"，并坚持严格依法管理。不及时修好第一扇被打碎玻璃的窗户，就可能会带来无法弥补的损失。

◎ 为什么选美大赛会成为选丑大赛

"09 港姐竞选"首轮面试后选出的 15 人，被媒体评作"触目惊心"：平胸、龅牙、罗圈腿都成了佳丽。看到参赛佳丽们的种种表现，主办方——香港无线电视台（TVB）的高层不但震惊且震怒，甚至气愤得大拍桌子。

走过了 36 年，"港姐"已成了香港人血肉的一部分，和这个城市的脉搏一起跳动。这个看重"香港制造"的地方，早有人下过定论：什么最能代表香港？不是尖沙咀钟楼，不是太平山老衬亭，不是海洋公园，不是大富豪夜总会，而是"香港小姐"。

而"港姐"冠军第一次被人说"丑"，始于 1993 年的冠军莫可欣。据说，评委成龙对"读了很多书"的莫可欣推崇备至。莫可欣的最后当选，引发了香港传媒关于选美标准的大争议。在意见统一之前，无线的大老板邵逸夫已经用行动抗议。他在一次大型活动中，一改由应届"港姐"冠军陪伴的铁例，而由女艺员曹众搀扶出场，摆明对莫可欣的冠军身份不以为然。

其实，最不想"港姐"颓败下去的，还是香港人自己。尤其是主办方——无线电视台。为了力保收视不失，"港姐"选美逐渐蜕变成花样百出的综艺晚会。尤其是外景拍摄，为了达到"靓"的效果，佳丽们要"上刀山、下火海"。2000年的"港姐"，先在海南岛酷热的沙滩上"加热"，然后去云南高原的雪山上"淬火"，病倒好几个。2001年的"港姐"，在日本的冷风冷雨中拍泳装特辑，冻得涕泪交流。

在这场"挽救港姐"的战斗中，香港媒体也是功不可没。为了增加话题、制造看点，他们只能挖空心思炮制丑闻。不是盯着佳丽腰间的"猪腩肉"，就是"八字波""甲组脚"，香港小姐"高贵"一说，完全沦为笑话。

主办方锻炼"港姐"的各种招式，加之媒体的刻薄，让人觉得选美真的需要勇气。素质超群的美女，自然有很多方式出名致富，不用受这种煎熬。所以参选"港姐"的女孩越来越少。"港姐"保卫战，反倒陷入了"越来越丑"的恶性循环。

在网络上，流传着这样一句比较激烈的话："选美选出的永远是最丑的，选秀选出的永远是最差的。"很多人对此都有同感，不只选美和选秀，从古至今，很多事情都是类似的结局。

枪手博弈的故事告诉我们：在多人博弈中常常由于复杂关系的存在，而导致出人意料的结局。一位参与者能否最后胜出，不仅仅取决于其实力，更取决于实力对比关系以及各方博弈的策略。

比如，《红楼梦》里王夫人给贾宝玉选妾，无论是按照"贤妻美妾"的传统标准，还是以聪明、口才、针线等为衡量尺度，都轮不上容貌次等、手脚笨笨、惹人烦腻的袭人，但是结果恰恰是袭人取胜，在前八十回中，她已经坐稳了"准姨娘"的位子。

古代帝王的后宫争斗也是如此，真正在后宫屹立不倒、隆宠不衰的，一般都不是身世最显赫、最有才华、最貌美、最贤惠的。但凡在某一方面占了一个"最"字，就不太容易在尔虞我诈的环境中生存下去。大多数时候，最后胜出的是在任何方面都不弱，同时又懂得权谋、智慧和平衡的人。

21世纪的选秀和选美也是如此。拿"超级女声"来说，很多人对于2006年的"超女"冠军心生疑问，尚雯婕既没有美丽的容貌、突出的个性，也没有深厚的歌唱功夫，她的夺冠似乎毫无道理。

由此可见，"胜出的未必是最好的"。此种现象由来已久，结合博弈论的知识，人们就大致可以解开心中的疑惑了。

其实，这也是"枪手博弈"模型的一种演绎，无论是选秀、选美、选妾，最后胜出的"资质略差者"与"枪手博弈"中的枪手，都有着共同的处境和结局。最终的胜利，不是他们一个人得到的，而是各种利益相关方共同博弈的结果。

在《红楼梦》中，利益相关方有王夫人、宝玉房中的小丫头、贾府中的丫鬟婆子，等等；在后宫中，利益相关方有后宫的众多妃子，以及其娘家所代表的各种势力，等等；"超级女声"的比赛中，则有主办方、评委、参赛的选手们、电视观众、媒体、各位选手的支持者们，等等，在各种博弈中，都有着方方面面的利益在影响最终结果，从而造成了出人意料的结局。

而其中，真正最优秀的人，比如《红楼梦》中的晴雯，帝王后宫中的德才兼备者，"超女"中的内外兼美、唱功一流者，则可能最先成为众矢之的，被下面那些人联合打压、排挤出局。最终的胜利者，不是实力最强者，也不是实力最差者。这种结局虽然不尽如人意，却表现了各方面利益的均衡，是博弈论科学性的有力证明。

◎ 为什么三个和尚会没有水喝

山上有座小庙，庙里有个小和尚。他每天挑水、念经、敲木鱼，给观音菩萨案桌上的净水瓶添水，夜里不让老鼠来偷东西，生活过得安稳自在。不久，来了个长和尚。他一到庙里，就把半缸水喝光了。小和尚叫他去挑水，长和尚心想一个人去挑水太吃亏了，便要小和尚和他一起去抬水。两个人只能抬一只水桶，而且水桶必须放在扁担的中央，两人才心安理得。这样总算还有水喝。后来，又来了个胖和尚。他也想喝水，但缸里没水。小和尚和长和尚叫他自己去挑，胖和尚挑来一担水，立刻独自喝光了。从此谁也不挑水，三个和尚就没水喝。大家各念各的经，各敲各的木鱼，观音菩萨面前的净水瓶也没人添水，花草枯萎了。夜里老鼠出来偷东西，谁也不管。结果老鼠猖獗，打翻烛台，燃起大火。三个和尚这才一起奋力救火。大火扑灭了，他们也觉醒了。从此三个和尚齐心协力，水自然就更多了。

一个和尚挑水喝，两个和尚抬水喝，三个和尚没水喝。这也是一个经济学的定律。后被管理学界广泛引用和流传，这就是"华盛顿合作定律"，即一个人敷衍了事，两个人互相推诿，三个人则永无成事之日。

　　为什么人多反而影响工作积极性呢？早在 1920 年，德国心理学家黎格曼就进行过一项实验，专门探讨团体行为对个人活动效率的影响。他要求工人尽力拉绳子，并测量拉力。参与者都参加 3 种形式的测量：个人单独拉、3 人同时拉和 8 人同时拉。结果是：个体平均拉力为 63 公斤；3 人团体总拉力为 160 公斤，人均为 53 公斤；8 人团体总拉力为 248 公斤，人均只有 31 公斤，只是个人独自拉时力量的一半。黎格曼把这种个体在团体中较不卖力的现象称为"社会懈怠"。

　　之所以会产生"社会懈怠"现象，可能是每个人觉得团体中的其他人没有尽力，为求公平，于是自己也就减少努力；也可能是觉得自己的努力对团体微不足道，所以没有全力以赴。

　　不管发生这种现象的具体原因是什么，这种"社会懈怠"现象在生活中普遍存在。比如我们时常会抱怨"人多事杂"，以至于难以高效地完成一项任务；"三个臭皮匠赛过诸葛亮"，而现在大家却将其调侃成"三个诸葛亮不如一个臭皮匠"，这实际也是对"社会懈怠"现象的一种讽刺。

　　"华盛顿合作定律"与我们"三个和尚"的故事有着异曲同工之妙。不管是分工合作，还是职位升迁，抑或利益分配，不论出发点是何其纯洁、公正，都会因为某些人的"主观因素"而变得扑朔迷离、纠缠不清。随着这些"主观因素"的渐渐蔓延，原本简单的上下级关系、同事关系都会变得复杂起来。

　　可见，人与人的合作不是人力的简单相加，而是要复杂和微妙得多。在人与人的合作中，假定每个人的能力都为 1，那么 10

个人的合作结果有时比 10 大得多，然而有时却甚至比 1 还要小。

如同谚语"三个臭皮匠赛过诸葛亮"中说的那样，三个智力水平普通的人只要肯合作，他们的总体智力水平就可以高于一个智力超常的人。更何况电影中三个高手的合作无间呢。

但一般人或多或少都拥有些自私与惰性，而且相互间信任的建立也是一个漫长的过程。然而从信赖到猜疑甚至排斥的过程，往往却只需一件事的时间。正是由于这些特性，使得团队合作变得复杂起来，团队管理也成了一门伟大的学问。如何避免"华盛顿合作定律"的弊端，尤其在现今这个提倡团队合作的社会，是各个团队管理人所必须面对的。明智的管理者，不但会不断提高员工整体素质，而且还会建立分工合理、职责明确、奖罚分明的管理机制，形成一个有利于人才成长与竞争的舞台，这样才能"揽天下英才为我所用"。

同样，对于普通个人来说，处在钩心斗角且毫无生气的环境中，会使你的精力慢慢消失殆尽，整个人也会变得庸俗而不思进取；选择一个公平且充满活力的环境，则会让自己不断获得"质"的提升。"近朱者赤，近墨者黑"，你会选择何者呢？

◎ 为什么马屁股会成为火车的宽度

美国的铁路据传是由英国工程师设计建造的。电车的轨道标准为 4.85 英尺，这一标准最初又是来源于马车的轮宽。问题是马车为什么要用这个轮距标准呢？因为如果马车用任何其他数值，马车的轮子就会在英国的老路上被撞坏。正巧，这些路上的辙迹宽度就是 4.85 英尺。这些辙迹又是从何而来的呢？这回答案就追溯得远了。古罗马时，罗马战车的宽度正好是 4.85 英尺。而这个宽度，恰恰是两匹拉战车的马的屁股的宽度。

后来，是道格拉斯·诺斯第一个明确将其引入了经济学的领域，建立起了新的"路径依赖"理论，从而获得了 1993 年的诺贝尔经济学奖。实际上，他无非是想证明，在日常生活中，某项事物的一次选择，或许是历史的偶然，像美国铁路的宽度，像某学生购买当当网的图书。但在这一次之后，使用者就会觉得继续这样做是有效率的。于是，过去的选择影响了现在以及未来的选择。然后，人们就会在没有任何质疑的情况下，一条路一直走下去。

诺斯关于"路径依赖"的理论很快得到了证实。甚至实验者们可以发现，个体的全部行为几乎都受到路径依赖的影响。区别只在于，不同情况下，好的路径效应能带来正面作用，提高行为的效率而进入良性循环，甚至形成规模效应；坏的路径效应则让行为一直锁定在低效率的状态。

"路径依赖"又译为"路径依赖性"，它的特定含义是指人类社会中的技术演进或制度变迁均有类似于物理学中的惯性，即一旦进入某一路径（无论是"好"还是"坏"）就可能对这种路径产生依赖。

有人将 5 只猴子放在一只笼子里，并在笼子中间吊上一串香蕉。只要有猴子伸手去拿香蕉，就用高压水教训所有的猴子，直到没有一只猴子再敢动手。

然后用一只新猴子替换出笼子里的一只猴子。新来的猴子不知这里的"规矩"，竟伸出上肢去拿香蕉。结果触怒了原来笼子里的 4 只猴子，于是它们代替人执行惩罚任务，把新来的猴子暴打一顿，直到它服从这里的"规矩"为止。

试验人员如此不断地将最初经历过高压水惩戒的猴子换出来，最后笼子里的猴子全是新的，但没有一只猴子再敢去碰香蕉。

起初，猴子怕受到"株连"，不允许其他猴子去碰香蕉，这是合理的。但后来人和高压水都不再介入，而新来的猴子却固守着"不许拿香蕉"的制度不变，这就是"路径依赖"的自我强化效应。

在当前经济学界，"路径依赖"是一个使用频率极高的概念，它说的是人们一旦选择了某种制度，就好比走上了一条不归之路，惯性的力量会使这一制度不断"自我强化，让你轻易走不出去"。

"路径依赖"效应，用通俗的话来讲，就像是人们的一种经济惯性，这种力量会使这一选择不断"自我强化，让你轻易走不出去"。

"淘宝"上买东西，炒股的系统交易，企业管理，其实也是缘于"路径依赖"。你的系统交易、企业治理模式不一定对，但一旦你使用了很长时间，你就会产生依赖，即便明知是错误的，也可能一直使用下去。

某学生从国外留学回来，曾在淘宝网购买过图书，此后就经常光顾淘宝网。

一日，女友问他："网上哪里买化妆品便宜？"某学生："淘宝网。"

女友："网上哪里买衣服便宜？"某学生："淘宝网。"

女友："网上哪里买手机便宜？"某学生："淘宝网。"

女友笑着推了他一下："你家是开淘宝网的？"

某学生只因使用了一次淘宝网，就继续光顾。当女友要购买东西时，他就积极向女友推荐。可是，反过来想想，就如女友说的那样，买东西一定要上淘宝网吗？

回答当然是否定的。还有很多网站可供选择，例如卓越、当当等，那某学生为什么给女友推荐淘宝网呢？因为他熟悉淘宝网，让女友直接去买，提高了行为的效率。（尽管未必会减少，甚至会增加付出的成本。）这种状态，在经济学中就是典型的"路径依赖"效应。

◎ 为什么乌龟要和兔子合作

春秋战国时期，越国人甲父史和公石师各有所长。甲父史善于计谋，但处事很不果断；公石师处事果断，却缺少心计，常犯疏忽大意的错误。他们经常取长补短，合谋共事，好像有一条心。这两个人无论一起去干什么，总是心想事成。

后来，他们在一件小事上发生了冲突，吵完架后就分了手。当他们各行其是的时候，都在自己的事业中屡获败绩。

一个叫密须奋的人对此感到十分痛心，他哭着规劝两人说："你们听说过海里的水母没有？它没有眼睛，靠虾来带路，而虾则分享着水母的食物。这二者互相依存，缺一不可。北方有一种肩并肩长在一起的'比肩人'。他们轮流着吃喝、交替着看东西，死一个则全死，同样是二者不可分离。你们两人与这种'比肩人'非常相似。你们和'比肩人'的区别仅仅在于，'比肩人'是通过形体，而你们是通过事业联系在一起的。既然你们独自处事时连连失败，为什么还不和好呢？"

甲父史和公石师听了密须奋的劝解，感到很惭愧。于是，两人言归于好，重新在一起合作共事。

这则寓言故事说明个体的能力是有限的，在争生存、求发展的斗争中，只有坚持团结合作，才能获得最终的成功。这便涉及了经济学中的"正和博弈"。为了更好地理解，我们不妨用"猎鹿模型"来解释在博弈中合作的必要性。

在古代的一个村庄，有两个猎人。为了使问题简化，假设主要猎物只有两种：鹿和兔子。如果两个猎人齐心合力，忠实地守着自己的岗位，他们就可以共同捕得 1 只鹿；要是两个猎人各自行动，仅凭一个人的力量，是无法捕到鹿的，但可以抓住 4 只兔子。

从能够填饱肚子的角度来看，4 只兔子可以供一个人吃 4 天；1 只鹿如果被抓住将被两个猎人平分，可供每人吃 10 天。也就是说，对于两位猎人，他们的行为决策就成为这样的博弈形式：要么分别打兔子，每人得 4；要么合作，每人得 10。如果一个去抓兔子，另一个去打鹿，则前者收益为 4，而后者只能是一无所获，收益为 0。在这个博弈中，要么两人分别打兔子，每人吃饱 4 天；要么大家合作，每人吃饱 10 天。这就是这个博弈的两个可能结局。

通过比较"猎鹿博弈"，明显的事实是，两人一起去猎鹿的好处比各自打兔子的好处要大得多。"猎鹿博弈"启示我们，双赢的可能性是存在的，而且人们可以通过采取各种举措达成这一局面。

但是，有一点需要注意，为了让大家都赢，各方首先要做好有所失的准备。在一艘将沉的船上，我们所要做的并不是将人一个接着一个地抛下船去，减轻船的重量，而是大家齐心协力地将漏洞堵上。因为谁都知道，前一种结果是最终大家都将葬身海底。

在全球化竞争的时代，共生共赢才是企业的重要生存策略。为了生存，博弈双方必须学会与对手共赢，把社会竞争变成一场双方都得益的"正和博弈"。

厉以宁曾经讲过新龟兔赛跑的故事：龟兔赛跑，第一次比赛兔子输了，要求赛第二次。第二次龟兔赛跑，兔子吸取教训，不再睡觉，一口气跑到终点。兔子赢了，乌龟又不服气，要求赛第三次，并说前两次都是兔子指定路线，这次得由它指定路线跑。结果兔子又跑到前面。快到终点了，一条河把路挡住，兔子过不去，乌龟慢慢爬到了终点，第三次乌龟赢。于是两个就商量赛第四次。乌龟说："咱们老竞争干吗？咱们合作吧。"于是，陆地上兔子驮着乌龟跑，过河时乌龟驮着兔子游，两个同时抵达终点。

这个故事告诉我们双赢才是最佳的合作效果，合作是利益最大化的武器。许多时候，对手不仅仅只是对手，正如矛盾双方可以转化一样，对手也可以变为助手和盟友，微软公司对苹果公司慷慨解囊就是一个最好的案例。如同国际关系一样，商场中也不存在永远的敌人。

◎ 为什么驴子和驴夫都会遭受损失

试想有两只公鸡遇到，每只公鸡有两个行动选择：一是退下来，一是进攻。如果一方退下来，而对方没有退下来，对方获得胜利，这只公鸡则很丢面子；如果对方也退下来，双方则打个平手；如果自己没退下来，而对方退下来，自己则胜利，对方则失败；如果两只公鸡都前进，那么则两败俱伤。因此，对每只公鸡来说，最好的结果是：对方退下来，而自己不退。

伊索寓言中有一个"驴子和驴夫"的故事：

驴夫赶着驴子上路，刚走一会儿，就离开了平坦的大道，沿着陡峭的山路去走。当驴子将要滑下悬崖时，驴夫一把抓住它的尾巴，想要把它拉上来。可驴子拼命挣扎，驴夫便放开了它，说道："让你得胜吧！但那是个悲惨的胜利。"

这故事说明，驴子的胜利是一个悲惨的胜利。驴子胜了，但却是以自己的牺牲为代价。

有时候，双方都明白二者相争必有损伤，但往往又过于自负，觉得自己会取得胜利。所以，只要把形势说明，等双方都明白自己并没有稳操胜券的能力，僵持不下的"斗鸡博弈"就会化解了。

我们可以发现生活中常有这样的例子，比如男女双方结婚之后，因为一些家庭琐事就像两只斗架的公鸡，斗得不可开交。婚姻双方的"斗鸡博弈"，使整个家庭战火纷纷，硝烟弥漫。一般来说，到关键时候，总有一方对于对方的唠叨、责骂要避开。如果丈夫装聋作哑，或者妻子干脆回娘家去冷却怒火，或者丈夫摔门而出找朋友去诉苦，一场干戈化为玉帛。

凡事都要决出输赢胜负，那么必然会给自己带来不必要的损失。只有一方先撤退，才能使双方获利。特别是占据优势的一方，如果具有这种以退求进的智慧，提供给对方回旋的余地，就会给自己带来胜利，而且双方都会成为利益的获得者。

康熙时期，文华殿大学士兼礼部尚书张英在京做官。在老家桐城，他的邻居吴氏是当地的豪绅大户，欲侵占张府的宅地。家人驰书京城，要张英凭官威压一压吴氏的气焰。谁知张英却回诗一首："一纸书来只为墙，让他三尺又何妨。长城万里今犹在，不见当年秦始皇。"意思很明白：退让。家人得诗，主动退让三尺。吴氏闻之，也后撤三尺。于是形成了六尺宽的巷道。这就是"六尺巷"的由来。

由此可见，懂得退让并不是一种懦弱和失败，而是一种智慧。我们在工作和生活中要知道进退的道理，不要等到斗得两败俱伤的时候才灰溜溜地败下阵来！

在现实中，哪一只斗鸡前进，哪一只斗鸡后退，要进行实力的比较。谁稍微强大，谁就有可能得到更多的前进机会。但这种前进并不是没有限制的，而是有一定的距离。一旦超过了这个界限，只要有一只斗鸡接受不了，那么"斗鸡博弈"中的严格优势策略就不复存在了。

2008年，金融危机到来。华为总裁任正非提出"抱团过冬"，他说的"抱团过冬"也就是在"斗鸡博弈"中选择后退。

与合作伙伴。任正非说："在目前残酷的竞争环境下，宁亏华为不能亏同盟军。华为现在有200多个同盟军，要保护同盟军的利益。比如，我们的通信代理口，分销这个口，会出现很大的困难。当价格越来越低，给代理的利益越来越少，你们要研究怎么能保护我们的同盟军。我们期望有一定的同盟军。一旦春天到来，这些同盟军就可以生龙活虎出去抢单，我们就缓过劲来了。"

与竞争对手。在竞争的基础上，加强彼此间的相互了解和合作。和对手联合起来搞研发，共同研发一个产品，研发成本降掉一半，华为的成本就降了一半。竞争对手也要手拉手，也要走向合作。因为都要渡过这场灾难啊！

与内部员工。为渡过这个最困难时期，转变使华为自己能够有利于迎接困难这方面，所有的华为员工都要有共同清楚的认识，要一起来想办法。公司现在有很多的措施，大家也都来想更多的措施。每个人都要围绕着自己的工作多想措施，想出新的机会点来，想怎么降低成本、想怎么提高服务……

由此可见，任正非深谙"斗鸡博弈"之道。如果在这个时候，华为向供货商施加压力，转移成本，就会让供货商在这场危机中死掉；如果华为与同行"斗鸡博弈"，打压竞争对手，那么同行的死去将会让华为陷入孤独之中，不利于华为的进步；如果华为与员工"斗鸡博弈"，华为未来的发展就会失去员工和人才的支撑。

使力不如借力：小猪的生存智慧

◎ 为什么鳄鱼与牙签鸟是好朋友

公元前 450 年，古希腊历史学家希罗多德来到埃及。在奥博斯城的鳄鱼神庙，他发现大理石水池中的鳄鱼，在饱食后常张着大嘴，任凭一种灰色的小鸟在那里啄食剔牙。

这位历史学家非常惊讶，他在著作中写道："所有的鸟兽都避开凶残的鳄鱼，只有这种小鸟却能同鳄鱼友好相处，鳄鱼从不伤害这种小鸟，因为它需要小鸟的帮助。鳄鱼离水上岸后，张开大嘴，让这种小鸟飞到它的嘴里去吃水蛭等小动物，这使鳄鱼感到很舒服。"

这种灰色的小鸟叫"燕千鸟"，又称"鳄鱼鸟"或"牙签鸟"。它在鳄鱼的"血盆大口"中寻觅水蛭、苍蝇或食物残屑。有时候，燕千鸟在鳄鱼栖居地营巢，好像在为鳄鱼站岗放哨。只要有风吹草动，它们就会一哄而散，使鳄鱼猛醒过来，做好准备。正因为这样，鳄鱼和小鸟结下了深厚的友谊。

这是生物界中动物们的生存法则，也就是竞争中的"共赢"。无论是小动物们还是人类，共赢绝对是最好的结果。不过，要实现共赢也没有那么容易——双方必须有互补的优势，有诚实合作的一员，有相互信任的约定或是协议……合作中的任何一方想要破坏合作的话，都很有可能从"双赢"走向"双输"。无论在企业界还是人与人的交往中，共赢竞争中为了避免对方得益、自己受损，而不惜破坏合作，让双方都受损的例子比比皆是。松下幸之助早年曾在一家电灯公司工作。他对电灯泡着了迷，后来组成了松下电器公司。不巧公司成立之初，恰遇经济危机，市场疲软。怎样才能使公司摆脱困境、转危为安？松下幸之助权衡再三，决定拿出一万个电灯泡作为宣传之用，借以打开灯泡的销路。

灯泡必须备有电源，方能起作用。为此，松下亲自去拜访一家灯泡公司的董事长，希望双方合作进行产品的宣传，并免费赠送一万个干电池。对方听了此言，不禁大吃一惊，因为这显然是一种违背常理的冒险。但松下诚挚、果敢的态度实在感人，对方终于答应了他的请求。松下公司的电灯泡搭配上干电池，发挥了最佳的宣传效用。很快，电灯泡的销路直线上升，干电池的订单也如雪片般飞来。

从此，松下电器公司名声大振，一步步走上了辉煌的道路。

不是谁都有如此魄力去到对手的公司寻求合作。在生活中，我们常见的是，竞争的双方打得不可开交，恨不得将对方彻底驱赶出市场之外。你降价10%，我就降价30%；你买一赠一，我买一赠二；你把发布会开到北京大饭店，我就到凯宾斯基饭店；你请刘德华做代言，我恨不得请成龙……然而，这样做的结果常常是"仇人相见，分外眼红"；明的竞争不过，就来暗的。因此很多市场就做烂、做臭了。中国现代商战的挑起者和里程碑——因郑州亚细亚商场降价所引起的恶性竞争，让郑州至今经济未恢复，在全国人民面前都抬不起头。

其实，让合作来加强自己的竞争力，让共赢成为合作双方的共同目标，这不仅是人类社会追求的至高境界，也在全球化发展的今天至关重要。地球变得越来越狭小，资源也变得越来越稀少，南北差距拉大，国际关系复杂，要想在这种机遇中崛起，就只有抱着共赢的战略，才能够积极发展。

"互利共赢"是一种新的思维方式，也是一项能够付诸实践的主张。它既包含了对利益的追求，但又不止于对利益的追求。是更好地实现经济合作的基础，可以更快地促进发展，实现双方共同发展，是一种理性的科学的选择。

"双赢"一词，来自英文"win-win"的中文翻译。营销学这样认为：双赢是成双的。对于客户和企业来说，应是客户先赢企业后赢；对于员工和企业来说，应是员工先赢企业后赢。而中国的"双赢"模式是传统文化中"和合"思想与西方市场竞争理论相结合的产物。

为了共同的利益，同类企业或者生产替代品的企业也会暂时放弃竞争的关系，建立一定时间段的合作。例如两家或者多家同类企业，合作研发一种新产品，以共同对付外敌。而由一家企业研发的话，就会势单力薄。这时的合作可以加快进程，使全体受益。日本的索尼、松下、日立等企业就有类似的合作，还有温州的打火机企业合作，对付欧盟的反倾销从而获胜，也是一个成功的例子。

在现代经济中，各个企业都是共荣共损的。竞争也不一定就是"你死我活"，而是在竞争的过程中，让整体效率得到提高。从这个角度来讲，竞争也是另一种合作的形式。把握竞争，做好合作，才会在竞争之道中获得共赢。

◎ 为什么小猪能不劳而获

猪圈里，有一大一小两头猪。

在猪圈的一头，有个踏板，每踩一下踏板，在远离踏板的猪圈的另一边的投食口就会落下食物。如果有一只猪去踩踏板，另一只猪就有机会抢先吃到另一边落下的食物。

现在，分别让两头猪去踩动踏板。当小猪踩动踏板时，大猪会在小猪跑到食槽之前吃光所有的食物；若是大猪踩动了踏板，则还有机会在小猪吃完落下的食物之前跑到食槽，争吃一点残羹。

那么，请问，两只猪会采取什么策略？是让大猪踩踏板，还是让小猪踩踏板？

答案是：大猪踩踏板，小猪选择等待。为什么？

根据上面给出的条件，对于小猪来说，选择去踩踏板将一无所获，相反，不踩踏板反而能吃上食物。而对于大猪而言，无论谁踩踏板，它都能吃上食物。问题是当小猪不干的时候，它只能选择自己亲力亲为，毕竟踩踏板总比不踩强。

故事讲的是有名的"智猪博弈"。大小两只猪的智斗，体现了以猪圈为背景的小社会中的博弈。故事中，小猪不参与竞争，而是舒舒服服地等在食槽边吃东西；大猪为一点残羹不知疲倦地奔忙于踏板和食槽之间。看起来，十分不公平，却反映了社会上普遍存在的一种现象，即"搭便车"现象。

"搭便车"理论，首先是由美国经济学家曼柯·奥尔逊于 1965

年发表的《集体行动的逻辑：公共利益和团体理论》一书中提出的。其基本含义是不付成本而坐享他人之利。

假如有一天过道的灯坏了，你去换了一个灯泡，它在照耀了你的同时也照耀了你的邻居，但是他们没有为此付费却得到了好处。那么对你来说，最平等的方法是让你的那些邻居也为此付费。但你的邻居也许会告诉你，他们愿意让过道灯继续黑下去也不愿意为此付费。尽管他们并不是希望过道灯继续黑下去，而是将自己真实的想法隐藏起来。希望搭你的便车，由你来替他们付费。但是，假如那个灯泡的市场售价是50元，会怎么样呢？100元，或者是10000元呢？市场就这样趋近于失灵：假如没有任何外力作用，我们的过道灯多数都会黑掉。

关于"搭便车"所产生的问题，在曼昆的《经济学原理》第二版中讲到"搭便车"的故事时给出了解答。

美国一个小镇的居民喜欢在7月4日这天看烟火。设想这个小镇的企业家艾伦决定举行一场烟火表演，可以肯定艾伦会在卖出门票时遇到麻烦。因为所有潜在的顾客都能想到，他们即使不买票也能看到烟火。烟火没有排他性，人人都可以看烟火。实际上，人人都可以"搭便车"，即得到看烟火的机会而不需要支付任何成本。

尽管私人市场不能提供小镇居民需要的烟火表演，但解决小镇问题的方法是显而易见的：当地政府可以赞助7月4日的庆祝活动。镇委员会可以向每个人增加2美元的税收，并用这种收入雇用艾伦提供烟火表演。

因此，政府可以潜在地解决这个问题。如果政府确信，总利益大于成本，它就可以提供公共物品，并用税收为它支付，可以使每一个人获得"搭便车"的权利。因此，对于可能产生"搭便车"的物品或服务，理应由政府来提供。

◎ 为什么两倍的许愿机会让朋友成仇人

从前，有两位很虔诚、很要好的教徒，决定一起到遥远的圣山朝圣。两人风尘仆仆地上路了，发誓不达圣山朝拜，绝不返家。

不久，他们遇见一位白发圣者。圣者看他们如此虔诚，就十分感动地说："这里离圣山还有 10 天的脚程，但很遗憾，我就要和你们道别了。分手前，我要送给你们一个礼物！就是你们当中一个人先许愿，他的愿望一定会马上实现；而第二个人，可以得到那愿望的两倍！"

此时，一个教徒心里想："太棒了，我知道我想要许什么，但我先不讲，因为先许愿就吃亏了，对方有双倍的礼物！"而另外一个教徒也自忖："我不想让他得到加倍的礼物！"于是，两位教徒客气起来："你先讲嘛！""你年长，先许愿吧！""不，应该你先！"

两位推来推去，"客套"一番后，就不耐烦起来："你干吗！你先讲啊！""为什么我先讲？我才不要呢！"

终于，一人生气了，大声说："喂，你真是不知好歹！你再不许愿，我就把你的狗腿打断！"另外一人听了也很生气，没想到朋友居然恐吓自己！于是想：我得不到的东西，你也休想得到！这一教徒心一横，狠心说："好，我先许愿！我希望我的一只眼睛瞎掉！"很快，这位教徒的一只眼睛瞎了。而他的好朋友，两只眼睛都瞎掉了！

原本一件十分美好的礼物，但因人的狭隘、贪念与嫉妒，使"祝福"变成"诅咒"，使"好友"变成"仇敌"，让"双赢"变成瞎眼的"双输"！

经济学承认人的利己之心。但同时，经济学也承认"帮助别人就是帮助自己"。因为如果把利己性再往前走一步，就变成了"人不为己，天诛地灭"的荒谬言论。

而"帮助别人就是帮助自己"才会更大化实现自己的利益。

市场经济中，崇尚的道德应该是利己又利他。从根本上讲，这两点并非不可实现。如果市场上每个人都只为自己，自私自利，与邻为壑，甚至损人利己，最终结果还是损害自己。而为别人考虑的同时，往往也会为自己带来好处。在社会生活中，当个人从利己的角度出发从事经济活动时，也同时可以为企业实现利润最大化；当企业财富增加，反过来又会增加个人财富。这是一种良性循环。同样，当你从利己的角度出发去帮助别人的时候，就会达到"利己又利他"的效果；反之，为了利己而做伤害别人的事，自己虽然会有一时之益，但从更长的时间段来看，你的所失一定大于所得。

◎ 为什么"利他"才能"利己"

每当秋天，当你见到雁群为过冬而朝南方沿途以"V"字队形飞行时，你也许会想到某种科学论点已经可以说明它们为什么如此飞。当每一只雁展翅拍打时，造成其他的雁立刻跟进，整个雁群抬升。借着"V"字队形，整个雁群比每只雁单飞时，至少增加了71%的飞升能力。

当一只大雁脱队时，它立刻感到独自飞行时的迟缓、拖拉与吃力，所以很快又回到队形中，继续利用前一只雁所造成的浮力。

当领队的雁疲倦了，它会退到侧翼，另一只大雁则接替飞在队形的最前端。这些雁定期变换领导者，因为为首的雁在前头开路，能帮助它左右两边的雁造成局部的真空。科学家曾在风洞试验中发现，成群的雁以"V"字形飞行，比一只雁单独飞行能多飞12%的距离。

布莱克说过："没有一只鸟会升得太高，如果它只用自己的翅膀飞升。"人类也是一样，如果懂得跟同伴合作而不是彼此争斗的话，往往能飞得更高、更远，而且更快。

一位没有双腿的男子，遇见了一位瞎子，就向这位瞎子提议，两人联合起来，可以给双方带来莫大的好处。他对瞎子说："你让我趴到你的背上去，这样我可以利用你的腿，而你可以利用我的眼睛。我们两人合作，做起事来可以更快一点。"

不幸的是，许多年轻人没有这位缺腿男子的远见。他们被灌输了垃圾式的思想，那就是必须践踏别人、糟蹋别人、利用别人才能达到高峰。这些问题值得每个人、每个企业深思。

与此类似的是"邦尼人力定律"："1个人1分钟可以挖1个洞，60个人1秒挖不了1个洞。"在人与人的合作中，如果每个人的能量都为1，那么10个人的能量可能比10大得多，也可能比1还小。因为人的合作更像方向各异的能量，互相推动时自然事半功倍，相互抵触时则一事无成，它并不是静止不变的。所以人与人的合作不是力气的简单相加，其中的关系要微妙和复杂得多。

第五篇　森林遇险怎么办：博弈论中的经济学

"合作"与"如何合作"是两个不同的问题。企业里常会有一些嫉妒别人的成就与杰出表现的人，他们天天想尽办法进行破坏与打压。如果企业不把这种人除去，长此以往，组织里就只剩下一群互相牵制、毫无生产力的"螃蟹"。

在小溪的旁边有三丛花草，并且每丛花草中都居住着一群蜜蜂。一天，小伙子看着这些花草，总觉得没有多大的用处，于是，便决定把它们除掉。当小伙子动手除第一丛花草的时候，住在里面的蜜蜂苦苦地哀求小伙子说："善良的主人，看在我们每天为您的农田传播花粉的情分上，求求您放过我们的家吧。"小伙子看看这些无用的花草，摇了摇头说："没有你们，别的蜜蜂也会传播花粉的。"很快，小伙子就毁掉了第一群蜜蜂的小家。

没过几天，小伙子又来砍第二丛花草。这个时候冲出来一大群蜜蜂，对小伙子嗡嗡大叫道："残暴的地主，你要敢毁坏我们的家园，我们绝对不会善罢甘休的！"小伙子的脸上被蜜蜂蜇了好几下。他一怒之下，一把火把整丛花草烧得干干净净。

当小伙子把目标锁定在第三丛花草的时候，蜂窝里的蜂王飞了出来，它对小伙子柔声说道："睿智的投资者啊，请您看看这丛花草给您带来的利益吧！您看看我们的蜂窝，每年我们都能生产出很多的蜂蜜，还有最有营养价值的蜂王浆，这可都能给您带来很多经济效益啊。如果您把这些花草给除了，您将什么也得不到，您想想吧！"小伙子听了蜂王的话后，忍不住吞了一口口水。于是，他心甘情愿地放下了斧头，与蜂王合作，做起了经营蜂蜜的生意。在这场人与蜂的博弈中，面对小伙子，三群蜜蜂作出了三种选择：恳求、对抗、与其合作，只有第三群蜜蜂达到了最终的目的。

上面的例子告诉我们，如果博弈的结果是"零和"或"负和"，那么，对方得益就意味着自己受损或双方都受损，这样做的结果也只能是两败俱伤。因此，为了生存，人与人之间必须学会与对方共赢，把人际关系变成一场双方得益的"正和博弈"，而这样也是使人际关系向着更健康的方向发展的唯一做法。

◎ 为什么越精明得到的越少

经常乘飞机的朋友会发现，托运的行李会不翼而飞，或者里面有些易损的物品遭到损坏。这是很麻烦的事情，向航空公司进行索赔，航空公司一般是根据实际价格给予赔付。但有时某些物品的价值不容易估算，且物件又不大，那怎么办呢？

假设有两个美丽的女大学生，一个叫雨荷，一个叫飘雪，她们互不认识，却各自在某旅游景点购买了一个一模一样的玻璃工艺品。经过几个小时的航空旅行，她们从云端降落在某国际机场。在检查行李的时候，她们发现行李中的工艺品由于运输途中的意外而遭到损坏，于是她们随即向航空公司提出索赔。因为物品没有发票等证明价格的凭证，所以，航空公司无法确定该工艺品的确切价格，公司内部的评估人员只能估计出其价值在 1000 元以内。后来，航空公司想出了一个办法：他们分别告诉这两位漂亮的小姐，让她们把当时购买该瓷器的价格分别写下来，然后告诉航空公司。如果她们写出的价格不一样的话，公司将按照较低的价格进行赔偿，并给予那个给出更低价格的诚实小姐 200 元的奖励。

航空公司的做法有一定的道理。因为如果这两位小姐都是诚实可信的老实人的话，那么她们写下来的价格应该是一样的。如果不一样的话，则必然有人说谎，可以认为申报瓷器价格较低的那位小姐应该相对更加可信。

但这却给两位小姐出了一道难题。她们可能都会这样想：航空公司认为这个瓷器价值在 1000 元以内，而且如果自己给出的损失价格比另一个人低的话，就可以额外再得到 200 元。雨荷想："航空公司不知道具体价格，那么另一位小姐肯定认为多报损失多得益，只要不超过 1000 元即可，那么她最有可能报的价格是 900 元到 1000 元之间的某一个价格。那么我就报 890 元，这样航空公司肯定认为我是诚实的好姑娘，奖励我 200 元，这样我实际就可以获得 1090 元。"

而飘雪也想："有句话说得好'人不犯我，我不犯人；人若犯我，我必犯人'。她有可能算计我，写低于 900 元的价格。那么我也要报复，就填 888 元。"

而雨荷也进一步想了下去："估计她会算到我要写 890 元，她可能就填真实价格 888 元了，我要来个更绝的，我来个以退为攻的战略，我填 880 元，低于真实价格，这下她肯定想不到了吧！"

接下来她们的想法就像下棋一样，关键是要能算得比对方更远。于是这两个极其精明的人相互算计，最后，她们可能都会填 689 元。她们都认为，原价是 888 元，而自己填 689 元肯定是最低了，加上奖励的 200 元，就是 889 元，还能赚 1 元。

这两个人算计别人的本事是旗鼓相当的，她们都暗自为自己最终填了 689 元而感到兴奋不已。最后，航空公司收到她们的申报损失，发现两个人都填了 689 元。料想这两个人都是诚实守信的好姑娘，航空公司本来预算的 2199 元的赔偿金，现在只要赔偿 1378 元就行了。

而两个人各自只能拿到 689 元，还不足以弥补瓷器本来的损失！本来她俩可以商量好都填 1000 元，这样她们各自都可以拿到 1000 元的赔偿金。而就是因为互相都要算计对方，要拿的比对方多，最后搞得大家都不得益。

这个就是著名的"旅行者困境"博弈模型。这个模型告诉我们一个博弈思想：做人不能够过于"精明"，太"精明"的人未必是真的聪明，有时"精明"过头了往往会变得更糟糕。当然现实生活中，未必会真的出现这种超级"精明"的人，可以算到几十步以外，而作出自认为最终的最优策略。可能人们往往只能算计到中间某个价格，不至于会这么低。但其实道理是一样的。

博弈论本来是想告诉人们怎样变得更"聪明"，如何判断人与人之间的利益关系和作出对自己最有利的选择。但恰恰是这个教人"聪明"的学问却告诫大家：做人不能太"精明"了，否则得不偿失。聪明反被聪明误，弄巧成拙。

◎ 为什么大商店旁边的小卖部生意好

在人们周围，很多企业都存在"搭便车"行为。例如，一些精明的小商店经营者会开在大商场旁边，大商场的人气也为小商店带来了生意。最明显的"搭便车"现象，莫过于在生活中普遍存在的盗版现象。

以仿冒的名牌皮包为例。一般当大企业花了数额巨大的投资和创意将皮包推向市场时，很快，一些小的厂商就会将其买回，然后拆分，第二天就能做出一批盗版产品。在市面上，真的名牌皮包价格平均在几百元左右，甚至有的达到上万元。可是等盗版产品出来时，估计也就几十元的成本。商家可以以假乱真，获得暴利。

"彼阳牦牛"在电视、报纸媒体上进行密集性广告轰炸，而这恰恰给"神奇牦牛"窥见了行销机会。"神奇牦牛"悄悄渗透终端，采用终端跟进策略，争取哪里有"彼阳牦牛"铺货，哪里就有"神奇牦牛"守阵，也取得了很好的销售业绩。"神奇牦牛"的包装色调与"彼阳牦牛"几乎雷同，包装盒面积比"彼阳牦牛"要大，但价格稍低，其终端展示形象比"彼阳牦牛"更显牛气。

厂家经常采用"搭便车"策略。一些弱势产品跟进强势产品，借力"铺货"，最大限度地减少新产品进入市场的阻力，使新产品快速抵达渠道的终端，从而尽快与消费者见面。对没有强大实力的弱势产品而言，搭强势品牌的"广告便车"是一条切实可行的策略。

"搭便车"现象，若从经济学的角度来解释也是有原因的。在市场经济中，取得市场上的信息必须付出时间和精力成本。而作为中小企业者，为了得到相同的利益却不愿意付出这些成本。像有的皮包是著名的品牌，它拥有自己富有宣传性的名称和样式，形成了良好的品牌形象。而这一切，必然是建立在对品牌形象及产品质量的大量投入上的。那些中小企业者因为对产品的生产、营销等信息获得的并不多，也无法独立负担庞大的生产营销费用。所以更愿意以直接仿冒的产品进入市场。

这就是有的企业热衷于侵权盗版的最重要原因。可以完全不费力，只要等着别人开发出了现品，自己再免费享有他人努力的成果。

这些"搭便车"者的存在，从某种程度上对整个社会的消费者有利，因为人们可以享有价格低廉、更多样化的商品。但对于想买真品的消费者和生产真品的厂家来说，是非常不利的。

生产真品的厂家，也会选择一些方法来阻止"搭便车"的现象出现。例如，每当推出新的产品时，厂商会开通辨别真假的电话或者网站，让消费者自己去辨别。再例如，企业会利用法律中的"竞业条款"来防止内部员工和其他人对商业机密的偷取。社会会加大对"搭便车"现象的惩罚力度，等等，都将对类似现象实现抑制。

金喜善因为拥有姣好的面容与身材，非常受到广告商的青睐。其受欢迎的程度，可从她拍一个广告就3亿韩币看出来。

2001年，TCL为了打造"国产手机第一品牌"的国际化形象，斥巨资1000万元聘请"韩国第一美女"金喜善，并力邀国际级导演张艺谋担纲广告片的拍摄。

金喜善在出演的TCL手机品牌形象的广告中，没有一句台词，只是利用自己的肢体语言和表情，表达出她对TCL手机的喜爱和信赖。这部广告片在中央电视台的黄金时段进行了投放，取得了很好的传播效果。

TCL手机"中国手机新形象"的传播语传遍全国。

金喜善美丽、高贵、大方，符合产品本身的特质，同时她的国际化背景和对中国年轻时尚群体的巨大感召力，也是TCL品牌可以"搭便车"的重要因素。应该说，TCL手机品牌搭上金喜善的便车策略，是正确而有效的。

善于投机的企业，总是可以充分利用"搭便车"坐收渔翁之利。同时也正是由于"搭便车"的便利性的存在，行业的先导者在大张旗鼓地进入某个领域的时候，也应该尽量减少投机者利用自己的宣传声势所形成的"搭便车"的机会。

清朝军机大臣左宗棠的知己有个儿子，名叫黄兰阶，在福建候补知县多年也没有候到实缺。他见别人都有大官写推荐信，想到父亲生前与左宗棠很要好，就跑到北京寻求左宗棠的帮助。

可左宗棠却不轻易给人写推荐信。黄兰阶没有得到帮助，又气又恨，就闲踱到琉璃厂看书画散心。忽然，他见到一家小店老板学写左宗棠字体，十分逼真，心中一动，想出一条妙计。

这天，是参见总督的日子。黄兰阶手摇纸扇，径直走到总督堂上。总督见了很奇怪，问："外面很热吗？都立秋了，老兄还拿扇子摇个不停。"

黄兰阶把扇子一晃："不瞒总督说，外边天气并不太热，只是这柄扇，是我此次进京左宗棠大人亲送的，所以舍不得放手。"

总督要过黄兰阶的扇子仔细察看，确系左宗棠笔迹，一点不差。第二天就给黄兰阶挂牌任了知县。黄兰阶没过几年就升到了四品道台。

黄兰阶能够官拜道台，是以左宗棠这个大贵人为背景，让总督给他升了官。实在是棋高一着的"鬼点子"。我们暂且撇开清政府官场的腐败和黄兰阶欺世盗名的卑劣做法不谈，单从借力的角度来看，黄兰阶正是看准了清政府官场的特点而想出了求官的对策。真可谓对症"下药","药"到"病"除，达到了自己的目的。

在明星争奇斗艳的好莱坞，曾流行一句话："你的成功与否不在于你是谁，而在于你认识谁。"这或许就是黄兰阶成功的真谛。实际上，作为一种资源，"贵人"已经成为各行各业日益重视的财产。站在巨人的肩膀上，我们才能走得更远。这对我们每个人都会有所启示。只不过，我们首先要做的是要找到自己可以借势的"巨人"。

信息有毒：不可避免的决策盲区

◎ 为什么皇帝会杀重臣

很多史实都证明了，皇帝总是拿重臣开刀。嘉庆帝杀和珅，康熙帝杀鳌拜，朱元璋手下众多的功臣良将都被他杀死。

春秋时期，越王勾践手下有两位重臣：文种和范蠡。勾践被吴王打败后，能够东山再起，得益于这两人的协助。

这其中文种的贡献不可磨灭。当初，勾践准备率兵抗吴的时候，文种认为时机还未成熟。可惜勾践一意孤行，最终战败。文种又忍辱负重，多方奔走，促使吴王夫差答应不杀勾践。勾践作为人质，留在吴国服侍吴王 3 年。在这期间，文种代替勾践治理越国，打理朝政。文种一直尽心尽力，大力发展越国经济，为越国后来的称霸打下了坚实基础。

在勾践回到越国后，文种又向勾践提出了"破吴七策"。勾践采纳文种的意见，励精图治，最终得以报仇雪恨，打败吴国，迫使吴王夫差自杀。

勾践伐吴胜利后，举办了庆功大会。大臣们都争相祝贺。但勾践却没有流露出太多的喜悦之情，相反他还有些愁容。善于察言观色的范蠡首先注意到了勾践的变化。很显然，勾践不太乐意承认大臣们的功劳，他更担心这些功臣日后不好领导，对他们的猜忌之心也显露无遗。足智多谋的范蠡权衡再三，决定急流勇退，他主动向勾践提出要告老还乡。尽管勾践一再劝留，范蠡还是留下官印不辞而别。

范蠡临走前，念及旧日情分，特意给文种写了一封信，信中写道："还记得当初吴王夫差临死的时候说过的一句话吗？他说'狡兔死，走狗烹；敌国破，谋臣亡。'他其实是说给咱们听的。越王的为人，你我都很清楚。他既能忍受屈辱，又很忌妒他人的功劳。这样的人，只能共患难不能共安乐。所以，我劝你也跟我一起退隐，不然只怕日后会遭遇不幸。"

文种看过范蠡的信后，不以为然，他觉得自己对越国的贡献足以保证自己的安全。不过，他还是小看了越王勾践的手段。勾践深知文种的才干，现在吴国已经灭掉，越国称霸诸侯，文种的作用已经不大。像文种这样的人才，一旦参与造反作乱，对勾践会构成极大的威胁。继续任用文种的收益要小于留着文种的风险，所以，勾践决定除掉文种。

有一天，勾践亲自去看望文种。谈及往事，勾践对文种说："当年你有7条破吴计谋，我只用了其中的3条就消灭了吴国。你这还剩下4条计谋，将来准备用来对付谁呢？"文种听出勾践话中有话，又不敢贸然回答，只是低头不语。勾践也不多说，起身离开的时候，特意送给文种一把宝剑。

文种拿过宝剑，看到剑匣上刻有"属镂"二字，这才明白勾践的意思。按当时的规矩，国君如果将刻有"属镂"字样的兵器赠给大臣时，意思就是让这个大臣自杀。文种想起范蠡的告诫，只能长叹一声："不听范蠡的劝告，终于落得如此下场，我太天真了！"说完，文种拔剑自刎了。

文种的死，暗合了夫差的预言。在中国数千年的历史上，"飞鸟尽，良弓藏"的事情一直周而复始地上演着。明朝的开国皇帝朱元璋，可以说是这方面的典型代表。他手下众多的功臣良将，没有战死沙场的，绝大部分都被他一一除掉。

秦末，烽烟四起，秦之统治，岌岌可危。项羽刘邦，逐鹿中原。韩信者，幼年受胯下之辱，励精图治，学兵法，为万人敌，与赵背水一战3万灭其20万！一时所向披靡。后从汉明修栈道，暗度陈仓，袭强楚之不备。霸王自刎，天下初定，大将韩信却被陈平、吕后、萧何诛于长乐宫钟室！

皇帝为什么要杀掉自己的重臣？历史学家自有一番见解。其实，在经济学中，运用信息经济学的理论来分析重臣与皇帝间的关系，也能发现其中的奥秘。

信息经济学中有一个"委托—代理"理论：由于信息的不对称，代理人有多种类型。代理人知道自己属于什么类型，但委托人不知道。为了显示出类型，代理人会选择某种信号。委托人根据观测到的信号来判断代理人的类型，同代理人签订合同。这就是所谓的"信号传递"模型。

通过这个经济学理论，皇帝与大臣间的关系就可以看作一种"委托—代理"的关系。皇帝作为国家的所有者，虽然控制着国家的所有权，但他一个人是没法直接治理国家的，他需要委托一个或数个代理人来帮助他治理国家。皇帝会给予大臣们高官厚禄，要求他们勤奋工作，为自己效命。大臣们是否能够勤奋工作，这属于激励机制。皇帝最关心的还是大臣们的忠心，担心他们是否会造反。

对皇帝来说，江山的稳定是第一重点。大臣们了解皇帝和国家机制，他们是最有可能成为造反的力量。当然，并不是所有的大臣都会造反，于是皇帝就需要识别哪些大臣最可能造反。于是便会出现信息不对称的现象：大臣们清楚自己会不会造反，皇帝却不知道谁忠谁奸。

根据信息经济学的理论，大臣们必须发出一个信号，或皇帝必须用一个信号，来区分忠臣和奸臣。在一般的经济活动中，由于每种经济活动的成本和收益不同，可以根据一个信号制定出分离条件。但造反这样的事却很特殊，当皇帝的收益太高，以至于任何成本都值得付出，皇帝用来识别忠奸的信号就比较模糊，寻找分离条件的困难程度大大提高。

于是，皇帝就会陷入这样的困境：他无法从大臣中分离出忠臣和奸臣，但他又必须保证自己的江山能够千秋万代。这个时候，皇帝只有用一种非常规的分离信号来进行识别：有能力造反的和没有能力造反的。

有些开国重臣在交出兵权后，仍会被杀，这也可以用经济学理论来解释。重臣除了拥有职位、兵权这些有形资产外，还有声望、才能、人际关系等无形资产。即使交出了有形的兵权，那些潜在的无形资产是无法上交的。对于皇帝来说，他们仍构成威胁。

皇帝只有将那些有能力造反的重臣们杀掉，剩下的大臣即使有造反之心，也无造反之力。这样一来，皇帝在面临同样困境的时候，都会作出同样的选择：宁可错杀三千，不可放过一个。

你是否是"皇帝"身边的重臣？你是否用你的诚信来说服"皇帝"信任你？可能你是危险的，也可能你是幸运的。毕竟，谁都很少有机会与"老虎"和平共处。与其"狐假虎威"，不如衷心辅佐。

◎ 为什么老虎会害怕毛驴

话说一头毛驴刚到贵州的时候，老虎见它是个庞然大物，不知道它有多大的本领，感到很神奇——给定这个信息，老虎就躲在树林里偷偷地瞧毛驴，这就是一种最优选择。

过了一阵子，老虎走出树林，逐渐接近毛驴——想获得有关这个庞然大物真实本领的信息。有一天，毛驴突然大叫一声。老虎吓了一跳，急忙逃走——这也是最优选择，因为毛驴的叫声是老虎意料之外的。

又过了一些天，老虎又来观望，发现毛驴并没有什么特别的本领，对毛驴的叫声也习以为常了，但老虎仍然不敢下手——因为它对毛驴的真实本领还没有完全了解。

再后来，老虎跟毛驴挨得更近，往毛驴身上又挤又碰的，故意冒犯它。毛驴在忍无可忍的情况下，用蹄子去踢老虎。这一踢向老虎传递的信息是——毛驴不过就这点本事而已。所以，老虎反倒高兴了。到这时，老虎对毛驴已经有了完全的了解，毫不费力地扑上去把它吃掉了。

在这个故事中，老虎通过观察毛驴的行为逐渐修正对它的看法，直到看清它的真面目，再把它吃掉，老虎的每一步行动都是在给定它的信息下最优的。

老虎没有见过驴子，因而不知道自己比驴子强还是弱。老虎的战略是：如果自己弱，那就只能躲；如果自己强，那就吃驴子。对于自己并不了解驴子，老虎的做法是不断试探。通过试探，修改自己对驴子的看法。如果驴子表现温顺无能，老虎就认为驴子是美食的概率比较大。起初驴子没有反应，老虎认为驴子不像强敌，胆子越来越大。后来驴子大叫，老虎以为驴子要吃它，吓得逃走。但后来想想，又觉得不一定，于是继续试探。直到驴子踢老虎，老虎才觉得驴子"仅此技耳"，于是采取自己强时的最优行动——吃驴子。

孙膑少年时便下定决心学习兵法，准备作出一番大事业。长大后，他四处游学，到深山里拜精通兵法和纵横捭阖之术的隐士鬼谷子先生为师，勤奋地学习兵法阵式。鬼谷子把《孙子兵法》教给孙膑，不到三天孙膑便能背诵如流，并且根据自己的理解阐述了许多精辟独到的见解。鬼谷子为他奇异的军事才能而兴奋，说："这一下，大军事家孙武后继有人了！"

庞涓是孙膑的同学，他很忌妒孙膑的才能。但表面上却装作和孙膑很要好，相约以后一旦得志，彼此互不相忘。后来庞涓在魏国做了官，他派人邀孙膑下山共同辅佐魏王。孙膑到来之后，他先是虚情假意地热烈欢迎，而后委之客卿的官职，孙膑自然对不忘旧日同窗之情的庞涓感激万分。此时的庞涓其实是想害孙膑，他给孙膑传达的信息是假的。

半年之后，庞涓玩弄阴谋手段，捏造罪名，诬陷孙膑私通齐国，对他施以膑刑，脸上也刺上字，目的在于从精神上销蚀孙膑。庞涓终于开始行动了，采用的策略就是陷害孙膑。在这场"动态博弈"中，庞涓是先行动的一方。

开始，孙膑并不知道庞涓害他。知道以后，他下定决心要报仇雪恨。他摆脱庞涓手下的监视，暗地里潜心研究兵书战策，准备有朝一日逃离虎口。为了蒙骗监视他的人，他甚至装疯卖傻，以粪便为食，与牲畜做伴。之后齐国的使者来到魏国，暗地里把孙膑带回齐国。孙膑得以在齐国大显身手。

公元前354年，魏国派庞涓率大军围攻赵国都城邯郸，企图一举消灭赵国。孙膑准备帮助赵国。孙膑与田忌商量，提出"围魏救赵"的作战方针，用兵假装攻击魏国。庞涓不知道孙膑的真实意图，率兵回魏。正好中了孙膑下怀，解了赵国之围。

孙膑的确是位杰出的军事家，同时也是一个深知"动态博弈"秘诀的人。面对命运的不公，面对"朋友"的诬陷，他仍能隐忍不发，潜心等待时机的到来。不断制造假信息以迷惑敌人，利用信息不对称的优势，在适当的时候选择正确的策略。这不但需要一份惊人的耐力，同时也需要有一种卓越的审视力和观察力，才能在不完全信息的"动态博弈"中取得胜利。

在北京秀水街一个摊位前，一个女孩子问摊主："这个包多少钱？"摊主回答："480元。"女孩子头也不回地就往前走。

摊主急了，随口一喊："我可以便宜一些，360元怎么样？"

她回头一笑，继续往前走。摊主又喊："这位美女，那你给个价吧！"女孩子不慌不忙地回到摊位，伸了两个手指头："80元。你不卖我就走。"

然后，摊主就例行地表达了一下"这个价格太低啊""亏本啊"等为难之情。当然，女孩子最后没花多少力气，就以80块的价格把这个包拿走了。

其实这个女孩子和摊主的故事也是不完全信息下的一局博弈。作为摊主，并不知道女孩子的购买底线，只能一次次去试探；

而作为女孩子，也不知道摊主的价格底线，只能用"不理睬"去试探。

一家小旅馆里，一位住店的男青年走入厕所。突然一个打扮得花枝招展的女郎闪电似的蹿身跟着进了厕所，并迅速地把厕所门关上，对青年说道："把你的钱和手表给我，不然我就喊你非礼。"

厕所里没有第三者，真相难以说清，不给钱女郎就喊非礼，弄不好会使自己声名狼藉。男青年遇此困境，并未惊慌失措，而是急中生智，用手指指自己张大的嘴巴，又指指自己的耳朵，然后"呜呜啊啊"地叫起来。

女郎见事情不顺利，便想转身溜走。此时男青年掏出钢笔递给她，并将自己的手掌伸出来，示意女郎把刚才的话写在他的手掌上。

青年这一动作如此逼真，女郎以为真的遇到了哑巴，失去了警惕。她还想继续敲诈，便拿起笔在男青年的手上写道："把钱和手表给我，不然就喊你非礼！"

这位青年取得了女郎的罪证，便一把抓住她，大喊一声："抓抢劫犯！"这位女郎是个资深劫犯，每天抢劫别人，没想到今天被人抓了。在这场博弈中，先是女郎威胁青年，接着是青年急中生智装哑巴，这一先一后的行为就是"动态博弈"了。青年是根据女郎的威胁策略做出装哑巴的行动的。但这时"动态博弈"并未结束。接着女郎根据小伙子的行动，判断出小伙子是哑巴，然后做出在小伙子手上写字的举动。最后小伙子又做出行动策略——喊"抓抢劫犯"。至此，整个博弈过程结束。

在"动态博弈"中，每个局中人都要根据对方的行动做出下一步行动。就如下棋一样，你走一步，对方走一步。行动策略上有一个先后顺序，谁先动第一步，紧后谁动第二步，这就大大地给了被动方反被动为主动的余地。故事中的青年在明白姑娘的动机后，急中生智想出了"装聋作哑"的方法，将对方一步步引入自己的圈套中。

历史上著名的"请君入瓮"的故事也是"动态博弈"的经典实例。来俊臣问周兴说："囚犯若不肯招认，应该采取什么办法？"周兴说："这太容易了！抬个大瓮来，用炭火在四面烤，再叫犯人进到里面，还有什么能不招认的！"于是来俊臣立即派人找来一口大瓮，按照周兴出的主意用火围着烤，然后站起来对他说："有人告你谋反，太后让我审查你。请老兄自己进到瓮里吧！"周兴大惊失色，只得叩头认罪。

◎ 为什么娱乐报纸可以赚钱

明朝时，远离都城的城市里，有一个富甲一方的贵族。据传，他的儿子生下来时，胸口有日月星辰胎记，堪称一奇，引来众人观看。只是这贵族贪财，哪肯让人们白看。只有有钱人才能看上一眼，因为看一次要掏白银 50 两。正因看到的人少，结果事情越传越悬。有人说这孩子身上长的不是胎记，是天上的日月本尊；还有人说那胎记会发光发热，犹如真的日月一般……一夜之间，这个小孩子的事情传遍了大街小巷。

事情传到宫中，皇帝听闻，感到十分好奇，这么有趣的事情还是第一次碰到。他想，一定要亲眼见见这孩子。于是，皇帝几日内便赶到贵族家门口，说自己愿意出重金看这婴儿一眼。贵族没见过皇帝，但是见这人架势非常，随从甚多，便琢磨此人非富即贵，前几日来的几个有钱人都要了 50 两，这个就要价 200 两吧。

他一说出价格，皇帝身边的公公就不愿意了："什么东西啊，居然要价 200 两？"

贵族一听，也不高兴了，说："小儿的事是我家里的私事，小儿的身体自然也是极其私人的，怎么能随随便便让人看，要您 200 两还贵吗？

不然，我给您 200 两，您脱光了让我看看？"

贵族能用儿子身上的胎记大做文章，赚取钱财，正是利用了人们对孩子隐私的好奇。隐私就是被贵族掖着藏着的孩子的私密信息，竟变成了一种可以生财牟利的商品。当好奇心让人们心甘情愿地掏出钱来时，其实这也构成了消费行为。贵族无意中导演了一场"隐私经济"戏码。

在报纸杂志上，我们常常可以看到某某明星曾经整过容，某美女大学生为了生计甘当"二奶"，某某富商因其身体残疾离婚，某某老翁为了娇妻偷偷注射激素，等等。这些都是人们的隐私。只是不知道从何时起，原本的秘闻充斥在各式各样的杂志上，成为最鲜亮的卖点。并在一片"大爆隐私""情感独白"等的吆喝声中，引发"洛阳纸贵"的现象。

现实告诉我们，隐私也可以卖钱。那这种现象是如何形成的？该如何解释？

"隐私"可以作为一种商品来售卖，说明它具有一定的交换意义，能够满足人们的某种消费需求，能够形成市场上的供给和需求。也就是说，有人愿意买，有人愿意卖。

人们对"隐私"的消费，先源自需求，也就是有人想知道这些隐私。知道这些隐私做什么？无非是满足人们的好奇心和窥视心理。经济学家梁小民说过："好奇心是人类的天性，满足好奇心和满足人类其他欲望一样没有差别，对隐私的了解也是人们的一种欲求。"当这种隐私激发起的好奇心越强烈，人们就越愿意掏钱来得知这些隐私。就像八卦上的名人隐私一样，明星的名气越大，大众对他的关注越多，也就越好奇，这样的隐私也越卖钱。

2005 年 5 月，民间流传出一本据说收录了影、视、歌众多明星电话号码的通讯录，其上面不仅有诸多演员、导演、主持人，还有著名电视栏目的记者、中央电视台台长，等等。名单以北京明星居多。除了内地明星，吴倩莲、曾志伟等港台明星的电话也在其中。据行家说，该电话录被以 800 元的高价叫卖。

另外，有人在北京街边的地摊上还会看到同其一起出售的"世界 500 强 CEO 通讯录"。而两本通讯录售价达 2000 余元。"隐私"可以转化为财富，可以被出卖，而市场上的人也有了"消费隐私"的机会，所以隐私便"形成了自己的价值"。在这种市场需求的刺激下，有人想要花钱买，自然就会出现一部分人来提供。

众所周知，提供隐私最重要的来源就是"狗仔队"，是娱乐八卦记者和杂志。随着现在休闲和娱乐经济的发展，演艺明星的增加和崇尚艺人的文化氛围的形成，娱乐圈的酷男美女、闲资逸事都成了社会"好奇需求"的目标。

在世人日涨的需求刺激下，"狗仔产业"逐渐发展起来。越来越多的"狗仔队"拥上街头，并产生了狗仔报刊、狗仔杂志，像香港的《壹周刊》《8 周刊》就是非常有名的专业的八卦刊物。它们以爆料艺人私生活为能事，以刊登明星的隐私来满足许多人的窥视欲，从而达到赚钱的目的。

据报道，香港最有名的娱乐杂志《壹周刊》自1990年创刊以来，引起极大轰动。1991年，凭着75000份的发行量，成为全香港读者人数最高的杂志，其读者群体高达31.5万人。1995年，发行量增加一倍，高达162500份，读者高达106万。根据2003年AC尼尔森的调查，《壹周刊》是同类刊物中香港第二高销量的周刊。

根据《壹周刊》于2007—2008年财政年度报告，《壹周刊》的广告收入共达178600000港元（折合人民币约170000000元），较上年度175600000港元上升1.7%。《壹周刊》的赢利增长，较上个财政年度29300000港元上升112.6%，增至62300000港元（折合人民币约60000000元）。

随着"消费隐私"趋势的发展，"经营隐私"已经成为一个前景广阔的产业，而且是一个市场门槛极低，社会需求量极大，投资少、收效快、赢利空间巨大的产业。何况被贩卖的是别人的隐私，无须成本，又真假难辨。就算信息是假的，也不怕人投诉。商业"唯利是图"的原则告诉人们，这是个稳赚不赔的"好营生"。

赢利如是，又引起了人们对另外一个重要问题的思考——以窥探个人隐私为卖点的商业活动，是否会侵犯别人的正当权益？市场上的供需的确会带来"隐私交易"，但它应与其他交易一样也需要法律和道德的约束。在未经当事人同意的情况下，"贩卖隐私"的行为也会受到法律追究。娱乐杂志在将别人的"私家猛料"报道之前，是否要考虑来源的合法性？如何合理地利用"隐私资源"，以满足公众心理消费的需要，这也是"贩卖者"首先要考虑的问题。

◎ 为什么二手车市场买不到好车

"柠檬"在美国俚语中表示"次品"或"不中用的东西"。"柠檬市场"也就是次品市场。为什么呢？

柠檬原属印度西部的喜马拉雅山脉。早先那里的人们是不吃柠檬的，人们欣赏的是柠檬树的美丽。但后来西欧人到了印度，被柠檬的香气所吸引，后传遍整个世界。现在柠檬竟成为最美味的水果被人们喜欢，真是"三十年河东，三十年河西"。但柠檬毕竟有些涩，甜味不足，于是英国人就用"柠檬"来比喻性能和品质都比较差的低等商品。后来，经济学家更进一步，将交易低的商品和市场称为"柠檬市场"。

旧车市场上，买者和卖者有关汽车质量的信息是不对称的。卖者知道所售汽车的真实质量。一般情况下，潜在的买者，要想确切地辨认出旧车市场上汽车质量的好坏是困难的。他最多只能通过外观、介绍及简单的现场试验等，来获取有关汽车质量的信息，而从这些信息中很难准确判断出车的质量。因为车的真实质量，只有通过长时间的使用才能看出。但这在旧车市场上又是不可能的。

有一个二手车市场，里面的车虽然表面上看起来都差不多，但质量有很大差别。卖主对自己的车的质量了解得很清楚，而买主则没法知道。假设汽车的质量由好到坏分布比较均匀，质量最好的车价格为 50 万元。

买方会愿意出多少钱买一辆他不清楚质量的车呢？最正常的出价是 25 万元。很明显，如此一来，价格在 25 万元以上的"好车"的主人将不再在这个市场上出售他的车了。于是便进入恶性循环。当买车的人发现有一半的车退出市场后，他们就会判断剩下的都是中等质量以下的车了。于是，买方的出价就会降到15万，车主对此的反应是再次将质量高于15万元的车退出市场。以此类推，市场上好车的数量将越来越少，最终导致这个二手车市场的瓦解。为什么会这样？

这就是一个典型的"柠檬市场"。购买二手车的人不知道市场上所有车的优劣，而卖主知道所有车的底细。但卖主为了能够卖个好价钱，肯定会隐瞒有关车的性能、运行信息和发生事故与否等。

于是，买者和卖者之间就不能实现信息共享。卖方永远比买者拥有更多的信息。而买方呢？就会觉得，似乎所有的车都不可信任，买还是不买就拿不定主意，唯一的解决之道，似乎就是拼命压价。但卖主肯定不会同意啊，觉得自己的车这么好，哪里能这么便宜就被开走呢？但如果提价的话，买主也不同意，谁知道你的车出过什么事故呢？

无奈之下，卖主要么低价卖出，要么将自己的好车开出二手车市场。长此以往，二手车市场上的好车越来越少。"山中无老虎，猴子称霸王"，在没有好车的市场上，劣车占据了绝大多数。这时，价格低廉、品质不好的名声就会越传越远，而前来买车的人出价就只会越来越低，"劣币驱逐良币"。这种恶性循环的结果就是让所有的"劣车"将"好车"赶出了二手车市场。于是，"柠檬市场"全是便宜货。

可见，"柠檬市场"是道德松懈和信息不对称所带来的不良后果。在这里，良货消失，劣货畅销，这是谁也不希望看到的场景。要想消除"柠檬市场"，就是要竭力营造出一种讲究诚信的社会风气，卖方的价格合理，买方得到高质量的产品。或者双方用一种特殊的方式证明商品的相关信息，例如质量保证、建立信誉、建立品牌等；或者买方迫使卖方披露信息，例如要卖方作出承诺，或请第三方专业人员出面做证等，如果卖方拒绝，那将表明他卖的车是次品。买卖双方如果真诚，共享某一商品的所有信息，就能实现公平、公正的交易。

当然了，在现实当中，一部分二手车的转手原因，跟它们性能的可靠性没有关系。在这种情况下，卖方会尽力沟通自己迫不得已卖车的原因。

"因为我被公司调职到伦敦，只好卖掉这辆沃尔沃。"或者"刚生了个孩子，只好忍痛卖掉这辆保时捷。"

在很长的一个历史时期，人们在市场交易活动中使用的货币不是我们今天大量使用的纸币，而是用金属铸造的货币——类似我们今天的硬币。但不同的是，今天的硬币只是作为辅币使用，而在当时，有钱人出门则要带上一袋沉甸甸的货币——金币或银币，这是财富的象征。

与今天纸币不同的是，当时的铸币本身即有价值——其所采用的金属的价值，其面值的基础就是其重量和成色。随之而来的有两个问题：一是在铸造的时候，不能保证每一个货币都有一样的成色和重量；二是在长久的使用和流通中，有一定的磨损而导致重量的下降。换句话说，同样面值的货币，其实际价值会有差别。

那么，每个人都想着把"好"的钱（良币）留在自己手里，把"差"的钱（劣币）花出去。时间长了，市场上流通的就都是"差"的钱，于是"劣币驱逐良币"的现象产生了。

◎ 为什么要谨慎对待股市里的内幕消息

每周五,一份名为《掘金报告》的股评报告就会出现在东方财富网、搜狐网、新浪网、全景网以及《上海证券报》《证券时报》等媒体上,向股民推荐下周即将上涨的牛股。和众多的证券投资咨询报告相比,《掘金报告》显得颇为神奇。因为很多股民发现,这份报告所推荐的股票,往往都会成为第二个星期沪深股市涨幅榜前十名的牛股。

2007 年 3 月 9 日,这份报告向股民推荐了股票"交大博通"。在接下来的一个星期里,周一、周二、周三,该股连续三个交易日涨停,14 日报收 13.78 元。按最高值计算,买入该股就有可能在不到一周的时间里获利 40%。这份报告因其缔造的多个这样的"红色星期一"而声名鹊起。也因其"点股成金"的神奇魔力而一度被众多股民视为股市"淘金宝典"。

这份《掘金报告》是由北京首放投资顾问有限公司发布的,汪建中正是这家投资公司的董事长。据统计,2003 年 8 月 1 日至 11 月 13 日,上证综合指数跌幅达 10.7%。但这段时间内,北京首放共推荐了 18 只股票,所有的股票都在下一个交易日出现了上涨行情。其中涨停的有 6 只以上,涨幅在 9% 的有 2 只,其他股票最少的涨幅也在 3% 以上。

一向信赖专业咨询机构的老王,渐渐将北京首放的《掘金报告》作为自己炒股的重要参考。2007 年 5 月,老王根据《掘金报告》的推荐,以 23 元左右的价格重仓购入"万科 A"。

但是让老王没有想到的是,买入之后没两天,"万科 A"的股价就开始下跌,从 20 多块钱一直跌到 6 块多钱。被套牢的老王认为是大势所趋,依然对《掘金报告》深信不疑。除了"万科 A"

之外，老王又根据《掘金报告》另外购入了"中信银行"和"中国石化"。两只股票随后的走势，都与"万科A"如出一辙。

为什么看起来总是"点股成金"的《掘金报告》却让自己血本无归？这一点老王一直没有想明白。

在股市投资中，专家的意见影响着投资者对股市信息的判断。有些会让人们在投资中大获全胜，但是一些有名的"黑嘴"股评家，却是在明目张胆地诱导投资者进入股市的陷阱。在现实生活中，很多投资者由于迷信股评家而被深度套牢，以至于血本无归，欲哭无泪。

痛定思痛，作为投资者，如何识别那些利用股评，欺骗和误导投资者而被广大中小股民斥为"黑嘴"的股评家呢？极少数股评家之所以能成为"黑嘴"，就是利用信息的不对称来蒙蔽投资者的眼睛。对于投资者而言，应该做的是对其所提供的信息作出正确的判断，使自己掌握的信息更充分，才不至于总是给别人"抬轿子"。还有一些股民听从这些专家的内幕消息，企图凭借不对称信息谋利。

内幕交易，指个人或组织通过工作、私人关系等途径获得未经正常渠道对外公布的信息后，利用该信息进行交易获取利益。

股市中存在着建老鼠仓、内幕交易等非法圈钱的手段，从而破坏了股市投资的环境，影响了股市的健康发展，严重损害了其他投资者的利益。这种直接圈钱的手段自然不会被允许。

当然，不仅是投资，生活中我们同样面临很多这样的情况。比如邻居大妈会骄傲地告诉你："某专家说了现在流行的某某牌子的营养品，经科学鉴定那里含有人体需要的××成分。"而你对于某人的第一印象，或许也不过是源于一些关于他的小道消息、流言蜚语。在信息空前开放的现代社会，我们不得不擦亮眼睛，不仅要掌握更多的信息，更要懂得识别信息，抓住最准确真实的有利信息。

在信息无处不在的现代生活中，如果还想要做生活的智者，请记住：智慧绝不是凭空的猜想，而是基于对信息作出正确的判断。

◎ 为什么所罗门王能辨别孩子的妈妈

《列王纪上》所罗门王判案的故事：

两位母亲争夺一个孩子，双方都声称自己是孩子的亲生母亲，僵持不下。在那个没有亲子鉴定、DNA检测的时代，不可能用科技手段证明事实的真相。主持调解的所罗门王下令手下拿把刀来，告诉她们，将孩子一斩两半，两人各得一半。这时一位母亲的反应是："我得不到孩子，她也别想得到，斩就斩。"另一位母亲则哀求道："王啊，求您不要斩孩子，我把孩子让给她好了。"所罗门王此时已经知道，心疼孩子的是真正的母亲，就把这个孩子判给了她。

"所罗门王判案"是一个典型的信息甄别案例。在市场经济中，消费者面对琳琅满目的商品和纷繁的信息，甄别是一项非常复杂的工作。信息甄别，是市场交易中没有私人信息的一方，为了减弱非对称信息对自己的不利影响，能够区别不同类型的交易对象，而提出的一种交易方法。

在"所罗门王判案"的例子中，其实所罗门王并没有将孩子劈为两半，而是发出"将孩子劈为两半"的信号，来甄别谁才是孩子的母亲。在我们经济生活中，信息发送与信息甄别是比较常见的。

　　一天，邻居盗走了华盛顿的马。华盛顿也知道马是被谁偷走的。于是，华盛顿就带着警察来到那个偷他马的邻居的农场，并且找到了自己的马。可是，邻居死也不肯承认这匹马是华盛顿的。华盛顿灵机一动，就用双手将马的眼睛捂住说："如果这马是你的，你一定知道它的哪只眼睛是瞎的。""右眼。"邻居回答。华盛顿把手从右眼移开，马的右眼一点问题没有。"啊，我弄错了，是左眼。"邻居纠正道。华盛顿又把左手也移开，马的左眼也没什么毛病。

　　邻居还想为自己申辩，警察却说："什么也不要说了，这还不能证明这马不是你的吗?"

　　华盛顿利用那句"它的哪只眼睛是瞎的"的暗示，致使邻居认定"马有一只眼睛是瞎的"。他成功地给邻居设置了这个陷阱，使其露出了破绽，邻居的辩解也就不攻自破了。

　　市场中的卖方，如果手中的商品有可能不为顾客所熟悉，但是商品质量确实比较高，他就会主动将商品信息向买方传递，让买方了解商品的信息。我们在市场中可以看到这样的情形：卖西瓜的小贩，会问你要不要给你挑好的西瓜切个三角形口子，如果不是鲜红的瓜瓤就不要你的钱了。这就是信号发送。

　　市场中的买方，因为怕自己得不到商品的真实信息而吃亏。面对纷繁的信息来源，买方必须运用自己的信息甄别能力来做决策。比如你要买一件羽绒服，就要想方设法知道里面究竟是鸡毛还是鸭绒。

　　为了降低信息甄别的成本，买方往往会要求卖方提供有关私人信息的可靠证据。当你买一件较贵重的物品，对实际价值与价格不能鉴别，正在犹豫要不要买时，老板有可能将他进货的发票在你面前晃一下，以表示这样的价格他只赚点毛利。当你真的看到发票上的价格时，你便坚定了买的决心。

一般来说，甄别信息的方法主要有以下几种：

1. 根据信息来源途径判别。第一手信息资料是相对可靠的，如果是道听途说，可靠程度就会降低。

2. 不盲目相信自己已获取的信息。根据自己的理性判断以及原有的经验来判断，不对获取的信息轻易下结论。

3. 多渠道获取信息。扩大信息获取的途径，广泛的信息量有助于自己作出理性的决策。

4. 向权威机构核实。比如自己不能对市场上的高仿真钞票进行鉴别，应该向银行或其他部门核实。

日本德斯特自动售货机公司董事长古川久好 12 年前曾是一家公司的小职员，平时为老板干一些文书工作，跑跑腿，整理整理报刊材料。这份工作很辛苦，薪水又不高。他时刻琢磨着想个办法赚大钱。

有一天，古川久好从报纸上看到这样一条介绍美国商店情况的专题报道，其中有一段提到了自动售货机的便捷性和今后的发展前景。古川久好想道："自己所处的地区，还没有一家公司经营这个项目。将来必然会迈入一个自动售货的时代。这项生意对于没有什么本钱的人最合适。我何不趁此机会去钻这个冷门，经营此新行业？"

于是，他就向朋友和亲戚借钱购买自动售货机。共筹到了 30 万元，这笔钱对于一个小职员来说可不是一个小数目。他以一台 1.5 万元的价格买下了 20 台售货机，设置在酒吧、剧院、车站等一些公共场所，把一些日用百货、饮料、酒类、报纸杂志等放入其中，开始了他的新事业。

当地人第一次见到公共场所的自动售货机，感到很新鲜。因为只需往里投入硬币，售货机就会自动打开，送出你所需要的东西。古川久好的自动售货机第一个月就为他赚了100多万元。他把每个月赚的钱投资于自动售货机上，扩大经营规模。5个月后，古川久好不仅早已连本带利还清了借款，而且还净赚了近2000万元。

在知识经济时代，要在变幻莫测的市场竞争中立于不败之地，你就必须准确、快速地获悉各种情报：市场有什么新动向？竞争对手有什么新举措？……在获得了这些情报后，果敢、迅速地采取行动，这样你不成功都难。信息与情报的商业价值在于，它们直接影响到企业的命运，是企业成功的关键因素。所以，美国企业家S.M.沃尔森提出"沃尔森法则"，强调信息的重要性。

市场竞争的优胜者往往就是那些信息前沿的人。在同样的条件下，获取信息最全面的人，就会优先抢得商机。有人说市场经济就是信息经济，其精髓就在于此。从某种意义上说，关注信息就是关注金钱。信息已经成为一种不可忽视的资源。在商海中搏击，学会收集信息，这样才能抓住有效信息。现代商业竞争越来越激烈，及时、准确地掌握信息，对赢得竞争十分重要。信息就是资历，信息就是竞争力，信息就是利润。

信息与情报给企业带来巨大利益的同时，也给许多企业敲响了警钟：信息既能带来滚滚财富，同样，信息的外泄也会让企业遭到致命的打击。在日本成为汽车生产大国之前，日本的许多企业只能生产卡车与公共汽车。但是，许多企业经营者敏锐地预见，不久，世界市场对小汽车的需求量将会大增。这对企业来说是一个难得的商机。可是由于日本汽车制造技术落后，无法自行生产小汽车，于是，一些企业在世界范围内纷纷开始展开一场情报战。日产公司想方设法从英国搞到装配小汽车的技术；日野公司不甘落后，通过努力也从法国获得了"雷诺"小汽车的生产技术。一场场情报战过后，日本汽车开始逐渐走上成熟，直至成为商场中的最大赢家。然而欧美汽车企业却因此丧失了市场份额。

沃尔森认为，具备了一流的人才与技术只可以说明企业具备了生产一流产品的可能，而这种可能如果没有灵活地、高效地、及时地把握市场前沿信息的信息系统作保障，也会化为乌有。同时，沃尔森认为，信息与情报关乎企业的方方面面，企业不但要注重内部信息，更要重视外部信息；不但注意收集、把握信息，而且要做好信息保密工作。